한국 현대사 산책 1980년대 편 **1**권

한국 현대사 산책 1960년대 편(전3권)
4 · 19혁명에서 3선 개헌까지 · 1권

© 강준만, 2004

초판 1쇄 2004년 9월 23일 펴냄
초판 14쇄 2017년 9월 13일 펴냄

지은이 | 강준만
펴낸이 | 강준우
기획 · 편집 | 박상문, 박효주, 김예진, 김환표
디자인 | 최진영, 최원영
마케팅 | 이태준
관리 | 최수향
인쇄 · 제본 | 제일프린테크

펴낸곳 | 인물과사상사
출판등록 | 제17-204호 1998년 3월 11일

주소 | 04037 서울시 마포구 서교동 392-4 삼양E&R빌딩 2층
전화 | 02-325-6364
팩스 | 02-474-1413

www.inmul.co.kr | insa@inmul.co.kr

ISBN 978-89-88410-98-1 04900   ISBN 978-89-88410-48-3 (세트)

값 12,000원

광주학살과 서울올림픽 **1980년대 편 1**권

한국 현대사 산책

강준만 저

인물과
사상사

한국 현대사 산책: 1980년대편
차 례
광주학살과 서울올림픽
1권

머리말 광주학살과 서울올림픽 *12*

제1장 왜 광주는 피를 흘려야 했나? / 1980년

K 공작 *49* | '서울의 봄'에 꾼 동상이몽(同床異夢) *61* | 이병철과 정주영의 싸움 *75* | 사북 노동항쟁 *80* | 자유언론실천운동 *88* | 서울역 회군 *94* | 5·17 계엄확대 *108* | '인간사냥'을 위한 '화려한 휴가' *120* | '해방 광주'의 고통과 절규 *140* | '관객의 부재'를 넘어선 언론의 왜곡 *166* | 은폐된 5·18의 진실 *177* | 국가보위비상대책위원회의 탄생 *193* | 김대중 내란음모사건 *200* | 언론인 해직과 언론 폐간 조치 *211* | 과외 금지와 졸업정원제 *217* | 한국인은 들쥐떼인가? *222* | 삼청교육대 *238* | 10·27 법난 *254* | 언론통폐합 *258* | 컬러TV 방송 실시 *272* | 언론기본법 제정 *282* | 조선일보의 태평성대 *287*

자세히 읽기
무학논쟁 *105* | 전남대 총학생회장 박관현 *164* | 한 광주시민의 증언 *187* | 김재규 처형 *190* | 윤형주의 '별 이야기' *199* | 박노해의 〈삼청교육대〉 *250* | 흉년과 쌀 수입 *253* | '윤·천·지·강' 사건 *269*

제2장 충성경쟁과 마법의 주문 '86 · 88' / 1981년

'1대대(민정당) 2중대(민한당) 3소대(국민당)' / 전두환의 방미와 대통령 취임 / KBS와 MBC의 충성 경쟁 / 제11대 국회의원 선거 / 한수산 필화사건 / 유사 이래 가장 거대한 놀자판, 국풍 81 / 서울올림픽 유치 / 강제징집과 녹화사업

자세히 읽기
KCIA와 CIA의 관계 개선 /부림 사건과 노무현 / 5공의 북방외교 / 김수환 추기경과 전두환

제3장 밤의 자유와 프로야구에 취해 / 1982년

통행금지 해제와 '애마부인' / 부산 미문화원 방화사건 / 교수의 경찰화와 김준엽의 외로운 투쟁 / 프로야구 출범/장영자 · 이철희 사건/ 금융실명제 파동 / '양파사건' 과 새마을운동

자세히 읽기
의령 경찰관 총기난동사건

제4장 '땡전뉴스'가 대변한 '전두환 공화국' / 1983년

이산가족찾기 방송 / 김대중–김영삼 8·15공동선언 / KAL기 실종과 '땡전뉴스' / 아웅산 암살폭발사건 / 프로야구와 호남의 한(恨) / 학원자율화 조치

자세히 읽기
대도(大盜) 조세형 탈주극 / 레이건의 한국 방문

제5장 저항의 불꽃은 타오르고 / 1984년

'위장취업' 노동운동과 블랙리스트 / 민추협 출범 / '환상적으로 강요된 애국심' / 함평·무안 농민대회 / 『노동의 새벽』과 『영웅시대』

자세히 읽기
정래혁 사건 / 전두환의 일본 방문 / 민정당사 점거농성사건

제6장 탄압과 고문의 광기 속에서 / 1985년

김대중의 귀국과 2·12 총선 / 깃발논쟁과 CNP 논쟁 / '괴씸죄'에 걸린 국제그룹의 해체 / 동아–조선의 민족지 논쟁 / 소몰이 싸움 / 서울 미문화원 점거농성사건 / 유시민의 항소이유서 / 이념서적 파동 / 구로동맹파업 / 학원안정법 논란 / 남북교류와 남북정상회담 무산 / '깃발사건'과 김근태 고문사건

자세히 읽기
5·18 유가족에 대한 탄압 /2·12 총선 홍보용 드라마 / 황석영의 『죽음을 넘어 시대의 어둠을 넘어』 / 구미유학생 간첩단사건

차 례

한국 현대사 산책: 1980년대편
광주학살과 서울올림픽
3권

제7장 대통령 직선제를 향하여 / 1986년

개헌 1천만명 서명운동 / 전방입소 반대투쟁 / 5·3 인천사태 / '부천서 성고문' 사건 / '보도지침' 폭로 사건 / TV 시청료 거부운동 / 도시빈민 울리는 '86·88' / 86 아시안 게임 / 유성환의 국시론 파동 / 건국대 사태와 NL-CA 논쟁 / TV가 '앵벌이'로 나선 '평화의 댐' 사건 / 김대중의 대통령 불출마 선언 / 김일성 사망 오보 사건 / '단군 이래 최대 호황'

제8장 6월항쟁과 대통령 선거 / 1987년

'이민우 구상' 파동 / 4·13 호헌 조치와 통일민주당 창당 / 박종철 고문치사 사건 / 6·10 항쟁과 '중산층의 반란' / 6·29 민주화 선언 / 노동자 대투쟁 / 40만부를 파는 월간지의 '폭로 저널리즘' / 노래를 찾는 사람들 / 언론기본법 폐지와 언론노조 결성 / KAL 858기 폭파 사건 / 1987년 대통령 선거 / 김대중과 김영삼의 변명 / 1987년 대선과 지역감정

자세히 읽기

김만철 일가 망명 / 『한국민중사』 사건 / 전국농민협회 결성 / 서머타임 / 전대협 결성 / 오대양 집단 자살 사건 / 민족문학작가회의와 민교협 결성 / 백기완과 김대중

제9장 서울올림픽의 빛과 그림자 / 1988년

노태우의 '전두환 청산'과 4·26 총선 / 5공의 최대 수혜자는 조선일보 / 한겨레신문의 창간 / 서울올림픽 공동개최 투쟁 / 노태우의 7·7 선언 / 서울올림픽과 '위험한 정사' / 서울올림픽과 대한민국의 영광 / 국회의 5공 청문회

자세히 읽기

납·월북 작가들의 작품 출간 / 프리 올림픽 쇼 / 지강헌 일당 탈주사건

한국 현대사 산책: 1980년대편
광주학살과 서울올림픽
4권

제10장 중산층 신화와 공안정국의 결탁 / 1989년

언론계 전두환 장학생 / '창밖의 여자'에서 '큐'까지 / 농촌 파탄과 서울 공화국 / '계급전쟁'에서의 승리를 위해 / '우리들의 눈을 빼서 필름을 만들고 싶다' / 중간평가 유보와 노태우 · 김영삼의 밀월 / 황석영과 문익환의 방북 / '쇠파이프와 식칼' 대 '공작과 세뇌' / 조선일보의 집요하고도 잔인한 비수 / 부산 동의대 사건 / 이철규 의문사 사건 / 전교조 결성과 노 정권의 탄압 / 임수경의 방북 / NL · PD 논쟁 / 서경원 밀입북 사건 / 노태우 정권의 정략적 대북정책 / 학원 프락치 공작 / UIP 영화직배 반대 투쟁 / 올림픽의 감격을 영원히 간직하고 싶다! / 노태우 정권과 언론 / 전두환의 국회 증언 / 중간층 포섭 전략과 중산층 신화 / 왜 김동길에게 정주영은 '민중의 영웅'이었나? / 10년만에 10배 상승한 주가지수 / 천민 자본주의도 아닌, 대 사기극 / 5 · 6공의 전라도 죽이기 / 가정 교육으로까지 전수된 호남차별

자세히 읽기
민예총 및 전민련 결성 / 정호용의 국회의원직 사퇴파동 / 정주영 방북 보도의 변덕 / 박노해와 『노동해방문학』 / 올림픽 열기 되살리기 / 『태백산맥』 완간 / "각하, 방미 기사 작아서 미안합니다" / 프로야구와 광주의 축제

맺는 말 한국인의 '정치와의 전쟁'

광주학살과 서울올림픽

광주는 과거, 올림픽은 미래

5공 시절, 프로야구를 놓고 사석에서 작은 논쟁을 벌인 적이 있었다. 나는 프로야구가 한국 국민이 5·18 광주학살을 저지른 5공을 용납하도록 만드는 데에 큰 기여를 하고 있다는 주장을 했다. 격렬한 반발이 쏟아졌다. 내 주장의 전제라 할 '조작 당하는 대중' 이라는 발상을 문제삼는 것 같았다. 프로야구에 대한 자신의 사랑을 옹호하는 성격도 다분히 띠고 있었다.

나는 프로야구를 안 좋아했나? 내 주장은 프로야구에 대한 개인적인 애정 차원을 넘어선 이야기였지만, 그걸 납득시키는 건 쉽지 않은 일이었다. '조작' 이라는 것도 국민이 바보라는 이야기가 아니라 대중의 현실 도피 또는 관심 전환이라고 하는 차원에서 대중은 얼마든지 지배권력에 의해 통제 또는 조정을 당할 수 있다는 의미였지만, 그것 또한 격론이 벌어지는 현장에서 제대로 납득시키기는 쉽지 않은 일이었다.

당시 프로야구를 사랑했던 사람들의 사랑 이유는 각기 달랐을 것이다. 참혹한 '광주학살'을 겪은 호남, 특히 광주시민들에게 '해태'는 제 정신으로는 도저히 살 수 없는 대한민국 국군의 야만적 폭력과 대한민국 사회의 무관심에 대한 충격에서 벗어날 수 있는 거의 유일한 탈출구는 아니었을까? 심리적 도피처나 한(恨)풀이의 수단으로 프로야구를 택할 수밖에 없지 않았겠느냐는 것이다.

광주학살은 오직 전두환을 비롯한 신군부 일당만의 만행이었던가? 광주학살은 '호남차별'이라는, 많은 한국인들이 갖고 있는 야만적 정서라는 토양이 없었다면 결코 일어날 수 없는 일이었다는 주장도 있지만, 이에 대해선 의견이 분분하다. 다만 한 가지 분명한 사실은 다수 한국인은 광주학살의 진상을 모른 채 또는 알아보겠다는 최소한의 관심과 노력도 기울이지 않은 채 광주의 아픔과 상처에 공감하기는커녕, 광주의 상처가 너무 아프다고 울부짖는 호남인들을 박대하고 모멸하기까지 했다는 것이다.

광주학살이라는 만행을 저지른 전두환 세력은 박정희 18년 독재가 낳은 '사생아'였다. '프로야구'는 박정희 시절을 통해 '보릿고개'를 넘은 한국인들이 '경제동물'화되어 풍요의 길목으로 들어가는 과정에서 본격적으로 소비하게 된 '오락-여가 문화'를 상징한다. '경제동물'을 좀 고상하게 표현하자면 '중산층'이 되겠지만, 중산층에 편입되기를 열망하는 사람들까지 포함하는 넓은 개념으로 보아야 할 것이다.

호남인만 한을 갖고 있었던 건 아니다. 한국인은 6·25의 처참한 기억에 대한 한풀이를 원했다. '경제'와 '풍요'로 한국의 정체성을 삼자는 한국인의 경제동물적 한풀이는 프로야구를 넘어서 서울올림픽으로 그 절정을 보여주었다. 서울올림픽은 88년 9월에 개최되었지만, 올림픽의 서울 유치가 확정된 건 7년 전인 1981년 9월이었다. 그해 11월에는 86 아시안게임의 서울 유치도 확정되었다. 아시안게임과 더불어 서울올림픽은 5공정권이 휘두를 수 있는 '전가의 보도'였다. '86·88'은 이후 마법의 주문이 되었다. 5공은 그런 의미에서라도 동서고금을 막론하고 그 유례를 찾기 어려운 명실상부한 '스포츠공화국'이었다.

5공정권은 광주학살에 대한 기억을 지우는 일에서부터 노동자와 빈민을 탄압하는 일에 이르기까지 86 아시안게임과 88 서울올림픽을 원 없이 악용했다. 그건 천박하기 그지없는 국가주의적 담론이자 실천이었지만 그 파괴력은 컸다. 광주학살은 서울올림픽으로 대표되는 국가주의와 경제 제일주의 이벤트들에 가려져 점점 잊혀진 역사가 되어갔다.

'광주'는 과거였던 반면 '올림픽'은 미래였다. 동서고금을 막론하고 '미래지향적'이라는 말이 80년대의 한국에서처럼 유린당한 역사가 또 있을까? 1980년대 한국 역사의 핵심적인 키워드가 '광주학살'과 '서울올림픽'이 될 수밖에 없는 이유가 바로 여기에 있다.

부정부패는 정권안보의 대들보

독재권력은 권력 유지와 강화를 위해 민중을 부패시키며 민중의 부패는 새로운 민주권력의 성공을 어렵게 만든다. 일단 부패가 시작되면 가장 좋은 제도도 쓸모가 없으며, 자유롭고 공개된 토론은 민중에게 덕성이 있을 때엔 귀중하지만 그들이 부패했을 때에는 위험하다. 또 독재체제에서 혜택을 누렸던 사람들은 정직하고 명시적인 기준에 의해서만 존경과 보상이 주어지는 자유로운 사회에 분개하기 때문에 새로운 민주주의 지도자는 큰 어려움을 겪게 된다.

『마키아벨리로부터 배우는 지도력』이라는 책에 소개된 마키아벨리의 주장이다. 마키아벨리의 말이라고 해서 폄하할 필요 없다. 정치인들만 마키아벨리의 후예들이 아니다. 한국적 삶은 대부분의 평범한 아저씨와 아줌마들을 마키아벨리로 만들었다. 한국에서 필요 이상으로 마키아벨리를 욕하는 이상 풍조는 역으로 해석해야 옳다. 거울에 비친 자기 모습이 너무 싫어서 괜히 더 욕하는 건지도 모른다.

우리 국민의 약 80%는 한국 사회의 부패가 심각하다고 보고 있으며 20대와 30대의 절반이 '이민을 갈 수만 있다면 떠나겠다'는 생각을 갖고 있는 것으로 나타났다는 최근의 한 조사 결과(『한국일보』 4월 24일)를 읽으면서 마키아벨리의 위와 같은 주장을 떠올리지 않을 수 없었다.

한국인은 대체적으로 착한 사람들이다. 그러나 부패했다. 자신이 부패했다는 걸 느끼지 못할 정도로 '부패의 생활화'가 너무 오랜 세월 동안 이루어져 왔다. 그래서 대다수의 한국인들이 '촌지'에서부터 연고와 정실에 의한 봐주기를 '사람 사는 인정' 쯤으로 가볍게 생각한다.

한국인의 부패는 한국인의 인성인가? 아니다. 그건 처절한 '생존술'이었다. 집권세력이 위에서부터 밑에까지 다 썩어 있다면 보통사람들이 무슨 수로 생존을 꾀할 수 있을 것인가?

적어도 조선조 말기 이래로 몇 세대에 걸쳐 민중은 공권력과 공적(公的) 영역을 신뢰할 수 없었다. 정부로부터 과도한 수탈만 당하지 않아도 다행이라고 생각했다. 보통사람들이 의지할 수 있는 건 오직 사적(私的) 영역뿐이었다. 당연히 사적 영역은 연고와 정실 위주로 움직였고 한국인들은 그 네트워크를 근간으로 하여 생존을 도모하였다. 억울하면 개인적으로 출세할 일이었지, 공적 영역에 그 어떤 해결책을 기대한다는 것은 어림도 없는 일이었다.

멀리 갈 것도 없이, 우리는 이미 1970년대사를 통해 박정희 18년 체제가 '정권안보'를 위해 부정부패의 전 사회적 창궐을 획책했거나 방임해 왔다는 걸 잘 살펴보았다.

전두환 체제 7년은 그러한 총체적 부패구조의 성숙기 또는 완성기였으며, 부정부패는 '정권안보'의 대들보로 우뚝 섰다. 5공이 내세운 '정의사회 구현'은 실제론 '부패사회 구현'이었으며, '정의'라는 말은 길거리 쓰레기보다 못한 대접을 받았다.

극우 독재체제와 부정부패가 손에 손을 맞잡고 같이 가는 동반자라는 건 이미 전 세계적으로 충분히 입증된 사실이다. 이는 국제투명성기구의 2002년 '국가별 부패지수'를 살펴보더라도 잘 드러난다. 10점을 가장 투명하고 공평한 무(無) 부패의 사회, 그리고 1점을 가장 부정부패가 심한 사회로 했을 때, 각 나라별로 순위와 지수를 매겨보면 다음과 같다.

1위 핀란드(9.7), 2위 덴마크(9.5), 4위 아이슬란드(9.4), 6위 스웨덴(9.3), 10위 영국(8.7), 12위 노르웨이(8.5), 16위 미국(7.7), 18위 독일(7.3), 20위 일본(7.1), 25위 포르투갈(6.3), 29위 대만(5.6), 31위 이탈리아(5.2), 40위 한국(4.5), 44위 그리스(4.2), 59위 중국(3.5), 71위 러시아(2.7), 96위 인도네시아(1.9).

이러한 결과에 대해 박노자는 최근 저서 『나를 배반한 역사』에서 다음과 같이 말한다.

"흥미로운 것은 북유럽의 사민주의 국가들(핀란드, 덴마크, 스웨덴 등)에게서 부패 정도가 가장 적게 나타난다는 점이다. 이와 반대로, 극우들이 오랫동안 파쇼적 독재를 해왔던 남유럽(이탈리아, 그리스 등)은 한국과 비교될 정도로 상대적으로 부정부패가 심하다. 마키아벨리의 조국 이탈리아에서도 무솔리니(1883~1945) 정권이 20년 동안 국정을 휘어잡는 동안 부정부패가 거의 제도화되었다. 지금도 금전 거래가 수반되지 않은 인사청탁은 비도덕적인 행위나 범죄로 보지 않을 정도이다. 우리는 여기에서 극우주의와 봉건적 잔재의 밀접한 상관 관계를 엿볼 수 있다."

계층별 분열과 영역별 분열

부정부패가 개발도상국가의 경제성장에는 유리하다고 주장하는 서양 학자들이 있다. 여기서 그러한 주장에 대해 논의할 필요는 없을 것 같다. 중요한 건 '경제'와 '정의'는 꼭 손에 손을 맞잡고 같이 나아가지는 않는다는 사실이다. 그래서 '부정부패 불가피론' 을 펴는 대담한 지식인들도 등장했을 것이다.

한국의 극우 독재체제는 그 실체야 어떠하건 공격적인 '중산층 만들기' 를 통해 '중산층' 으로 하여금 '하층' 의 저항을 억누르거나 무력화시키게끔 하는 계층 분열주의 또는 이간질 수법을 사용했다. 물론 '중산층 만들기' 는 중산층에 편입되기를 열망하는 사람들이 기존의 총체적 부패구조를 승인하고 그것에 적응하는 걸 전제로 하여 이루어지기 때문에 '중산층' 은 체제친화적인 보수성을 갖게 되었다.

분열은 계층에서만 일어난 게 아니었다. 각 영역의 발전 속도에서도 분열이 일어났다. 우리는 그간 그걸 '압축성장' 이라거나 '지체 현상' 등과 같은 용어로 설명해오긴 했지만, 그 가공할 효과에 대한 탐구는 게을리 했다. 이는 역사학 분야에서도 논란으로 대두되고 있는데, 이에 대해 영국의 역사학자 리처드 에번스는 『역사학을 위한 변론』에서 다음과 같이 말한다.

"역사가들은 서로 다른 종류의 역사에는 다른 종류의 시간이 흐른다는 개념에 놀라지 않는다. 가장 명백한 것으로는, 경제적 변화가 정치적 변화와는 다른 속도로 진행된다는 점을 들 수 있다. 예컨대 군사기술 변천사는 문화 및 예술의 역사가 그러하듯이, 그 자체의 특별한 빠르기를 가지고 있다. 최근에 여성사는 남성 중심의 역사와 다르게 시대 구분을 해야 한다는 주장이 일었다. 이들 분야의 어느 하나에서의 변화는 다른 분야에 영향을 주었다. 그렇지만 이들 분야를 모두 중요한 정치적 전환점에 따라 틀을 짠 관습적인 시간 단위에 채워넣는 것은 어쨌든 작위적이고 쓸데없는 짓이다. 물론 국사 개설서에서는 종종 그렇게 하는 것으로 충분하겠지만 말이다."

세계에서 가장 빠른 부문별 속도 차이를 보인 한국을 제쳐놓고 그런 말을 한다는 건 사치스러운 일이 될 것이다. 한국에선 인위적이고 강압적인 속도 조절이 있었다. '경제' 는 비행기를 탔다면 '정치' 는 물리적 폭력의 힘으로 뒤로 가게끔 만든 기차를 탄 셈이었다. 한국인들은 그런 인위적이고 강압적인 개입의 역사를 무시한 채 구경꾼의 자세에서 정치를 조롱하고 저주함으로써 진짜 '정의'를 구현할 수 있는 마당 또는 도구 자체를 무력화시키는 묘한 자학을 범하게 되었다. 그 자학은 '정치'와 '정치인'을 구분하지 않는 데에서도 잘 드러났다. 목욕물을 버리면서 애까지 같이 버리는 식이었다고나 할까?

그런 전통은 오늘날까지도 계속되고 있다. 한국인은 정치가 3류라고 욕하지만, 정치인들은 그런 비판에 개의치 않는다. 정치판을 시궁창이라고 욕해도 그 시궁창 속으로 뛰어 들겠다는 사람들이 끝이 안 보일 정도로 길게 줄을 서서 기다리고 있다.

왜 그럴까? 그만큼 정치판에서 건질 수 있는 이익이 많기 때문일 것이다. 그래서 정치판 프로들은 오히려 정치판이 시궁창이라고 욕을 먹는 걸 원할지도 모른다. 왜? 그래야 깨끗하고 능력 있는 사람들이 정치판을 멀리할 것이고, 그 결과 유력한 경쟁자들을 처음부터 따돌릴 수 있을 것 아닌가. 이는 마치 어린아이들이 맛있는 과자를 혼자 다 먹겠다고 과자에 자기 침을 퉤퉤 뱉어놓는 것과 비슷한 이치인 셈이다.

누가 더 어리석은가? 정치인들인가, 국민인가? 두말 할 것도 없이, 국민이다. 정치인들은 자기 잇속을 다 챙기고 있는 반면, 국민은 무조건 정치판을 향해 침 뱉고 저주만 함으로써 정치판을 근본적으로 물갈이할 수 있는 가능성마저 스스로 원천봉쇄해 자기 이익에 역행하는 일을 하고 있지 않은가 말이다.

국민이 어리석기만 한 건 아니다. 질(質)도 매우 나쁘다. 선거 때만 되면 평소 핏대 세우며 욕했던 정치인들을 악착같이 다시 뽑아준다. 국민은 유권자로서 선거 때 투표를 통해 정치판을 얼마든지 바꿀 수 있다. 그러나 유권자들은 바꾸지 않는다. 매우 보수적인 투표를 한다. 그래놓고선 곧 정치판이 썩었다고 욕해댄다. 나는 그런 행태를 가리켜 '국민 사기극'이라고 주장한 바 있다.

'국민 예찬론'과 '국민 비판'

사정이 그와 같은데도 불구하고 언론과 지식인은 국민에게 아첨을 하는 경향이 있다. 그들은 늘 정치인들만 죽일 놈들이라고 욕해댈 뿐 국민을 향해선 아무 말도 하지 않는다. 아니 오히려 정반대로 '국민 예찬론'을 펴기에 바쁘다. 정치인들과 비교하여 '국민만 불쌍하다'느니 '국민은 현명하다'느니 하는 따위의 아첨을 하기에 바쁘다. 그래서 국민을 아주 몹쓸 수준으로 버려 놓았다.

특히 일부 신문들이 문제다. 이들은 신문 팔아 돈 버는 데에만 관심이 있을 뿐 국민의 타락에 대해서는 개의치 않는다. 아니 오히려 국민의 타락을 부추긴다. 그걸 비판하면 이들이 내뱉는 소리는 한결같다. "우리 신문 독자들을 바보로 아느냐?" 그러면 독자들은 자기 욕하는 게 기분 나쁘다고 신문들의 그런 항변에 맞장구를 쳐준다. 그러나 나는 그런 독자들이 바보라기보다는 질(質)이 아주 나쁘다고 생각한다. 왜 일부 한국인들은 힘이 좀 있다는 쪽으로 또는 먹을 걸 좀 주는 쪽으로 우우 몰려다니는 걸 좋아하는 걸까?

최근 일부 신문들이 공인기관의 검증을 거쳐 발행부수를 발표했는데, 『조선일보』, 『중앙일보』, 『동아일보』 세 신문이 각기 매일 200만 부 이상의 신문을 발행하는 것으로 나타났다. 이 세 신문을 가리켜 흔히 '조중동'이라고 한다. 영향력도 막강하거니와 색깔도 수구 일색이라고 해서 붙여진 이름이다. 또 상도덕도 제일 엉망이라는 점도 같다. 자전거에서부터 비디오에 이르기까지 각종 경품으로 독자를 매수하는 짓을 제일 많이 저지르고 있다. 그럼에도 불구하고 머릿수로 보아 한국인들이 가장 사랑하는 신문이 바로 조중동이라고 하니 일부 국민들의 '거지근성'이나 '강자(强者) 추종성'을 탓해야 하는 건 아닌지 모르겠다. 아니면 '실용과 쾌락' 중독증을 탓해야 하나?

내 경험에 비추어 보면, 이렇게 일부나마 국민을 비판하는 주장에는 보통 두 가지 종류의 격한 반발이 쏟아진다.

첫째, 왜 그렇게 세상을 부정적으로 보는가? 그러나 천만의 말씀이다. 민주화를 염원하는 사람들이 늘 불평불만만 하고 세상을 부정적으로 본다는 신화는 김대중 정권 이후 깨졌다. 세상을 부정적으로 보고 불평불만만 하는 세력은 그때 이후 수구 기득권 세력으로 대체되었다. 한국인의 역량이라고 하는 관점에서 봐도 그렇다. 우리는 지금보다는 훨씬 더 낫게 잘 할 수 있다. 그런 비전을 갖고 현재의 잘못된 점을 맹렬히 비판하는 건 세상을 긍정적으로 보는 것이다. 세상을 진짜 부정적으로 보는 건 정열을 잃은 냉소주의자들이거나 이래도 좋고 저래도 좋고 오직 나 하나만 잘 되면 그만이라는 지독한 이기주의자들이다.

둘째, 너는 뭐가 그렇게 잘났다고 감히 남을 훈계하려 드는가? 몇 년 전만 해도 이런 항변에는 답하기가 쉽지 않았다. 그러나 이젠 바야흐로 인터넷의 시대다. 누구든 계몽(啓蒙)의 주체가 될 수 있다. 계몽을 혐오하고 시대착오적인 것으로 생각한다 해도 그걸 밝히는 주장도 계몽이다. 우리는 인간인 이상 계몽을 피해갈 수는 없다. '계몽주의의 시대'는 끝났을지언정 '계몽' 그 자체는 영원히 유효하다. 인터넷은 계몽의 춘추전국시대를 열었다. 모든 사람들이 남녀노소 상하귀천 없이 주고받는 계몽 속에 명랑 사회 이룩된다는 걸 잊지 말자.

좀 있다 또 이야기하겠지만, 나는 앞으로 계속 '국민 비판'을 멈추지 않을 것이다. 사람에 따라선 실연(失戀)의 상처가 평생을 가기도 한다는데, 한 세대 이상 걸친 식민통치와 또 한 세대에 걸친 독재정권의 상처가 국민의 의식과 행태에 남긴 상처가 왜 없겠는가? 그걸 부정하는 건 정직하지 못한 것이고 그 상처를 치유하기 위해 자극을 주는 것에 대해 혐오의 감정을 발산하는 건 파렴치한 짓이 아닐까?

나의 자격은 중요치 않다. 인터넷 검증은 매우 무섭다. 최소한의 양심이 있는 사람이라면 자신이 떠든 말 때문에 자신이 규제 당하는 법이다. 그 법칙을 믿는 나는 모든 국민이 각자 다 잘난 척하는 계몽의 주체로 우뚝 서기를 바란다. 한국인은 나쁜 사람보다는 잘난 척하는 사람을 더 싫어하기 때문에 일시적으로 시련이 만만치 않겠지만 나처럼 완급을 잘 조절하면 얼마든지 견딜 만하다. 중간에 이 책 내던질 사람 있을까봐 미리 드린 말씀이다. 다시 본론으로 돌아가겠다.

최첨단 서구 이론의 난무

다수 지식인도 앞서 이야기한 의미의 자학에 가세하였다. 학술은 '경제' 이상으로 빨리 달린 분야였다. 한국에서는 기본적인 인권이 보장되지 않는 상황이었는데도 불구하고(아니 어쩌면 바로 그런 이유 때문에) 학계에는 최첨단 서구 이론이 난무했다. 1983년 성균관대 사회과학연구소가 엮어 낸 『한국사회과학론』이라는 책에는 독일 정치학자 브루노 자이델의 다음과 같은 개탄이 소개돼 있다.

"나는 분명히 한국 사회에 와서 '근대화' 문제에 관한 한국 정치학자들의 논의를 들을 수 있으리라 기대했다. 그러나 유감스럽게도 한국 정치학자들이 한국문제에 관해 사용하는 개념들은 마치 나로 하여금 '고도의 소비사회'가 구가되고 있는 미국에 와 있는 것이 아닌가 하는 착각을 불러 일으켰다."

말 한번 잘못했다간 고문을 당하고 감옥에 끌려갈 수 있는 세상에서 '안전의 욕구' 때문에 그런 일이 발생하기도 했겠지만, 습관은 무서운 것이어서 학문이란 원래 그렇게 하는 것이려니 하는 전통이 세워지고 말았다.

사회와는 절연된 채로 '지적유희'로 전락했거나 학자들의 '인정투쟁'의 도구로만 기능하는 이른바 '학술만을 위한 학술'이 학계는 물론 저널리즘의 영역까지 휩쓸었고, 이는 또 역으로 사회에서의 '정의구현'을 더욱 어렵게 만드는 효과를 낳았다. 이런 문제를 부산대 교수 김정근은 후일 다음과 같이 표현하였지만, 이런 주장은 한국 학계에서 여전히 '아웃사이더' 대접을 받고 있다.

"왜 현실은 엄연한 한국의 현실인데 강단의 언어는 외국어인가? …… 형식만 한국어를 뒤집어썼지 내용은 외국 내용 그대로가 아닌가? 그런데 우리에게는 그 언어의 전제가 되는 현실이 없지 아니한가? 여기가 어디 미국의 51번째 주라도 된단 말인가? 그때 나의 눈앞에는 너무나도 한국적인 도서관 현장이 처연하게 땅 위에 누워 있는데 강단의 언어와 처방은 외국어로 하늘을 날고 있었다. 병은 보통의 한국병인데 처방은 턱없이 고급이었다. 그것은 첨단의 수입외제 처방이었던 것이다. 나는 정말 혼돈스럽고 괴로웠다. 나는 자문하지 않을 수 없었다. 과연 우리가 이러고 있어도 되는 것인가?"

심지어 저항의 이론과 방법론까지 서구에서 직수입되어 과도한 이념적 편향성을 드러내곤 했다. 이는 최악의 상황에서 '의식화'를 위한 불가피한 몸부림으로 얼마든지 이해할 수 있는 일이었지만, 그러한 문제의 잔재는 아직까지 왜곡된 채로 살아남아 한국 사회의 개혁 담론을 조금 혼란스럽게 만드는 점이 있다.

한국의 일부 좌파는 극우와 싸우려 하기보다는 극우와 싸우는 개혁파 또는 자유주의 세력의 한계를 폭로하고 비방하는 데에 열을 올리고 있다. 좌파 이념이 민중을 위한 무기이면서도 그걸 부르짖는 개인 또는 집단의 이기적인 '인정투쟁'의 도구로도 활용되고 있는 것이다.

그런 문제는 일부 개혁파 또는 자유주의 세력에게도 똑같이 나타나고 있다. 이들은 극우부터 극복하자는 전략에서 노동자·빈민이 겪는 고통에 대해 너무 무관심한 문제점을 드러내고 있다. 또 이들이 제시하는 비전은 노동자·빈민에 대한 고려가 빈곤한 탓에 좌파가 군이 그들과 극우를 차별 대우해야 할 필요를 느끼지 못하게 했다는 비판으로부터도 자유롭지 못할 것이다.

어느 쪽에 더 큰 잘못이 있건, 이 문제의 근본적인 해결은 기대하기 어렵다는 걸 차라리 인정하고 들어가는 것이 오히려 비생산적인 논쟁과 싸움을 줄이는 길일 것이다. 정도의 차이일 뿐, 이런 문제는 세계 어느 나라에서건 똑같이 일어나고 있다는 점도 그런 '체념의 지혜'를 터득하는 데에 도움이 될 것이다.

다만 한국의 경우에는 보수건 진보건 한국 실정과는 무관한 '수입지식'이 너무 활개치고 있어 '교통정리'와 '상호소통'을 어렵게 만드는 점이 있으며 개혁과 진보를 표방한 사람들에게는 '헌신' 못지 않게 '겸손'의 미덕이 중요하다는 걸 짚고 넘어갈 필요는 있겠다.

중산층 신화와 국가주의 담론

사회 부문별 속도 차이로 인해 생기는 문제를 길게 거론한 건 그게 1980년대의 주된 특성이었으며 그것이 딜레마라고 부를 수 있는 상황을 만들어 냈다는 걸 제대로 인식하자는 뜻에서다.

1980년대의 한국에서 '중산층'의 체제친화적인 보수성에 심리적 면죄부로 작용한 건 바로 '86·88'로 대표되는 국가주의 담론이었다. 물론 87년 6월항쟁이 잘 보여주었듯이, '중산층'이 독재체제에 대해 무한대의 친화성과 인내심을 발휘한 건 아니었다. 그러나 몸에 밴 부정부패와의 친화성이 '하층'에까지 전염된 탓에 한국인들은 '이기적 탐욕'을 자극하는 선전·선동에 매우 취약하였던 바, 바로 이 지점을 독재체제의 지역분열주의가 파고들었던 것이다.

광주학살에 대한 기억과 양심은 '중산층 신화'와 국가주의 담론에 파묻혀 버리고, 한국인은 '경제동물'로 다시 태어났다. 그들은 '5·18'을 역으로 건너뛰어 '6·25'로 달려갔다. 본문에서 자세히 이야기하겠지만, 한때 한국의 지성을 대표하던 지식인 김동길이 85년 캐나다에서 현대의 포니 승용차 안에 타고 있던 백인 젊은이들을 보고 느낀 감격은 결코 그 혼자만의 광기(狂氣)는 아니었을 것이다. 김동길은 그 백인 젊은이들이 "가서 껴안아 주고 싶을 만큼 아름다운 피조물"이었으며, "정주영은 한국인 모두에게 긍지를 심어준 민중의 영웅이다"고 단언하였다.

6·25 시절 자동차에 탄 미군에게 껌과 초콜릿을 구걸했던 한국의 아이들이 커서 자동차를 만들어 미국에 팔아먹었다는 건 김동길을 포함한 다수 한국인들에게는 그야말로 살 떨리는 감격이었을 것이다. 그들에게 '광주'는 잊혀졌으면 하고 바라는 '과거지향적 갈등'이었을 뿐이고, 88 올림픽으로 대표되는 대한민국의 영광은 '미래지향적 비전'으로 다가왔을지도 모를 일이었다.

한국인들에게 먹고사는 문제에 대한 강박은 너무도 강렬했다. 먹고사는 게 해결된 뒤에도 그 상처는 사라지지 않았다. 오히려 배를 채운 포만감을 맛본 탓에 더욱 먹고사는 문제에 매달렸던 건지도 모른다. 물론 이는 부정부패와 마찬가지로 독재정권의 의도적인 정책의 산물이었다. 민중의 '상호불신과 살벌'은 독재정권의 정권안보에 매우 긴요한 것이었다.

살인적인 경쟁체제가 한국의 눈부신 경제 발전에 얼마나 기여하였으며 어떤 부작용을 남겼는가 하는 건 따로 따져볼 문제지만, 한국인의 일상적 삶에 만연한 사회진화론적 전투적 삶의 정도가 거의 병적(病的) 수준이었다는 건 부인하기 어려운 사실이었다. 그러나 또 그런 집착이 한국인들을 '일벌레'로 만들었고 또 그 결과가 국가의 영광으로 예찬되었던 것도 분명한 사실이었다. 소설가 유시춘은 이를 다음과 같이 지적한다. "태어나지 않았더라면 현대사의 발전에 훨씬 더 좋았을 '신군부'의 5공 시절에도 대다수 국민은 단순히 먹고사는 일이라면 별로 불편할 일이 없었다. 때마침 3저 호황에다 매년 풍년을 구가했기 때문이다. 동족을 살상한 피묻은 손이면 어떻고 체육관에서 대통령을 뽑은들 어떤가."

아니 현실은 그 이상이었다. 3저 호황은 6·25의 기억을 갖고 있는 한 국인들에게 놀라운 물질의 축복을 선사했다. 온갖 화려한 가전제품에서부터 각종 스포츠 및 놀이 이벤트에 이르기까지 '단순히 먹고사는 일'을 넘어선 풍요를 만끽하게 하였다.

'86·88'의 영광과 그늘

어디 그뿐인가. 5공이라는 '스포츠 공화국'은 국력을 스포츠에 집중시켜 1984년 LA 올림픽에서 금메달 6, 은메달 6, 동메달 7개로 종합 10위에 오르는 대기록을 세웠고, 86년 아시안게임에서는 중국의 금메달 94개에 1개가 모자라는 93개를 획득함으로써 2위를 차지하는 대성공을 거두었다. 『조선일보』는 다음과 같은 웅변으로 국민에게 감격할 것을 요청하였다.

"금메달을 놓고 우리는 10억 인구의 중공과 1개 차이로 1, 2위를 다투었고, 얼마 전까지도 아시아 스포츠의 아성임을 자랑한 소위 1억 2천만 경제 대국 일본을 금메달 35개 차이로 밀어내버린, 스스로도 예상치 않은 경기 실력 발휘에 환희와 감격과 자부심이 용솟음치지 않을 수 없다. 이번 서울 아시아경기대회에서 우리 선수들이 따낸 금메달 93개는 4년 전 제9회 뉴 델리에서 얻은 금메달 28개의 3배를 훨씬 능가하는 것이고, 우리 스포츠사상 일찍이 못 본 금메달의 탑을 쌓아올린 것이다."

『조선일보』는 금메달 93개가 "민족적 긍지와 자부심을 새롭게 창조"했다고 주장하면서 선수들과 관계자들은 "86의 기쁨을 즐길 겨를도 없이 바로 다시 88에 도전하는 더한 시련의 일과로 들어가야 한다"고 당부했다.

80년대 체제의 전위이자 대변인을 자처했던 『조선일보』의 당부는 빗나가지 않았다. 한국은 88 서울올림픽에선 금 12, 은 10, 동 11개 등 도합 33개의 메달을 따내 소련, 동독, 미국에 이어 4위를 차지하는 대성과를 이루었다. 『조선일보』식 어법으로 말하자면, '인구대국' 중국이 9위를 하고 '경제대국' 일본이 14위를 한 반면에 한국은 4위를 한 것이다.

이러한 성과 앞에서는 독재정권과 민주세력의 구분마저 있을 수 없었다. 모두 다 감격했고 모두 다 '김동길'이 되었다. 민주 정치인 김영삼은 "올림픽은 우리 국민의 위대한 저력을 보여 줘 자존심, 자부심, 미래의 가능성을 심어주고 성숙시켜 주었다"고 말했으며, 민주 지식인 김준엽마저 "우리 민족의 우수성을 재확인하면서 선진국의 문턱에 서게 된 문화민족으로서의 자신감을 만끽하면서 온 겨레는 감격의 눈물을 흘렸다"는 평가를 내렸다.

이어 김준엽은 "전두환 씨가 이룩한 공로는 물가안정과 올림픽의 유치"라면서 "독재자로서 많은 죄도 있지만 공로도 있었다는 것을 나는 솔직하게 인정한다"고 말했다. 그러나 그 '죄'와 '공로'가 불가분의 관계라면 그러한 평가는 아무리 솔직한 것이라 해도 상호 모순되는 게 아니었을까?

물론 이는 김영삼이나 김준엽에게만 물을 일은 아닐 것이다. 지금 나는 단지 '광주'가 어떻게 잊혀져 갔으며 '광주학살'의 죄악이 어떻게 다른 '공로'로 희석되어 갔던가 하는 걸 말하고자 할 뿐이다. 또 올림픽이 몰고 온 대한민국의 영광의 다른 이면을 말하고자 하는 것뿐이다.

'3저 호황'이 가져다 준 풍요와 올림픽이 선사한 대한민국의 영광의 와중에서 계층간 분열의 골도 깊어졌다. 중산층 대열에 합류한 사람들은 증권과 부동산 투기의 부스러기라도 맛보려고 신경을 곤두세운 반면 빈민과 노동자들의 생존 투쟁은 격화되고 있었다. 그러나 이미 여론 제조를 전담한 언론이 지배세력의 일원으로 편입된 상황에서 그런 저항은 성공은커녕 그런 저항이 있다는 것조차 널리 알리기 어려웠다.

그럼에도 불구하고 한국 사회 한 구석에서나마 여전히 '광주'는 살아 있었다. 호남의 한을 풀어달라는 특명 전권을 위임받았던 김대중은 그 한에 공감하지 못하는 다수 한국인의 반발에 부딪혀 6월 항쟁의 성과를 '죽쒀서 개에게 주는' 역사적 범죄를 저질렀다는 지탄을 받게 되었다. 덩달아

호남인의 한은 저열한 지역감정으로 매도되고, 일부 열성적인 호남인은 '광신도'로까지 전락하고 말았다. 호남인의 김대중 지지에 대한 이런 시각은 보수와 진보를 막론하고 이후 한국 정치를 규정하는 최대 변수가 되고 말았다.

개혁·민주 정권은 반드시 실패하게 돼 있다

공개적으로 표방한 목표에 비추어 보자면, 김대중 정권은 반드시 실패하게 돼 있었고, 노무현 정권도 반드시 실패하게 돼 있다. 그건 김 정권이나 노 정권 사람들이 못나서도 아니고 나빠서도 아니다. 국민이 부패했고 여전히 막강한 힘을 갖고 있는 독재체제하의 수혜자들이 강하게 반발하기 때문이다. 물론 노 정권은 많은 결함을 안고 있다. 그러나 "너 얼마나 잘 하는지 보자"며 정권을 무대에 올려놓고 대다수 국민이 구경꾼 행세를 하는 지금과 같은 '극장식 시스템'이 훨씬 더 크고 근본적인 장애 요인이다.

부패의 가장 큰 문제는 부패 그 자체가 아니다. 그것의 파급 효과가 더 무섭다. 부패는 무엇보다도 정의로운 공적 응징을 불가능하게 만든다. 독재권력을 공격적으로 찬양하는 데에 앞장섰던 신문이라면 민주화된 세상에선 국민이 알아서 그 신문을 외면하는 것으로 최소한의 응징을 해줘야 한다. 그러나 그 정도의 부패는 나도 저질렀다고 생각하는 부패한 국민이 그 신문에게 계속 지지를 보내는 한 앞으로 그 어떤 민주 정권이 들어선다 해도 개혁은 어렵게 돼 있다.

달리 설명하자면, 이런 이야기다. 이제 정부를 장악한 권력은 군사독재 파시즘 권력이 아니다. '여론'에 의해 생사(生死)와 강약(強弱)이 결정되는 그런 권력이다. 그런데 그 '여론'이라는 걸 누가 장악하고 있는가? 군사독재 파시즘을 옹호하던 언론이다. 물론 모든 언론이 다 그런 건 아니다. 또 과거엔 '힘의 논리'에 따라 그랬을 망정 그간 변화된 점도 있다. 그러나 그와 동시에 일개 신문이 정부를 장악한 권력에 도전할 수 있을 만큼 언론 환경이 자유로워진 것도 사실이다. 게다가 새로운 권력은 어느 날 갑자기 하늘에서 뚝 떨어진 건 아니므로 한국 사회가 전반적으로 안고 있는 문제점들을 그대로 안고 있다. 이는 언론의 비판 기능을 수행하기 위한 정당한 '먹잇감' 임에 틀림없다.

문제는 언론의 이중 잣대다. 과거 군사 독재정권을 옹호하던 언론은 이젠 전혀 다른 잣대를 들이밀고 정권을 공격한다. 그 잣대는 정치 선진국가에서도 완벽하게는 실현되지 않고 있는 '교과서적 민주주의' 라는 잣대다. 그 누구도 원론적으로는 이의를 제기할 수 없는 그런 잣대임에는 틀림없다. 그런데 간과해선 안 될 것은 한국의 민주주의 역사가 적어도 문민정부 출범 이후 이제 겨우 10년을 넘겼다는 점이다. 민주정권이 안고 있는 문제는 전부는 아닐 망정 상당 부분 국민 수준의 반영이므로 무조건 두들겨 팬다고 해서 하루아침에 바뀔 수 있는 그런 게 아니다. 예컨대, 한국 정치의 고질병 가운데 하나인 연고주의와 패거리주의가 정치인들만 굳게 마음 먹는다고 하루아침에 없어질 것 같은가?

칼자루는 언론이 쥐고 있다. 일부 유력 언론은 자기들의 이익에 부합될 경우 군사 독재정권도 예찬했던 전력을 지닌 채 여전히 그 시절을 그리워하고 있는 집단이다. 그들은 앞으로도 자기들의 이익에 부합될 경우 정권을 옹호하겠지만, 그렇지 않을 경우에는 교과서적 민주주의 잣대로 정권의 한국적 수준을 난타할 것이다. 그런 난타를 견뎌낼 수 있는 정권은 없다.

이는 비단 한국만 겪고 있는 일은 아니다. 과거 독재체제하에서 해방된 수많은 중남미 국가들의 민주정권이 겪은 일이다. 그 나라들에서도 똑같이 언론이 가장 큰 문제였다. 언론 자본은 독재정권은 물론 독재정권을 지원했던 미국과 이해관계를 같이 한 것도 어찌 그리 똑같은지 놀랄 정도이다. 오랜 세월 독재정권이 획책한 '민중의 타락' 이 민주정권의 성공을 어렵게 만든 것도 똑같았다. 그러나 그 어떤 나라도 한국의 경우만큼 황당하지는 않았다.

페어플레이는 아직 이르다?

70여 년 후의 한국을 내다보고 한 말이었을까? 중국의 지식인 루쉰이 1926년에 발표한 〈'페어플레이' 는 응당 천천히 행해져야 한다〉는 글은 오늘날 한국 사회가 처해 있는 딜레마의 핵심을 찌르고 있다. 최근 출간된 『페어플레이는 아직 이르다』는 책에서 그 일부를 인용하면 다음과 같다.

"'페어'하려면, 먼저 상대를 잘 살펴보는 게 좋다. '페어'를 받을 자격이 없는 자 같으면 굳이 대접하지 않아도 된다. 상대가 '페어'한 다음에 다시 그와 '페어'를 논해도 늦지 않다. 여기에는 이중 도덕을 주장한다는 혐의가 다분히 있는 듯하지만, 그러나 부득이한 일이다. 그렇게 하지 않으면 중국에는 바람직한 미래가 있을 수 없다. 지금 중국에는 허다한 이중 도덕이 있다. 주인과 노예, 남성과 여성이 모두 도덕이 다르고, 통일되어 있지 않다. …… 그러므로 '페어플레이' 정신을 보편적으로 시행하려면 적어도 이른바 '물에 빠진 개'라는 자들이 인간다움을 띨 때까지 기다려야 한다고 나는 생각한다. 물론 지금은 절대로 시행해서는 안 된다는 것은 아니다. …… 상대를 잘 살펴보아야 하는 것이다. 뿐만 아니라 차등도 두어야 한다. 즉, '페어'는 반드시 상대가 누구인가를 보고 베풀어야 하는 것이다."

그러나 오늘날 한국에서는 '페어'했던 사람들에게는 '대접'의 권리가 없다. 상대에게 베풀고 말고 할 '차등화'의 권력이 없는 것이다. 오히려 정반대로 개혁과 진보를 표방한다는 지식인들이 앞 다투어 "내가 하면 로맨스고 남이 하면 스캔들이냐"는 질책을 하기에 바쁘다.

이들의 기계주의적이고 탈역사적인 균형 감각에 대해 나는 "니가 유부남이고 내가 총각이면 얼마든지 그럴 수 있다"는 이견을 제시했지만, 씨알도 먹히지 않는다. 루쉰은 그것까지 염두에 두었던지 이어 다음과 같이 말한다.

"성실한 사람들이 부르짖는 공평한 도리 역시, 오늘날의 중국에서는, 좋은 사람을 구조하지 못하는 것은 물론이고 도리어 나쁜 사람을 보호해주기까지 한다. 나쁜 사람이 득세하여 좋은 사람을 학대할 때에는, 설사 공평한 도리를 부르짖는 사람이 있다 해도 나쁜 사람은 결코 그 말에 귀를 기울이지 않기 때문에, 부르짖음은 단지 부르짖음으로 그치고 좋은 사람은 여전히 고통을 받는다. 그러나 어쩌다가 좋은 사람이 조금씩 일어서게 되면, 나쁜 사람은 본래 물에 빠져야 마땅한 것인데도, 성실한 공리론자들은 '보복하지 말라' 느니, '너그럽게 용서하라' 느니, '악으로써 악에 대항하지 말라' 느니 하며 떠들어댄다. 이번에는 실효가 나타나서 헛부르짖음으로 그치지 않게 된다. 착한 사람은 그 말을 옳다 여기고, 그리하여 나쁜 사람은 구제 받는다. 그러나 구제 받은 뒤에 그는, 틀림없이 이득을 보았다고 생각하지, 회개 따위는 절대로 하지 않는다. …… 어리숙한 사람들이 악에 대한 방임을 관용이라고 잘못 생각하며 계속해서 대충 넘어간다면, 오늘날과 같은 혼란 상태는 끝없이 계속될 것이다."

그러나 루쉰의 이런 발언은 마찬가지로 한국에서는 사치스러운 것이다. '페어' 했던 사람들에게는 '보복' 이건 '용서' 건 할 수 있는 힘이 없기 때문이다.

더더욱 문제가 되는 건 루쉰의 위와 같은 견해는 '민족주의' 마저 저주의 대상이 될 만큼 세계 최첨단을 달리는 한국의 지적 풍토에서는 야만적인 것으로 대접받기 십상이라는 것이다. 하긴 루쉰은 이미 그 시절에도 그 점이 염려가 되었는지 '결론' 에 이르러 다음과 같이 말한다.

"이상에서 말한 것들이 신과 구, 혹은 무슨 두 파벌간의 싸움을 자극하여 악감정을 더욱 심화시키고 대립을 더욱 격화시키지 않을까, 하고 나를 의심하는 사람도 있을 것이다. 그러나 감히 단언하거니와, 반(反) 개혁가가 개혁가에게 끼치는 해독은 이제껏 한 번도 늦춰진 적이 없고, 수단의 악랄

함도 이미 그 극에 달했다. 단지 개혁가들만이 아직도 꿈속에 머물면서, 항상 손해를 보고 있는 것이다. 그 때문에, 중국은 아직도 개혁을 하지 못했다. 앞으로는 태도와 방법을 바꿔야 한다."

'부디 페어플레이를 하고 싶다'

그러나 루쉰의 경고와는 달리, 힘이 없는 한국의 개혁세력은 반(反)개혁세력과 '페어플레이'만이라도 할 수 있다면 얼마나 좋을까 하고 바라고 있다. '페어플레이는 아직 이르다'가 아니라 '부디 페어플레이를 하고 싶다'고 외치고 있는 것이다.

그들의 외침에 대해 반(反)개혁세력은 "정권이 약자(弱者)인가?"라는 물음을 던진다. 적어도 노태우 정권 이래로 대통령 권력은 박정희나 전두환 때와는 크게 달라졌다는 걸 아는 바 없다는 듯 천연덕스럽게 묻는 것이다. 이런 질문에 대한 답은 보수 우파 지식인의 전위를 자처하는 송복의 다음과 같은 발언으로 대신하는 게 좋겠다.

"노무현 당선자가 삼성을 이길 수 있나요? 노무현 정권이 『조선일보』를 이길 수 있나요? 이길 수가 없어요. …… 펀더멘털이 되어 있고, 예산의 15% 이상을 좌지우지 못하고, 노무현이 등장해도 파워 시프트 안 일어납니다. 국가가 잘못 가도록 보수 우파가 놔두지 않을 겁니다. 보수 우파는 약한 것 같아도 굉장히 셉니다."

맞는 말이다. 지식인들만 해도 그렇다. 한국 신문시장의 패권을 쥐고 있는 보수 우파 신문들은 지식인들에게 줄 게 많은 반면, 노 정권이 줄 수 있는 건 아무 것도 없다. 조중동은 지식인의 명예욕을 충족시켜줄 뿐만 아니라, 『조선일보』에 정권을 비판하는 손바닥보다 조금 큰 칼럼 하나만 써도 1백만 원이나 되는 거액의 고료를 받고 여기저기서 강연 초청까지 받는다. 반면 조중동에 대해 비판적인 지식인이 아무리 정권을 옹호한다 해도 정권으로부터 커피 한 잔 못 얻어 마신다. 세상이 그렇게 달라진 것이다. 비유가 치졸하긴 했지만, 요점은 지식인들에겐 보수 우파 신문이 더 강자라는 뜻이다.

그러니 대통령은 약자가 아니라는 따위의 바보 같은 이야기는 그만 하자. 왜 그렇게들 가면을 쓰고 이야기하는지 모르겠다. 송복처럼 적나라하게 이야기해보자. 지금 보수 우파 신문들은 국가가 잘못 가도록 놔두지 않겠다며 사사건건 노 정권의 발목과 멱살잡는 식의 보도와 논평을 양산해내고 있다. 이 신문들은 군사 독재정권들을 예찬했거나 그들과 평화공존을 취했던 자신들의 과거 노선이 국가가 잘 가는 길이라고 믿고 있으니, 그렇게 생각하지 않는 노 정권과의 갈등은 어차피 불가피하게 돼 있다.

그런 갈등에 대해 대중은 이제 세상이 완전히 달라졌다며 전혀 새로운 행동양식을 취한다. 그들은 여전히 연고주의와 패거리주의와 총체적 부패 구조에 갇혀 있으면서도 갑자기 '정치 선진국 시민'이 된 것처럼 생각하고 행동한다. 모든 저항적인 사회운동에 등을 돌리고 오도된 이기주의를 예찬하며 칠흑 같은 어둠 속에서 유일하게 언론의 스포트라이트를 받고 있는 정치권을 향해서만 온갖 독설과 저주를 보낸다. 한국의 모든 죄악은 마치 그곳에만 있다는 식으로 말이다.

대중은 어떤 상황에 처해 있는가? 사회를 외면하고 오직 자기만의 세계에 빠져드는 자아매몰(自我埋沒)이 예찬 받고 있으며 모든 문화산업은 그걸 착취하면서 강화·확산시키는 쪽으로 기능하고 있다. '구조'와 '개인' 사이의 연결 고리는 박살이 났거나 느슨해졌다. 좀 과장해서 말하자면, 논리(論理)는 대학입시용 기능으로 전락해버렸고 이성(理性)은 섹스시 콘돔 착용 여부를 따지는 수준의 것으로 격하되었다.

그런 기가 막힌 현실의 극치가 이른바 '박정희 신드롬'이다. 그러나 이 신드롬이 자연스럽게 이뤄진 건 아니다. 그건 『조선일보』와 같은 군사독재 파시즘 체제 옹호 세력의 공격적인 캠페인에 의해, 전부는 아닐 망정 대부분이 만들어진 것이었다. 바로 이 옹호 세력 때문에 국가보안법 하나도 개폐하질 못한다. 왜? 이들이 여론을 장악하고 있기 때문이다.

위선과 기만의 수렁에 빠진 한국인

최장집은 최근에 낸 『민주화 이후의 민주주의』에서 "한국민주주의의 가장 큰 문제는 매우 협애한 이념적 대표체제, 사실상 보수와 극우만을 대표하는 정치적 대표체제(the system of representation)에 있다"며 다음과 같이 말한다.

"협애한 대표체제의 유지에는 보수적 거대 언론을 그 대변자로 하는 강력한 기득 세력들의 이익이 깊이 연관되어 있음을 지적해야 할 것이다. 언론은 정치 담론과 이슈를 지배하고 사회의 공론장에 압도적 영향력을 행사하면서 정치 밖에서의 논평자가 아니라 그 내부에서 냉전반공주의를 수호하는 강력한 보수정치의 행위자 역할을 직접 담당하고 있다."

그렇다. 최장집의 견해에 동의하면서도 보수적 거대 언론의 역할이 더 강조되면 좋겠다는 생각을 하지 않을 수 없다. 냉전반공주의가 한국의 정당체제를 이념적으로 극히 협애한 틀에 가두어 놓은 건 분명하지만 오늘날에 이르러선 좀 다른 양상을 보이고 있는 게 아닐까? 오늘날에는 냉전반공주의보다는 조중동을 위시한 수구 기득권 세력의 언로(言路) 장악이 정당체제가 민심을 반영하는 걸 가로막고 있기 때문에 정당체제가 이념적으로 극히 협애한 틀에 갇혀 있는 게 아니겠느냐는 것이다. 그게 그 말 같긴 하지만, 조중동은 앞으로 기존의 냉전반공주의를 완화하거나 수정하면서도 한국의 정당체제를 이념적으로 극히 협애한 틀에 가둬 놓는 것이 얼마든지 가능하다는 점에 주목해야 할 것이다.

조중동이 문제의 근원이라면 당연히 화살은 그 독자들을 향해서도 날아갈 수밖에 없다. 그러나 언론은 물론 지식인에게 국민 비판은 금기다. 앞서 지적했듯이, 국민은 하늘에서 주어진 조건인 양 간주하는 게 그들의 사명이다. 그래서 '부패한 국민'은 은폐되고 늘 비판의 표적은 정권이 된다. 이건 또다른 '국민 사기극'이다.

그렇다고 절망할 필요는 없다. 부패한 국민도 투표처럼 돈이 들지 않고 비밀이 보장된 행위에서는 가끔 깨끗한 선택을 하기 때문이다. 다만 투표가 끝나면 다시 일상으로 돌아와 현실과 부패한 타협을 하는 게 문제인 것이다. 부패한 관객 또는 심판을 놓고 벌이는 싸움에서 개혁 진영이 이기긴 어렵다. 모든 게 혼란스러울 뿐이다.

한국인의 역사에 대한 빈혈 증세는 전부는 아닐 망정 상당 부분 한국인들의 부패에서 비롯된다. '위선의 생활화'라고 해도 좋을 정도로 딴청을 피우는 데에 한국인들은 이골이 나 있다. '대한민국의 영광'을 외칠 때에는 모두 다 용감하고 애국자지만, 그 영광의 이면에 숨은 그림자는 보지 않으려 하거나 분리시켜 따로 보고자 한다. 베트남 파병에서부터 기생관광에 이르기까지 달러를 위해서라면 생명과 정조를 포함한 모든 소중한 것들까지 바쳤던 과거는 땅에 파묻고 '세계 경제대국'을 외치는 목소리만 용감하다. 한국 사회의 언로(言路)에서 『한국일보』 논설위원 박래부의 다음과 같은 '쓰라린 자문'을 구경하기가 쉽지 않다.

"우리의 영양가 많고 따스한 밥상에는 국제적 오명의 그림자가 어른거린다. 미국과의 역사적 밀약으로 경제특혜를 입은 우리의 딜레마다. 미국을 이제 와서 외면하고 (이라크) 파병반대를 외치는 것이 합당한가. 파병에 반대하려면 특혜도 거부했어야 하지 않을까. 혜택에는 침묵하면서 파병 앞에서 인권주의자가 되는 것이 바른 선택인가 하는 쓰라린 자문을 하게 되는 것이다. 반대로, 정의도 명분도 없는 전쟁에 눈감고 국익만 좇아 파병에 찬성하는 것은 이성적인가. 어느 쪽도 기만일 듯하다."

그렇다. 한국인은 어느 쪽으로 가도 위선과 기만의 수렁에 빠질 수밖에 없는 복잡한 과거를 갖고 있다. 따지고 보면 그런 복잡한 과거 없는 나라가 얼마나 되랴 하는 생각이 들지 않는 건 아니지만, 1980년대의 한국에서는 비교적 짧은 시간에 너무도 큰 변화들이 한꺼번에 일어났기에 '광주학살'과 '서울올림픽'으로 대표되는 모순이 너무도 뼈아프게 다가오는 것이다.

더욱 큰 문제는 미래다. 앞서 말했듯이, 확실하게 '경제동물'로 변신한 다수 한국인들의 '정서 구조'가 여론을 대변하는 상황에서 개혁과 진보의 비전을 역설하고 실천한다는 건 거의 불가능한 일이다. 더욱이 수구신문들을 전위대로 삼은 수구세력이 자기 생존과 번영 차원에서 그러한 '정서구조'를 강화 및 악화시키는 판에서 무엇을 기대할 수 있을 것인가?

정열과 비분강개의 몫도 있다

나의 이 같은 '국민 비판'에 대해 다시 한번 변론을 하고 싶다. 철학자 김진석은 "그렇게 국민의 잠재력을 송두리째 무시한 다음에, 어디서 개혁의 동력이 생겨난다고 저자는 믿는 것일까?"라는 질문을 던지면서 "바람직한 개혁의 동력이 생기기 위해서라도 한국 사회를 총체적으로 비난하거나 '국민'을 형편없이 한심한 존재로 만들지는 말자"는 제안을 한 바 있다. 김진석의 비판은 이 책에도 똑같이 적용될 수 있는 것이기에 이미 다른 지면을 통해 드린 바 있는 답을 여기에 다시 소개하고자 한다.

첫째, 언어는 수학이 아니다. 언어가 수학이라면, 김진석의 비판은 타당하다. 내가 말한 '국민' 가운데에는 내 비판의 대상이 되지 않는 수많은 사람들이 포함돼 있다. 김진석은 그렇다면 내가 '일부 국민'이라고 말했어야 옳았다고 말하려는가? 언어가 수학이 아니라는 걸 이해하는 사람이라면, 그 정도의 느슨한 언어 사용법에 대해 너그러운 자세를 보여주리라 믿는다.

둘째, 계몽 담론은 수학적 분석의 대상이 아니다. 누군가를 '게으르다'고 단정하며 꾸짖었다고 해서 그 사람이 부지런해지기를 기대하는 건 모순인가? "그렇게 그 사람의 부지런해질 수 있는 잠재력을 송두리째 무시한 다음에, 어디서 근면과 성실의 동력이 생겨난다고 믿는 것일까?"라는 질문을 던져야 하겠느냐는 것이다. 그리고 '송두리째 무시' 운운하는 건 지나친 과장이 아닐까? 『노무현과 국민사기극』을 보라. 김진석의 그런 분석법에 따르자면, 그 책은 숱한 모순 투성이다. 그러나 많은 독자들이 내 메시지에 수긍했으며 내가 모순을 범했다고 생각하지는 않은 것으로 알고 있다.

셋째, "한국 사회를 총체적으로 비난하거나 '국민'을 형편없이 한심한 존재로 만들지는 말자"는 주장은 그간 조중동이 원없이 많이 해왔다. 조중동이 한 주장이기 때문에 문제라는 게 아니다. 지금 나는 균형의 문제를 제기하는 것이다. '국민 비판'은 매우 희소한 것이다. 그건 조중동의 반대편에서도 구경하기 어렵다. 김진석은 그런 일을 하는 사람으로 나와 정경희를 지목하였는데, 이 두 사람 이외에 얼마나 다른 이름을 댈 수 있을지 궁금하다.

넷째, 나의 국민 비판은 임지현과 문부식이 역설하는 '일상적 파시즘' 론의 국민 비판과는 두 가지 점에서 크게 다르다. 그들은 수구 세력과의 평화공존 및 상호 이용까지 불사해가면서 국민만 비판하는 것인 데 반해, 내가 하는 비판의 무게 중심은 수구세력에 가 있다. 또 그들은 인간 본성 또는 그 수준의 문제까지 비판의 대상으로 삼는 데 비해, 나는 얼마든지 바꿀 수 있는 상식 수준의 모순이나 탐욕만 비판의 대상으로 삼을 뿐이다.

다섯째, '새로운 전기의 가능성'은 저절로 실현되지 않는다. 그러한 가능성과 그것에 대한 감격은 노무현의 대통령 당선보다는 김대중의 대통령 당선 때가 훨씬 더 컸다. 우리는 김대중 정권 5년 동안 무얼 했으며, 도대체 무엇을 배워야 하는가? 김진석이 말하는 "필요한 만큼의 유권자들을 전략적으로 계몽하고 설득하"자는 대안의 실체는 도대체 무엇인가? 한가지 예라도 들어주면 좋겠다. 내가 이광수식의 '민족개조론'이라도 외쳤단 말인가?

내가 비판받아야 할 게 있다면 '정열'일 것이다. 나는 김진석이 비판한 정경희의 주장도 '정열'로 이해했다. "오늘의 주권자인 대한민국 국민은 이기심으로만 뭉쳐 염치도 품위도 내팽개친 '추한 한국인'들이다"라는 '비분강개'의 선의에 얼마든지 공감할 수 있었다는 말이다.

공감할 수 없었던 김진석의 차가운 이성에 시비를 걸 생각은 없지만, '정열'과 '비분강개'의 몫도 다양성 존중의 차원에서 인정해주면 좋겠다. 시대착오적이라는 손가락질을 받을까봐 너도나도 그걸 피하기 때문에 극도로 희소해진 마당에 그런 정도의 자비는 베풀어도 좋지 않을까?

현대사를 모르는 사람이 너무 많다

나의 기본 자세에 대해 또다른 종류의 비판이 있을 것 같다. '광주학살'과 관련된 나의 '국민 비판'은 광주학살에 대한 '원죄의식'으로 독재정권에 항거해 온몸을 내던진 수많은 민주 열사들과 투사들에 대한 모독인가? 그렇진 않을 것이다. 이 책은 그들의 활약상을 생생하게 드러내는 데에 심혈을 기울였다. 지금 나는 그들의 정당한 주장조차 모진 탄압의 대상이 되어야만 했던, 그리고 그런 탄압에 지지를 보냈거나 침묵했던, 다수였거나 다수에 근접했던 많은 한국인들의 무뎌진 양심을 환기시켜 보고자 하는 것이다.

나의 주장에 공감하지 못할 사람들이 많을 것이다. 당연하다. 아직도 5·18을 비롯하여 80년대의 모습을 제대로 보지 못하는 사람들이 많기 때문이다. 또 '머리'론 이해할 망정 '가슴'으로 이해하지 못하는 사람들도 많고, '가슴'으로 이해한 사람들 중에는 너무 나간 나머지 이론의 세계에서나마 '계급혁명'의 길로까지 치달은 사람들도 적지 않았기 때문이다.

그러나 가장 중요한 건 머리 수준에서나마 5·18의 진상을 제대로 알지 못하는 사람들일 것이다. 80년대에 관한 기록은 무수히 많다. 그러나 그건 일반 대중의 손에 쉽사리 잡히지 않는 성격의 책들이다. 나는 과거 주요 사건들에 관한 수많은 묵직한 자료집들을 보면서 새삼 '역사의 대중화'라는 화두에 골몰하지 않을 수 없었다.

생각해보자. 역사학자들은 '학술성'을 위해 현대사는 잘 다루지 않거니와 '역사의 대중화'에서 장점보다는 문제점을 더 발견하고자 하기 때문에 대중은 늘 속전속결식 저널리즘의 지배를 받으며 살아가고 있다. 한국 저널리즘의 '주류'라고 하는 조중동은 독재정권을 옹호하거나 그쪽에 더 강한 친화성을 갖고 있는 세력이므로, 80년대의 참모습은 여전히 대중의 접근권 밖에 있다고 해도 과언이 아니다.

내가 1970년대사를 쓰면서 말한 바 있지만, 한국 현대사는 '살아 움직이는 생물'이다. 한국 현대사는 온갖 의문과 의혹과 비밀과 음모로 점철되어 있기에 계속 새로운 사실들이 발굴되면서 다시 쓰여질 것을 요구받고 있다. 그래서 정통 역사학자들이 역사의 '숨을 죽이기 위해' 현대사는 잘 다루려고 하지 않는 이유를 이해할 만하다. 그런데 한 가지 큰 문제가 있다. 역사학자 서중석은 다음과 같이 말한다.

"현대사를 망각한 사회는 전망이 없습니다. 그런데도 우리 사회는 현대사에 관해 너무 무지합니다. 고등학교나 대학에서도 현대사를 거의 가르치지 않고 있을 정도지요."

몇 년 전 고려대 학생들을 대상으로 한 설문조사에서 박정희가 복제하고 싶은 인물 1위로 나온 적이 있다. 이에 대해 역사학자 강만길은 다음과 같이 말한다.

"고려대 학생들에게서 그런 조사 결과가 나왔다는 말을 듣고 내가 학생들에게 이런 얘길 했어요. 자살을 하고 싶은 심정이라고. 우리의 역사 교육이 얼마나 잘못되었으면 …… 우리 역사를, 뭐랄까요, 근현대사를 중요하게 가르치지 않을 뿐 아니라 옳게도 못 가르쳤어요. 물론 나를 포함해서

…… 내가 이런 말을 하면 뭣하지만 역사학계의 책임이 큽니다."

존경받는 원로 역사학자가 자살을 하고 싶은 심정일 정도로 오늘날 젊은 학생들의 박정희에 대한 인식이 잘못되어 있다면, 그러한 인식을 내버려두고서 오늘의 현안에 대해 아무리 사자후를 토한다 한들 무슨 소용이 있을까?

나는 역사학자가 아닌데도 서중석과 강만길의 위와 같은 말에 전적으로 공감한다. 아니 어쩌면 두 역사학자보다 내가 더 그런 문제를 뼈저리게 느끼고 있을 지도 모르겠다. 나는 그 동안 사회적 현안에 대해 많은 글을 쓰면서 답답함을 느끼곤 했는데, 그건 의외로 많은 젊은 독자들이 현대사를 잘 모른다는 점이었다.

무엇을 위한 '학술'인가?

현대사를 잘 모르는 독자들에게 나의 글은 때로 '비약'을 저지르는 글이 될 수밖에 없다. 이 문제를 어떻게 극복할 것인가? 정통 역사학자들은 현대사에 적극 개입하지 않으려 할 것이기 때문에 나 같은 사람이라도 뛰어 들어야 하는 게 아닐까? 결국 외람되게도 내가 나서봐야겠다는 생각이 들어 책을 쓰게 된 것이다. 위에 인용한 두 역사학자의 개탄이 내게 용기를 주었다.

그러나 정통 역사학자들이 나의 그런 뜻을 알아줄까? 알아주는 분들도 있겠지만 내심 꾸짖는 분들도 많을 것이다. '학술'의 이름으로 말이다. 내가 늘 '학술'과 '사회'의 분리주의에 대해 강한 이의를 제기한 것도 바로 이런 사정과 무관치 않다.

'학술'이 꼭 실용적일 필요는 없다. 그러나 두 역사학자가 개탄했듯이, 많은 젊은이들이 한국 현대사에 무지한 가운데 '박정희 신드롬'에 빠져들고 있다면 그런 현실을 외면하면서 외치는 '학술'이라는 게 과연 무슨 의

미가 있을까 하는 생각을 해보지 않을 수 없다.

그게 어찌 역사뿐이랴. 모든 분야가 다 마찬가지일 것이다. 언론은 어떤 가? 민심을 왜곡하고 조작하려는 조중동의 횡포가 극에 이르러 한국 민주 주의와 국민화합을 크게 위협하는 수준에 이르렀는데도 그걸 외면하거나 그쪽과 화기애애한 관계를 유지하면서 '학술'만 강조해댄다면, 그 '학술' 이 도대체 뭐하자는 '학술'인지 묻지 않을 수 없다는 것이다. 그리고 '학 술'이 도대체 무엇이길래, 조중동 문제를 다루는 건 '학술'이 아니라고 서 둘러 단정하는 것인지 그것도 이해하기 어려운 일이다. 외국 문헌으로 가 득찬 각주(脚註)와 참고문헌이 없기 때문에?

물론 '학술'의 경계를 구분하는 건 연구 '주제'보다는 '방법론'일 것이 다. 그런데 이 방법론이라는 게 좀 해괴한 면이 있다. '방법론을 위한 방법 론'으로 빠지는 경우가 많다는 것이다. 그래서 너무도 뻔해서 하품이 나올 만한 사실을 방법론에 충실하게 검증하는 걸 '학술'이라고 자위하는 경우 가 너무 많다. 극단적으로 말하자면, 상상력을 죽이는 것이 그런 종류의 '학술'이 갖는 제1의 사명이라고나 할까? '방법론을 위한 방법론'은 필연 적으로 주제의 제약을 가져올 수밖에 없다. 엄정한 학술적 평가를 통과할 수 있는 방법론을 보여주기 위해선 그것에 맞는 주제를 골라야만 하기 때 문이다.

좀 재미있게 성찰해보자고 다소 과장되게 이야기한 것이니 정통 학술파 들께서 분노하시는 일이 없기를 바란다. 그러나 학술의 세계에서는 '인정 투쟁' 차원의 이론 과잉이 본말의 전도를 낳는 경우도 있는 바, 미국의 지 식인 노암 촘스키의 다음과 같은 말은 우리가 한번쯤 생각해볼 만한 가치 는 있으리라 믿는다.

"솔직히 나는 '이론'이란 단어를 사용하고 싶지 않습니다. 평범한 생각, 어찌 보면 상식에 불과한 생각에 이론이란 이름까지 붙일 필요가 있겠습니 까? 자연과학에 속한 것이 아니라면 이론이란 수식어를 붙일 만한 사상은 거의 없습니다. 사실 너도나도 이론이란 단어를 사용하지만 잘못된 것입니다. 오히려 사고의 틀, 즉 상식에 대한 모델이라 말해야 옳을 것입니다."

우리의 사회과학이 수입 학문이라 그러는 걸까? 나는 우선적으로 자신이 살고 있는 사회를 그 사회의 주체적 관점에서 다루는 것이 사회과학의 첫 번째 사명이라고 보는데 내가 뭘 잘못 생각하는 걸까? 하긴 나도 과거에 잘못된 생각을 갖고 있었기 때문에 그 이유를 전혀 모르진 않는다. 지식인들의 '인정투쟁'이 사회과학의 진로와 내용을 결정하는 주된 이유 중의 하나라는 것이 나의 판단이다.

과거는 현재와 미래를 규정한다

나는 미국 유학 시절 영문으로 논문 발표를 하는 데에 집착했었다. 그게 인정을 받을 수 있는 최상의 길이었기 때문이다. 박사학위를 끝내기 전까지 한 열 편 가까이 여기저기 영문 학술지들에 내 글을 실을 수 있었다. 나는 귀국해서도 모든 논문은 영어로만 써야겠다고 결심한 적도 있다. 왜? 세계적인 인정을 받기 위해서였다. 그걸 받지 못한다 하더라도 국내에선 인정을 받을 수 있을 것이니 그 얼마나 좋은 일인가.

그러나 나는 곧 그게 얼마나 허망한 일인가 하는 걸 깨닫게 되었다. 내가 학문을 하는 목적이 무엇인가 하는 근본적인 의문에 시달렸기 때문이다. 단지 남들의 인정을 받기 위해서? 그런 인정만 받는다면 내가 쓴 논문이 한국의 현실적인 문제 해결을 위해 전혀 도움이 되지 않는다 해도 좋단 말인가?

요즘 대학마다 경쟁력 강화를 외치며 사회과학 분야에서도 교수들에게 영문 학술지에 논문을 실을 걸 강요 및 권장하는 기이한 일이 벌어지고 있다. 이유는 단 하나. 대학이 인정을 받기 위해서다. 물론 좋은 점이 없진 않다. 그러나 그렇게 획일적으로 학계 분위기를 몰아가는 건 좀 우스꽝스럽다는 생각이 든다. 그 '인정' 이라고 하는 것이 학문을 점점 더 사회로부터 멀어지게 만드는 주범이 아닌가 하는 생각마저 하게 된다.

이야기가 좀 장황해졌지만, 내가 이『한국 현대사 산책』시리즈에 대해 얼마나 강한 애정을 갖고 있고 큰 의미를 부여하고 있는가를 강조하고 싶어 드린 말씀이다. 과거는 현재와 미래를 규정한다. 한국 현대사를 제대로 알아야 우리의 현재와 미래 문제들에 대한 제대로 된 논의도 가능할 것이기에, 이 작업은 '역사의 현재화' 를 염두에 둔 현실 개입인 것이다.

1980년대를 '광주학살' 과 '서울올림픽' 이라고 하는 두 개의 코드로 꿰뚫어보고자 하는 나의 생각에는 논란의 소지가 있을 것이나, 나는 우선적으로 모든 분야에 걸쳐 총체적 사실의 상세한 기록에 충실할 것이다. 1970년대편과는 달리 나의 주관이 더 개입되긴 했으나, 염려할 수준은 아니라고 믿는다.

시비의 소지가 있다면 아마도 '도덕적 판단' 의 문제일 것이다. 나는 '광주학살' 과 같은 신군부의 대범죄 행위를 다룰 때에 격렬한 언어 표현을 자제하려고 무진 애를 썼지만, 그래도 군데군데 그런 흔적이 남아있을 것이다. 나는 이에 대해서 영국의 역사학자 리처드 에번스가『역사학을 위한 변론』에서 한 다음과 같은 '변론' 으로 대신하고 싶다.

"과거에 살았던 어떤 사람이나 사람들에 대해서 '사악한' 이나 '악덕' 과 같은 말을 사용하는 역사가는 단지 우스꽝스럽게 보일 뿐이다. 그러나 남녀 수도승과 같은 과거의 사람들이 다른 사람들에게 그들이 옹호하는 것과는 아주 다른 방식으로 사생활에서 행동하고 또 스스로 공중 앞에서 자랑스러워 할 때, 사실의 맥락에서 지적하는 것은 완전히 합법적인 것이다. …… 과거에 대해 도덕적 판단을 내릴 때, 역사가들은 단순한 비판보다는 그들의 자의에 따라 훨씬 더 강렬한 수사와 문체상의 무기, 즉 풍자, 아이러니, 수사와 현실의 병렬, 위선과 이기심의 탐욕의 사실 그대로의 폭로, 용기 있는 반란 및 저항 행위에 대한 언급되지 않은 재평가 등의 무기를 지닌다. 이 모든 것은 역사가들이 살고 있는 사회의 일시적인 도덕 언어를 직접 적용하지 않고서는 이를 수 없다. 특히 1914~1945년과 같은 대량 파괴의 시대에 역사가가 도덕적인 태도를 견지하지 않기란 어려운 일이다."

그렇다. 나는 '광주학살'에 대해 도덕적인 태도를 견지하지 않는 건 어려운 일일 뿐만 아니라 용납할 수 없는 일이라고 믿는다. 그러나 나의 도덕은 이분법적인 건 아니다. 오히려 너무 복잡해서 문제라면 문제다. 역지사지(易地思之)의 역기능이라고나 할까? 악행(惡行)을 저지른 사람일지라도 왜 그 사람이 그렇게 하지 않으면 안되었는가 하고 그 사람이 처해 있던 상황을 깊이 탐구하다보면 사회 행동의 도덕적 복잡성에 대한 대중의 인식을 강화할 것이다. 이는 한국인들이 갖고 있는 "세상이 그렇게 간단한 게 아니야"라는 식의 보수주의적 사고를 정당화해줄 수도 있다. 실제로 일부 역사학자들은 역사 탐구가 그런 기능을 수행할 수도 있다는 것에 대해 우려를 표명해 왔다. 이 책이 그런 정도까지 나아가지는 않았지만, 역지사지를 끊임없이 시도했다는 것만큼은 분명하다.

'경제동물'의 딜레마

나의 주관과 관련하여 내가 이 책을 쓰면서 내내 한가지 고민했던 건 지금 우리가 누리고 있는 풍요를 어떻게 볼 것인가 하는 문제였다. 경제는 정의(正義)와는 무관하다. 국가와 영광과 국가에 대한 자부심도 그렇다. 우리는 늘 선진국이 되자고 외치지만, 선진국 치고 과거에 남의 나라 등쳐먹지 않은 나라가 없다. 국제사회에선 정의롭지 못한 나라가 큰 힘을 쓴다. 미국이라는 나라만큼 그걸 드라마틱하게 잘 보여주는 나라가 또 있을까?

정의롭지 못한 과거에 뿌리를 내리고 있는 풍요를 아무 생각 없이 한껏 만끽하면서 '정의의 화신'인 양 행세하는 건 낯간지러운 일이다. 그렇다고 해서 정의를 아예 외면하고 사는 것도 해답은 아닐 것이다. 나는 오늘을 사는 그 어떤 한국인도 이 딜레마로부터 자유로울 수는 없을 거라고 생각한다. 자신만큼은 자유롭다고 외치는 사람이 없진 않겠지만, 그 경우에는 그 사람이 혹 단세포적 기질을 갖고 있는 건 아닌지 그것부터 살펴 볼 일이다.

독자에 따라선 이 책이 80년대를 너무 부정적으로 본 게 아니냐, 달리 말해 너무 '정의'를 앞세운 것 아니냐는 생각을 가질 수 있겠지만, 있는 그대로의 우리 자신을 직시해보자는 것이 이 책의 뜻이라는 걸 말씀드리고 싶다. 그래서 앞서 말씀드린 '경제동물'이라는 표현에 대해서도 불쾌하게 생각할 것 없다. 그건 좋은 뜻도 나쁜 뜻도 아니다. 그게 한국이 자랑하는 현 국력을 만든 원동력이었음을 부인하는 건 정직하지 못한 일이 될 것이다.

나는 그 딜레마를 미결의 문제로 남겨두고 싶다. 이 책의 목적은 거창하지 않다. 철학적 고민에 앞서 80년대의 다양한 모습을 음미해보자는 것이 이 책의 주된 목적이다. 그래서 여전히 인용이 많다. 70년대사를 다룬 책에 대해 일부 독자들이 인용이 너무 많다는 지적을 해주었음에도 불구하고 그렇게 할 수밖에 없었던 것은 다분히 이 책의 특수성에 기인한다.

누구나 다 인정하겠지만, 그간 이런 종류의 책은 없었다. 정치·외교·행정·군사·경제·사회·교육·노동·농업·학생운동·여성·스포츠·신문·방송·영화 등 여러 영역 가운데 어느 하나만을 다루고 있을 뿐이다. 이 책의 가장 큰 의미는 그 모든 것을 포괄해 전체 그림을 보여주고자 하는 데 있지, 내가 모든 분야의 전문가 행세를 하는 데 있지는 않다. 각 분야 전문가의 언어마저 존중하면서 그걸 그대로 살리고 싶었다는 뜻이다. 특히 증언의 생동감을 역사 기술 특유의 중성적 언어로 죽이고 싶지 않아 증언은 웬만하면 그대로 소개하려고 애를 썼다.

또 논란의 소지가 있는 주장들도 많이 소개하고 싶은 욕심도 인용을 많게 한 또다른 이유였다. 80년대는 불과 10~20여 년 전의 역사인지라 지금도 두 눈 시퍼렇게 뜨고 맹활약하는 역사의 주인공들이 많다. 그들에게 큰 실례가 될 수도 있는 이야기를 어찌 함부로 나의 언어로 바꿀 수 있겠는가. '소심' 보다는 '신중' 으로 이해해 주시기 바란다.

독자들께선 많은 인용에 대한 이해심을 갖되 나의 주장에 대한 비판적인 거리두기 자세를 잃지 않으면서 밝은 대로에서 어두운 골목길에 이르기까지 80년대의 중요한 역사적 현장을 산책해 주시기 바란다. 재미와 기쁨과 더불어 분노와 슬픔의 감정도 피해갈 수는 없겠지만, 그게 바로 우리의 80년대였던 걸 어찌 부인할 수 있으랴.

나는 앞으로 그 동안 모든 걸 나 혼자서 해오던 글쓰기 작업방식을 다소 바꿔 자료 발굴과 선택의 수준에서 다른 사람의 도움을 받아 일종의 협업 작업을 병행할 생각이다. 그렇게 해서 절약한 시간을 다른 종류의 독창적인 작업에 바치고 싶은 욕심 때문이다. 1980년대편은 1970년대편과는 달리 '자료 조사원' 의 도움을 받았다는 걸 밝혀둔다. 자유기고가 김환표 씨와 이휘현 씨의 도움에 깊이 감사드린다. 나는 이 책을 끝내고 이젠 1940년대로 되돌아가 역사 탐구를 할 것이고 얼마 후 그 결과를 손에 들고 독자들을 다시 만나 뵐 걸 약속드린다.

2003년 4월
강준만

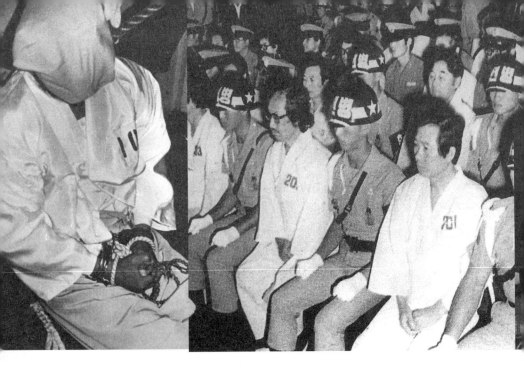

제1장

왜 광주는 피를 흘려야 했나?

- K공작
- '서울의 봄'에 꾼 동상이몽(同床異夢)
- 이병철과 정주영의 싸움
- 사북 노동항쟁
- 자유언론실천운동
- 서울역 회군
- 5 · 17 계엄확대
- '인간 사냥'을 위한 '화려한 휴가'
- '해방 광주'의 고통과 절규
- '관객의 부재'를 넘어선 언론의 왜곡
- 은폐된 5 · 18의 진실
- 국가보위비상대책위원회의 탄생
- 김대중 내란음모사건
- 언론인 해직과 언론 폐간 조치

- 과외 금지와 졸업정원제
- 한국인은 들쥐떼인가?
- 삼청교육대
- 10 · 27 법난
- 언론통폐합
- 컬러TV 방송 실시
- 언론기본법 제정
- 조선일보의 태평성대

K 공작

박정희가 키운 전두환

1979년 10·26 사건으로 박정희와 유신체제는 종말을 고하였지만 전두환을 중심으로 한 신군부는 12·12 쿠데타를 일으켜 군권을 잡고 정권 장악을 꿈꾸게 되었다. 전두환은 어떤 인물이었던가?

1980년 1월 1일 김수환 추기경과 강원용 목사 등 당시 존경받는 종교 지도자들은 불쑥 찾아온 전두환의 세배를 받았다. 일개 육군소장이 무엇 때문에 그런 세배 행차를 했던 걸까?

전두환의 타고난 유들유들함과 비위는 거의 경이에 가까운 것이었다. 이미 1970년대사에서 살펴보았듯이, 전두환은 하나회라는 군부내 사조직 결성 때부터 그런 면에선 천부적인 재능을 갖고 있는 인물이었다. 그는 그 재능 때문인지는 몰라도 이미 위관급 장교시절부터 철저한 '정치 군인'의 면모를 드러냈고 이후 대통령 박정희와의 잦은 교제를 통해 닳고 닳은 정치인들의 뺨을 서너대 치고도 남을 만큼의 권모술수 능력을 길러 왔다. 박정희와의 관계에 대해 전두환은 87년 4월 12일 청와대 본관식당에서 수석 비서관들과 점심을 먹는 자리에서 이렇게 말한 적이 있다.

"내가 어디 가 있어도 골치아픈 일이 있으면 나를 불렀어요. 군대 얘기도 물어보고 그랬어. 나는 항상 그 양반한테 희망적인 얘기를 많이 했어요. 1년에 한두 번씩은 부르셨어요. 이 식당, 여기에서 육여사도 함께, 분식 권장할 때인데 분식으로 식사도 했어. 육여사가 만든 거라고 했는데 별로 맛은 없지만 나는 식성이 좋으니 두 그릇 정도 먹었어요."[1]

그랬다. 전두환은 그렇게 붙임성이 좋은 인물이었다. 후일 그가 대통령이 되고 나서 그를 '돌대가리'로 욕하는 이야기들이 시중에 많이 떠돌았지만, 그것도 뭘 모르고 하는 소리였다. 탁월한 사교성은 비상한 기억력을 필요로 한다는 점에서도 그렇다. 전두환의 말이다.

"내가 기억력은 괜찮은 것 같아. 내가 중대장할 때 일주일 만에 180명의 이름을 다 외웠더니 모두 놀랐어. 대통령은 만물박사가 되어야겠더군. 경제도 그래. 내 기억력은 남들도 놀랄 정도지."[2]

박정희가 전두환에게 헛바람만 집어넣지 않았더라도 전두환은 좋은 군인으로 인생의 마지막을 아름답게 장식할 수 있었을지도 모를 일이었다. 아니 굳이 박정희와의 잦은 교제를 탓할 필요도 없을 것이다. 청와대 경호실 근무경험만으로도 전두환은 '정치군인'으로서 갖춰야 할 모든 자질을 다 갖추게 되었다고 보는 게 옳을 것이다. "목에 힘을 주고 패거리의 우두머리 같은 기질을 보이며 행세하는 전두환 소장은 정신 자세부터가 정치적이었고 정치적 야망을 가지고 있었다"는 정승화의 평가는 결코 악의(惡意)에서 나온 것 같지는 않다.[3]

---

1) 김성익, 『전두환 육성증언』(조선일보사, 1992), 346쪽.
2) 김성익, 위의 책, 27쪽.
3) 정승화(이경식 정리·대필), 『대한민국 군인 정승화』(휴먼앤북스, 2002), 404쪽.

그런 '정치군인'이 별도 더 빨리 달고 군부 내에서도 많은 추종자들을 거느릴 수 있다는 건 적어도 5·16 쿠데타 이후 한국 군부가 얼마나 '정치화'되었는가를 말해준다. 전두환은 박정희가 뿌린 씨앗을 추수하겠다고 나선 인물이었는지도 모른다.

전두환의 대미(對美) 공작

전두환의 곁엔 전두환 못지않은 정치감각을 가진 '정치군인'들이 포진하고 있었다. 그들은 80년 1월 군장성들의 대대적인 물갈이 이후에도 공사석에서 12·12 사태에 대해 비판적인 발언을 했던 장성들을 찾아내어 내쫓거나 보직을 변경하는 식으로 군부를 정권장악의 도구로 이용할 만반의 준비를 갖추었다.[4]

그러나 미국과의 관계는 신군부의 뜻대로 쉽게 풀리진 않았다. 12·12 쿠데타 직후 보안사에 잡혀가 조사를 받고 나왔던 한 예비역 장성의 말이다.

"내가 보안사에 붙잡혀 들어가자 집사람이 생각다못해 전두환 장군의 부인 이순자씨를 찾아갔다고 한다. 집사람은 이씨와 아우 형님 하면서 잘 지내온 사이였다. 집사람이 '어떻게 남편을 살릴 수 없겠느냐'고 사정을 하자, 이씨는 '우리 형편도 마찬가지다. 미국이 인정을 안해줘 남편의 일이 실패해서 졸도했다'고 말했다고 한다. 당시 전장군은 위컴 사령관이 12·12 거사를 인정하지 않는다는 것을 어떤 인사를 통해 분명히 전해오자 크게 상심했다는 말을 나도 나중에 들은 적이 있다."[5]

1980년 2월 14일 미8군 영내에서 전두환과 주한 미군사령관 존 위컴

---

4) 이계성, 『지는 별 뜨는 별: 청와대 실록』(한국문원, 1993), 280쪽.
5) 이계성, 위의 책, 296쪽에서 재인용.

과의 만남이 이루어졌다. 위컴은 발을 책상 위에 걸쳐놓은 채 비스듬히 앉은 자세로 전두환을 맞으면서, 12 · 12 당시의 유혈사태와 9사단의 병력이동 문제를 따지는 등 전두환을 몰아붙였다. 그러나 2월 27일 위컴이 남한산성 육군 교도소에 수감중인 정승화의 54회 생일을 맞아 정승화의 집으로 "나라를 위해 최대의 헌신과 봉사를 하셨고 앞으로도 하시게 될 장군의 생일을 맞아 진심으로 축하를 보냅니다"라는 축하카드와 생일선물을 보낸 것을 전두환이 일종의 '협박 카드'로 활용하면서 상황은 달라지기 시작했다.[6]

상대편의 약점을 잡아 활용하는 전두환의 대미공작술은 주한 미대사 윌리엄 글라이스틴을 향해서도 발휘되었는데, 글라이스틴에겐 "가정불화도 해결 못하면서 내정간섭이냐"는 말까지 했다.[7] 전두환은 글라이스틴의 협조를 얻지 못하자, 미군의 고위장성들에게 편지를 보내 자신이 워싱턴을 방문할 수 있도록 협조를 요청하기도 했다.[8]

또 손충무, 김재현, 이규환 등 재미 민간인 3인방을 동원한 공작도 벌였는데, 이들의 활동에 대해 전두환의 동서인 김상구는 다음과 같이 증언한다.

"『워싱턴포스트』나 『뉴욕타임스』 등에 신군부를 선전하는 영어광고를 내고 미국 상하의원들에게 전두환 장군을 소개하는 영문편지를 보냈습니다. 미국의 정계 · 언론계 실력자들을 만나 신군부의 입장을 대변해주는 일도 했습니다."[9]

신군부는 심지어 미국 정계에 거액의 정치자금을 뿌리는 일도 마다하지 않았다. 손충무의 증언이다.

---

6) 이계성, 『지는 별 뜨는 별: 청와대 실록』(한국문원, 1993), 296~298쪽; 오연호, 『우리 현대사의 숨은그림찾기: 미국의 한반도 정치공작』(월간 말, 1994), 195~196쪽.
7) 오연호, 위의 책, 195쪽.
8) 윌리엄 글라이스틴, 황정일 역, 『알려지지 않은 역사』(중앙 M&B, 1999), 138쪽.
9) 오연호, 위의 책, 191~192쪽에서 재인용.

"방미협상의 미국 창구였던 리처드 알렌이 전두환 사령관으로부터 돈을 얻어 쓴 것으로 압니다. '정치자금'이라고는 못하지만 내가 알기로는 전두환 사령관이 약 4백만달러를 미국에 보낸 것은 사실입니다. 보수연구기관으로 널리 알려진 하버드대학 옌칭연구소에 1백만달러, 헤리티지 재단에 1백만달러를 보냈는데 명의는 모두 무역협회가 제공한 것으로 했지요. 또 재미교포 자녀들을 위한 장학기금을 1백만달러씩 두 차례에 걸쳐 냈습니다."[10]

"언론을 장악해야 천하를 얻는다"

신군부에게 군부의 장악과 미국의 승인 못지않게 중요한 것은 국내 민심이었다. 신군부는 대대적인 여론조작을 획책하였다. 전두환이 "언론을 장악해야 천하를 얻는다"는 허문도의 조언을 받아들인 결과로 알려져 있지만,[11] 그런 생각을 허문도만 했겠는가.

그러나 우리는 여기서 미리 허문도라는 인물에 주목할 필요가 있다. 80년 상황에서 허문도로 대표되는 허문도와 같은 인물과 집단들이 매우 많았기 때문이다. 여기엔 일부 언론도 포함된다. 이들은 불을 보고 달려드는 불나방처럼 전두환과 신군부 실세들을 향해 달려들어 과잉 충성경쟁을 벌였다. 또 이들 밑엔 이들의 환심을 사기 위한 또다른 과잉 충성경쟁이 벌어졌을 것이다. 이게 바로 박정희 18년 체제가 낳은 한국적 출세의 '게임의 법칙'은 아니었을까?

허문도는 원래 『조선일보』 기자로 일하다가 주일 한국대사관의 공보관으로 전직한 사람이었다. 그는 어떻게 전두환에게 접근했던가? 허문

---

10) 오연호, 『우리 현대사의 숨은 그림 찾기: 미국의 한반도 정치공작』(월간 말, 1994), 196쪽에서 재인용.
11) 신동아 편집부, 〈K 공작: 언론인 94명 포섭계획〉, 『신동아』, 1990년 2월, 446쪽.

도를 전두환에게 소개해준 한 인사는 이렇게 말한다.

"80년 2월초였던 것으로 기억됩니다. 그때 주일 한국대사관의 공보관으로 있던 허씨가 귀국해서는 나에게 전화를 걸어왔어요. 해외 공보관 회의차 서울에 왔다고 해요. 나는 허씨와 그 전부터 안면이 있었습니다. 그가 숙소로 쓰고 있던 프라자호텔에 가서 만났지요. '전두환 사령관을 만나게 해달라'고 부탁하더군요. 나는 박정희 대통령 시절부터 전두환 장군을 비롯한 정규 육사출신들과는 막역한 사이였습니다. 알겠다고 응낙하고는 보안사령관실에 면담 신청을 해 다음날 오후 4시로 약속을 받아냈어요. 허씨를 전장군에게 소개해주고 나는 먼저 나왔는데, 나중에 들으니 전장군이 허씨의 열변에 큰 관심을 보이더라는 겁니다. 30분으로 예정됐던 면담시간이 1시간 반으로 늘어나고 다음날에 또 한차례 만났다고 들었습니다."[12]

허문도는 전두환을 처음 만난 자리에서 "지금 3김씨나 최규하 대통령의 지도력으로는 나라의 장래가 불안하다. 힘을 바탕으로 한 새 질서가 창출되지 않으면 우리나라는 자칫하면 브라질이나 그리스꼴이 될지도 모른다"며 전두환을 감동시켰다.[13]

그 결과, 허문도는 나중에 전두환이 중앙정보부장을 겸직할 때 그 비서실장으로 발탁되었고, 전두환이 11대 대통령이 되었을 때 청와대 정무비서관으로 따라 들어갔다. 전두환의 귀를 붙잡은 그의 권세는 막강했다.[14] 무언가 자신의 주도로 한 건 크게 올려야겠다는 허문도의 야욕은 나중에 언론통폐합을 밀어붙이는 동력이 되었다. 이제 우리는 곧 수많은

---

12) 노재현, 『청와대 비서실 2』(중앙일보사, 1994), 324~325쪽.

13) 노재현, 위의 책, 324~325쪽.

14) 그는 82년도엔 문공부차관으로 발탁됐다가 '장영자사건'으로 2허(許)(허화평·허삼수)와 함께 한직으로 물러났으며 84년엔 다시 대통령 정무 제1비서관으로 복귀했다가 86년 국토통일원장관을 역임했다. 그 자신 스스로 14대 총선 도중 한 유세에서 "나는 40대에 이 나라를 동으로 가자, 서로 가자 해본 사람"이라고 말했다. 전두환의 비서실장을 지낸 한 인사는 허문도를 "한마디로 말해 퍼내틱(fanatic, 열광적인)한 사람"이라고 평가했다. 노재현, 위의 책, 334쪽.

허문도들을 만나게 될 것이다.

'정치군인' 사조직의 과대망상

신군부가 시도한 대대적인 여론조작과 관련해 우리가 가장 크게 주목해야 할 것은 12·12쿠데타세력과 5·16쿠데타세력의 차이점일 것이다. 12·12쿠데타는 5·16쿠데타로부터 18년이나 지난 시점에 일어났다. 18년 동안에 많은 변화를 겪은 한국인들이 또다시 일개 육군 소장이 집권하는 걸 반길 리는 만무했다. 무엇보다도 "1960년대처럼 국민이 절대적 빈곤에 허덕이고 있어서 경제성장이라는 '기능적 필수조건'이 다른 무엇보다 절실히 요구되던 사회는 아니었"기 때문이다.[15] 그래서 신군부에겐 과거와는 다른 차원의 치밀한 '음모와 공작'이 필요했다.

이미 1970년대사에서 살펴보았듯이, 12·12사태는 영관급 중에서도 17기가 주도한 것이었으며, 이들은 그 이전 기수들과는 달리 뛰어난 머리를 갖고 있었다. 12·12사태의 주동자 가운데 한 명은 다음과 같이 말한 바 있다.

"정규육사 4년제 출신 가운데서도 피난육사 등을 제외하면 17기가 바로 진짜 육사고 최고 엘리트다. 가난해서 육사를 갔을 뿐 누구도 서울 일류대학 갈 수 있는 머리와 실력이 있었다. 대한민국 육군을 통틀어 연대가 00개라고 볼 때 79년말 반 가까이 17기 대령들이 연대장을 하고 있었다. 어떤 의미에서 전장군을 비롯한 윗기들은 업힌 것이라고 할 수 있다."[16]

누가 업고 업혔건, 여기서 중요한 건 17기의 그런 강한 자존심은 자기

15) 한배호, 『한국정치변동론』(법문사, 1994), 410쪽.
16) 김충식, 『남산의 부장들 2』(동아일보사, 1992), 355쪽에서 재인용.

들이 국가운영을 맡아야 한다는 과대망상으로 변질되었으며, 그들의 뛰어난 머리는 '음모와 공작'에 바쳐졌다는 점일 것이다. 그들은 이를 '기획'으로 간주했겠지만, 그들의 모든 '기획'이 잔인한 고문과 살인을 필수요건으로 수반했다는 점을 간과할 수 없다.

게다가 신군부는 전두환을 중심으로 일심동체였다. 12·12사태 당시 한 주동자의 견해처럼 11기 전두환을 비롯한 17기의 윗기수 장성들이 17기에 업힌 것이라는 주장도 있지만, 적어도 전두환만큼은 17기의 절대적인 지지를 받고 있었다. 이에 대해 박보균은 다음과 같이 말한다.

"12·12에서 정권을 장악하기에 이르기까지 정규 육사출신들은 전두환 외에 어느 누구도 지도자로 생각할 수 없을 정도로 단합되어 있었다. 말하자면 전장군은 감히 누구도 넘볼 수 없을 정도로 그들간에 확고한 위치를 차지하고 있었던 것이다. 그의 리더쉽은 어느날 권력을 손에 쥐고부터 생긴 것이 아니다. 오랜기간 쏟아 부은 노력과 정성을 결정적일 때 후배들의 충성확보로 보상받은 것이라고 할 수 있다. 그의 리더쉽의 실체는 바로 여기에서 출발한다."[17]

그건 바로 사조직의 특성이었다. 전두환의 부하들은 전두환의 리더쉽을 미화하지만, 과거 그 어떤 군인도 전두환만큼 사조직 결성과 유지에 공을 들이진 않았다는 점에 주목하는 것이 더 공정한 평가가 될 것이다. 곧이어 발생할 '광주학살'이라는 천인공노할 범죄행위도 바로 그런 사조직의 기이한 단결력 때문에 가능한 것이었다.

70년대에 보안사가 하나회를 조사했을 때에 수사관이었던 백동림의 증언은 '광주학살'을 비롯한 신군부의 잔혹한 범죄행위에 대해 아무런 브레이크가 없었던 가장 큰 이유가 하나회라는 사조직의 마피아적 성격에 있었다는 걸 시사해주고 있다.

---

17) 박보균, 『청와대 비서실 3』(중앙일보사, 1994), 113~114쪽.

"나는 평소 육사출신이야말로 우리 사회에서 가장 모범적이고 귀감이 되는 사람들로서, 그 언행에 있어 정정당당하고, 정직하고, 정의롭고, 명예롭다는 신조를 갖고 이를 큰 긍지로 삼고 있었다. 그런데 군율이 엄하고 지휘체제가 일사불란해야 하고 군기가 생명이라는 군대 내에 마치 간첩조직같이 서로 차단된 점조직으로 구성된 불법적인 조직이 존재하고 있다는 데에 아연실색하지 않을 수 없었다. 더구나 이 조직은 조직방법과, 조직목적, 그리고 행동강령이라고 할 수 있는 선서내용과 그 구성원의 행태가 그 유명한 범죄조직인 마피아 조직과 너무나 흡사하여 개탄하지 않을 수 없었다. …… 특히 이들 조직원은 회장인 전두환 대령 앞에서 오른손을 들고 '만일 서약을 어겼을 때는 인간이하의 대우를 받는다'는 선서를 했다. …… 이들은 자기들끼리 계획적으로 진급과 요직을 독차지하기 위하여 진급담당 요직을 점거하고 심지어 돈을 받고 진급시키기도 하면서 서로 보호할 수 있는 환경을 만들어 부정을 거침없이 자행하여 조사관들 모두가 분개하지 않을 수 없었다."[18]

'전두환 대통령 만들기'를 위한 여론조작

신군부가 추진한 '음모와 공작'의 핵심은 여론조작이었다. 그래서 신군부는 박정권시절과는 달리 언론이 단지 침묵해주거나 소극적으로 따

---

18) 백동림, 『멍청한 군상들 : 전 보안사 베테랑 수사관의 자전적 수사실화』(도서출판 답게, 1995), 76~77쪽. 하나회의 강한 경쟁력은 이 조직이 일종의 '이권집단화'돼 있었다는 점에서 나오는 것이기도 했다. 박정희 정권시절 보안사령관이었던 강창성의 조사결과, 하나회에 대해 다음과 같은 것들이 밝혀졌다. "하나회는 ① 정규육사출신을 매기별로 정원제를 유지하여 가입시키되, 약 5% 수준인 10여 명 내외로 하고, ② 회원의 다수는 영남출신이 점하고, 여타지역출신은 상징적으로 가입시키며, ③ 비밀 점조직방식으로 조직하되, 가입시 조직에 신명을 바쳐 충성할 것을 맹세케 하고, ④ 고위층으로부터 활동비를 지급받거나 재벌로부터 자금을 수령하며, ⑤ 회원이 누릴 수 있는 가장 큰 혜택은 진급 및 보직상의 특혜라고 하는데, 당시 육군에는 인사 정체가 심화되어 정규육사출신들은 의무복무기간 5년이 끝나고 장기복무에 들어가게 되면 매기별 현역 총원의 1/2씩만 상위계급으로 승진할 수 있었기 때문에 하나회에의 가입은 군부 내에서의 출세가 보장된 것이나 다름없었다." 한용원, 『한국의 군부정치』(대왕사, 1993), 321쪽.

라주는 것만으론 만족할 수 없었다. 신군부는 언론이 자기들의 집권을 적극옹호하면서 지켜주는 '애완견이기도 하면서 보호견'[19]이 되어주기를 원했던 것이다.

그리하여 신군부는 이미 1980년 3월 중순 이전에 보안사 언론대책반을 통해 이른바 'K(king)공작'을 입안하였다. 'K-공작'은 '전두환 대통령 만들기'를 위한 여론조작 방안으로 보안사의 권정달 정보처장, 정도영 보안처장, 허삼수 인사처장, 이학봉 대공처장과 허화평 사령관비서실장 등 이른바 전두환그룹의 '5인방'이 주도하였다.[20]

K-공작의 큰 시나리오는 3김을 민주정치세력, 신군부를 안정구축세력으로 차별화하여 '선안정 이론'을 확산시키고 언론계 간부들의 성향을 분석하여 협조가능한 사람들을 포섭한다는 두 가지로 구성돼 있었다. 이에 따라 보안사팀은 연일 계속되던 대학생 시위와 노동쟁의를 '혼란'으로 몰아붙였으며 3김의 대결양상을 '구태의연한 정치작태' '대통령병에 사로잡힌 추악한 파벌싸움'으로 비춰지도록 언론의 논조를 유도하였다.

K-공작의 실무총책을 맡은 보안사 언론팀장 이상재는 시청검열단에 사무실을 차려놓고 '강기덕 보안사사령관보좌관'이라는 가명 타이틀로 언론과 보안사 간의 대화채널 역할을 맡았다. 이상재는 계급이 준위였지만, 전두환의 '가방모치'(고급장교의 부관)를 했던 경력 하나로 천하를 호령하게 되었다.[21] 이와 관련, 당시 K-공작의 실무요원이었던 김기철은 다음과 같이 증언한다.

"'12·12' 사태 후 권력장악에 자신감을 얻은 신군부는 집권에 가장 중요한 요소인 대중조작을 위해 3월초부터 언론대책반을 가동시켰어요.

---

19) 조항제, 『한국의 민주화와 미디어 권력』(한울아카데미, 2003), 166쪽.
20) 이도성, 〈K(king)-공작계획〉, 김충식·이도성 공저, 『남산의 부장들 3』(동아일보사, 1993), 149쪽.
21) 채의석, 『99일간의 진실: 어느 해직기자의 뒤늦은 고백』(개마고원, 2000), 156쪽.

사실 보안사의 언론대책반은 '12 · 12' 이전부터 보안처 산하에 설치돼 있었습니다. 그것이 2월초에 신설된 정보처 산하로 옮겨지면서 확대개 편된 것이지요. 이상재씨의 활동도 그때부터 시작됐어요. 3김씨를 타도 하고 권력을 장악하겠다는 길로 확실하게 나선 것입니다. 언론검열의 방 향은 다분히 '혼란방치'의 성격을 띠고 있었지요. 혼란이 극심해져야 안 정세력의 명분이 생기는 것 아니겠습니까."[22]

K-공작의 전위대를 자처한 언론

지난 96년에 공개된 K-공작 문건에 따르면, 신군부는 7대 중앙일간 지와 5대 방송사, 2대 통신사의 사장, 논설위원, 편집국장 등 94명을 1단 계 회유 대상자로 선정했으며 이 가운데 회유정도가 양호한 이들을 2단 계, 3단계로 넘겨 이들을 적극활용한다는 등의 세부 계획까지 마련해 실 천에 옮겼다.[23]

자발적으로 신군부의 집권을 돕기 위해 애쓴 언론인도 있었다. 『조선 일보』의 선우휘 주필이 바로 그런 사람이었다. 그는 80년 1월 30일 일본 『산케이신문』과의 회견에서 신군부를 지지하면서 언론통제를 정당화하 는 '망언'을 하여 신군부를 기쁘게 만들어주었다.[24] 이는 이후 『조선일 보』의 노선을 예고하는 것이기도 했다.

언론인 94명 이외에 지식인들도 포섭대상이었다. 학자, 평론가, 외국 인사 등 '지식인 투고를 조종'하는 방안과 신문의 '일반독자란을 활용' 하는 방안까지 입안되고 실천되었다. 예컨대, '강력한 지도력으로 안

22) 이도성, 〈K(king)-공작계획〉, 김충식 · 이도성 공저, 『남산의 부장들 3』(동아일보사, 1993), 149쪽.
23) 『미디어오늘』, 1996년 5월 8일.
24) 한국기자협회 · 80년 해직언론인협의회 공편, 『80년 5월의 민주언론: 80년 언론인 해직백서』(나남, 1997), 57~59쪽.

보·안정을'(연세대 안모 교수) '다시는 분열과 대립 자초할 수 없다'(고려대 한모 교수) '부패척결 결단이 정치풍토 바꿔'(소설가 이모씨) 등 교수, 문인, 종교인의 기고 기사는 바로 K공작계획의 일환으로 나오게 된 것이었다.[25]

반면 언론사주들은 '사교'의 대상이었다. 조선일보 사주 방우영은 자신의 회고록에서 노태우와의 만남을 회상하면서 노태우가 싱거운 사람이었다고 비웃고 있지만, 그건 그만큼 노태우가 언론사주들의 비위를 맞추기 위해 애를 쓴 것으로 볼 수도 있을 것이다. 다음과 같은 내용이다.

"1980년 봄 노태우 보안사령관이 각사 발행인들을 태릉 골프장에 초대했다. 노사령관과 한조가 되어 라운딩하는 도중 그가 옆으로 다가와 자신의 특기를 보여주겠다면서 휘파람으로 뻐꾸기 우는 소리를 흉내냈다. 본인은 정색을 하고 열심히 불었겠지만 나는 속으로 '참 싱거운 사람이다'라고 생각했다."[26]

신군부의 제2인자였던 노태우가 일개 신문사주에게 그렇게 싱거운 짓을 했다는 건 무얼 의미하는가? 이는 이후 본격화될 신군부의 『조선일보』를 비롯한 언론과의 밀월관계를 예고하는 것이었다. 일부 언론은 K-공작의 전위대를 자처했던 것이다.

---

25) 신동아 편집부, 〈K 공작: 언론인 94명 포섭계획〉, 『신동아』, 1990년 2월, 449쪽.
26) 노태우의 '싱거운 짓'은 이후에도 계속되었다. "전두환 대통령이 취임하고 난 뒤 노씨는 장원(莊園)에서 저녁을 샀다. 그는 한참 동안 전대통령을 칭찬한 다음 느닷없이 마룻바닥에 손을 대고 '잘 부탁합니다'라면서 큰절을 했다. 신군부의 제2인자요, 4성 장군출신에다 허우대가 멀쩡한 양반이 기이한 행동을 보여 어디서 어디까지가 본심인지 분간하기가 어려웠다." 방우영, 『조선일보와 45년: 권력과 언론 사이에서』(조선일보사, 1998), 202~203쪽.

'서울의 봄'에 꾼 동상이몽(同床異夢)

3김의 생각

10·26 이후 신군부는 김영삼, 김대중, 김종필 등 이른바 3김에게 차례로 접근을 시도하였다. 신군부는 이들에게 각각 "국가가 위난의 시대로 들어갔다. 우리(신군부)는 정치를 모른다. 당신이 나서서 정국을 수습한다면 우리는 뒤를 받치겠다"고 말했지만, 3김은 모두 이 제의를 거절했다. 그 이유에 대해 언론인 손광식은 다음과 같이 말한다.

"사회는 격동의 와중에 들어갔지만 자신들의 시대가 왔다는 걸 정치 9단들은 간파하고 있었던 것이지. 또다른 이유가 있었을 수도 있어. 시국이 안정되고 새로운 틀이 마련되고 나면 권력은 곧바로 이동하거나 자신이 혹여 대통령으로 옹립되더라도 허수아비가 될 것이라는 사실이야. 3김은 윤보선을 밀어낸 다음 장도영이라는 허세를 몰아내고 집권한 박정희의 전례를 철저히 학습해온 정치인들이니까. 이때의 순회특사였던 최창윤 전 공보처장관은 3김을 만나고 온 반응과 결과를 놓고 평가한 결과 그래도 순서는 JP, YS, DJ였다고 하더군. 신군부의 국가주의라는 관점에서 보면 당연한 결과이고 JP는 육사출신에 쿠데타 전력이 있었으니 그들의 정서가 평점에 엄청 작용했으리라 짐작이 가는 대목이야."[27]

당시 신민당총재 김영삼은 부마사태와 10·26으로 이어진 역사적 격랑 속에서 자신에게 정치적 기회가 오리라는 걸 확신하고 있었다. 신민당은 1980년 1월 31일 서울시지부 결성대회를 시발로, 전국 시·도지부 및 지구당 결성 등 조직정비에 박차를 가했는데, 당원 1천여 명이 참석한 서울시지부 결성대회에서 김영삼은 "신민당이 집권하는 것은 역사의 순리"라고 주장했다. 김영삼은 그 '순리'의 이행을 위해 1980년 2월 9일 예비역 장군 5명과 영관급 장교 7명을 영입하였으며, 2월 28일의 관훈토론에서도 그 '순리'를 역설하였다. 김영삼이 제시한 '순리'의 논거는 다음과 같다.

"YH사건 – 야당총제 제명 – 부마사태 – 10·26에 이르기까지 유신체제를 무너뜨린 장본인이 나와 신민당인 만큼, 10·26 이후의 대체세력은 당연히 신민당이어야 한다."[28]

한편 김대중은 1980년 1월 17일에 연금이 풀리긴 했지만 여전히 신군부에 의해 김영삼보다 훨씬 더 엄격한 통제를 받고 있었다. 그는 연금해제 후의 첫 지방나들이라고 할 수 있었던 대전 천주교 연수교육장에서 다음과 같이 불만을 토로하였다.

"나도 명색이 표깨나 얻은 대통령후보였는데 내 소식에 궁금해하는 사람들도 있을 것 아닌가. 그런데 신문에 동정 한 줄도 못 나가게 검열하는 건 너무해! 항간에는 내가 불구자가 됐다느니 정신이상이라느니 (하는) 소문이 있다는데 TV에 한 장면만 나가도 그런 유언비어는 사라질 게

27) 손광식, 〈'이너서클의 아들' 전두환〉, 『한국의 이너서클』(중심, 2002), 223~224쪽.
28) 김영삼, 〈칠흑의 시대 새벽을 열다〉, 『김영삼 회고록2: 민주주의를 위한 나의 투쟁』(백산서당, 2000), 184쪽.

아닌가."[29]

김종필은 여당이었던 공화당의 총재로서 유신헌법에 의하면 쉽사리 대통령이 될 수도 있었지만 그 길을 거부하였다. 최규하가 1979년 12월 6일에 통일주체국민회의대의원 대회에서 대통령으로 선출된 후, 김종필은 자신은 '통대 대통령'은 하지 않겠다고 선언했던 것이다. 김종필은 새로운 시대를 맞아 깨끗하고 당당하게 대권을 안겠다는 것이었겠지만, 세상은 김종필의 뜻대로 돌아가진 않았다.[30]

김상만의 만찬과 '충정작전'

2월 25일 『동아일보』 회장 김상만은 서울 계동의 인촌기념관에서 3김을 위한 성대한 만찬을 마련했다. 그 자리엔 미국대사 윌리엄 글라이스틴을 비롯하여 일본 및 캐나다 대사와 그밖의 여러 저명인사들이 초청되었다. 이 행사는 언론의 각광을 받았고, 일부 사람들에게는 3김 가운데 한 사람이 차기 대통령이 될 것이라는 기대를 부풀게 했는지는 모를 일이었지만, 사정은 그렇게 돌아가진 않았다. 글라이스틴은 워싱턴에 다음과 같은 보고를 올렸다.

"김상만으로서는 영광의 시간이었겠지만 정부와 군의 국민적 도덕체계 수호자들은 그날 밤의 행사를 조금은 냉철하게 봤을지도 모른다. 그들은 한국을 위한 최선의 길은 3김 모두의 집권을 차단할 장치를 마련해야 한다는 생각을 더욱 굳게 했을 것이다."[31]

29) 김충식, 〈전두환 인사과장, 부장되어 돌아오다〉, 『남산의 부장들 2』(동아일보사, 1992), 360쪽.
30) 12·12 이후 조용히 사라졌던 이후락은 1980년 3월 24일에 귀국하여 곧장 기자회견을 가졌다. 3월 24일에 이루어진 기자회견에서 이후락은 김종필이 '부패'했다는 이유를 들어 그의 퇴진을 요구하였다. 김종필 측은 이후락의 기자회견 파동이 신군부의 보호를 받기 위한 이후락의 정략으로 간주했지만, 이후락의 정치생명도 그걸로 끝이었다. 신군부는 5·17 이후 소위 '권력형' 부정축재척결이라는 명분을 내세워 이후락이 194억 원을 부정축재했다고 발표했다. 김충식, 위의 책, 362쪽.

김상만의 3김 초청은 당시의 유화국면을 웅변해준다. 언론 검열은 완화되기 시작했고, 휴교령이 내려졌던 대학도 3월 1일을 기해 다시 문을 열었다. 박정희시절 축출되었던 교수와 학생들이 다시 학원으로 돌아왔으며, 학생들에게는 거리로 진출하지 않는다는 조건하에 학내에서의 비폭력 시위와 자치권 일부가 허용되었다. 김대중도 3월 1일 완전히 복권되어 정치적 자유를 누릴 수 있게 되었다.[32]

그러나 권력장악을 위한 신군부의 준비는 치밀하게 준비되고 있었다. 80년 2월부터 특전사는 '충정명령'이라는 강력한 폭동진압 훈련에 돌입했다. 말이 좋아 훈련이지, 이건 '인간폭탄 만들기' 훈련이었다. 영외 거주는 말할 것도 없고 외출과 외박이 전면금지된 상황에서 전장병은 인간의 한계를 초월하는 가혹한 지옥훈련을 받으면서 까닭 모를 적개심과 분노를 키워가고 있었다. 병행된 정신교육 훈련은 장병들이 그래야만할 이유를 제공했다. 그 주요내용은 "시위 군중의 배후에는 빨갱이가 도사리고 있다. 단호하고 무자비하게 때리고 짓밟아야 한다"는 것이었다.[33]

80년 3월 6일부터 2박 3일 동안 당시 노태우가 사령관으로 근무하던 수도경비사령부에선 노태우와 특전사령관 정호용이 참가한 가운데 이른바 '충정작전'이라는 회의가 열렸다. '충정작전'은 후끈 달아오르던 민주화의 열기를 진압하기 위한 것으로, 그 결의내용은 "군의 투입이 요구되는 사태가 발생할 때는 강경한 응징조치가 요망된다"는 것이었다.[34]

3월 중순 글라이스틴이 작성한 한국의 정치상황보고서는 전두환에

---

31) 윌리엄 글라이스틴, 황정일 역, 『알려지지 않은 역사』(중앙 M&B, 1999), 150쪽. 그러나 동아일보사가 발행한 『민족과 더불어 80년』은 "아마도 그(김상만)는 '서울의 봄'이 채 피어나기도 전에 불어닥칠 신군부의 정권장악 조짐을 예감하고 이 자리를 빌려 민주세력의 단결을 도모했는지도 모른다"고 적고 있다. 동아일보 80년사 편찬위원회, 『민족과 더불어 80년: 동아일보 1920~2000』(동아일보사, 2000), 476쪽.
32) 윌리엄 글라이스틴, 황정일 역, 위의 책, 148쪽.
33) 채의석, 『99일간의 진실: 어느 해직 기자의 뒤늦은 고백』(개마고원, 2000), 32~33쪽.
34) 채의석, 위의 책, 33쪽.

대해 "그는 이미 3성장군을 향한 싸움에서 승리했고, 전군에 대해 정보보안망을 확장했으며 일개 보안장교라기보다는 국가지도자처럼 각계각층과의 접촉을 활발히 하고 있다. 그는 직접, 아니면 민간인을 전면에 내세워 권력을 잡기 위해 시간을 버는 듯한 인상이다"[35]고 말했다.

김대중의 김영삼에 대한 불만

김대중과 김영삼은 1980년 4월 4일에 만나 신민당과 재야의 통합협상을 벌였지만, 이후의 역사가 증명하듯 이 두 사람은 평생 화합할 수 없는 적대적 관계임이 곧 드러나고 말았다. 그들은 4월 7일에 '협상결렬'을 발표했고, 이후 각자의 길을 감으로써 신군부의 집권을 용이하게 만드는 결과를 초래하고야 말았다.

이런 분열엔 두 사람 모두에게 책임이 있겠지만, 근본적인 이유는 김영삼이 김대중에 비해 탄압을 덜 받은 덕분에 갖게 된 제도권적 우위를 십분활용하려고 한 반면, 김대중은 그걸 불공정경쟁으로 거부했기 때문이었다. 박정희도 그랬지만 신군부가 양김을 차별대우한 것도 바로 그런 분열을 염두에 두었던 것으로 볼 수 있을 것이다.[36]

그런 이유 때문이기도 했겠지만, 두 사람 사이엔 10·26 이후 시국을 보는 시각에 있어서도 큰 차이가 있었고 또 이것이 두 사람의 갈등관계를 만들어냈다. 어떤 차이였을까? 양진영의 핵심적인 인사들의 증언을

---

35) 윌리엄 글라이스틴, 황정일 역, 『알려지지 않은 역사』(중앙M&B, 1999), 152쪽에서 재인용.
36) 이와 관련, 정치학자 이강로는 다음과 같이 말한다. "김영삼은 당내 파벌투쟁에서 자신의 세력을 확대하기 위하여 총재에게 규정된 권한을 반대파의 반대에도 불구하고 어김없이 행사하는 적나라한 권력행사도 주저하지 않았다. 즉 김영삼은 1976년 전당대회를 둘러싸고 공석인 정무위원과 중앙상무위원을 반대파의 공정성 시비에도 불구하고 임명하였고 1980년 봄 신민당 대통령 단일화 논의과정에서 김대중을 견제하기 위하여 재야세력 입당, 지구당 위원장 임명, 중앙상무위원 임명 등에 있어 총재의 권한을 최대한 행사하였을 뿐만 아니라, 87년 김대중과 대통령후보 단일화 논의 때도 통일민주당 총재로서의 우월성을 강조하였다." 강준만, 『김영삼 이데올로기』(개마고원, 1995), 298~299쪽에서 재인용.

통해 살펴보자.

먼저 김대중 쪽의 시각이다.

　　박정희 대통령의 장례식이 끝나는 날 신민당은 시내 안국동 모
음식점에서 총재단회의를 갖기로 했었다. 상오 10시에 만나기로
했는데 김(영삼) 총재가 나타나지 않았다. 하오 3시까지 기다리고
있으니 연락이 왔다. 국립묘지에서 거행된 하관식에 참석하고 있
다는 것이었다. 기가 찰 노릇이었다. 결국 회의를 하지 못했다.

　　박대통령의 국장기간 동안에도 공식적인 조의를 표하는 등 제1야
당으로서의 주도권 장악 준비를 소홀히 했다. 우리는 10 · 26 사
건의 성격을 역설하며, 시간을 끌면 군대가 흩어진 부대를 모아서
다시 역공하게 될 것이니, 하루 속히 공세를 강화해야 한다고 주
장했다. 중국 고사에도 "정권투쟁은 시체를 보는 순간 시작하는
것이다"는 얘기가 있다.

　　12 · 12 사태가 일어났을 때에도 김총재의 인식은 너무나 안이
했다. 전두환 합수본부장이 발표문에서 박대통령을 "각하, 각하께
서"라고 말하는 것을 보고 우리는 "박대통령 사망에 대한 뒤처리
도 중요하지만 야당이 집권해서 민주화를 이끌어야 하는 것이 더
중요하다. 전본부장이 박대통령을 계속 '각하'라고 호칭하는 것
을 보면 군부의 흐름이 다시 10 · 26 이전으로 돌아가는 것 같다"
고 거듭 경계심을 촉구했다. 그러나 김총재는 "지금이 어느때인데
군이 나오느냐?"면서 오히려 말을 삼가라고 힐책까지 하곤 했다.

　　결국 박대통령이 사망한 상황에서는 자연스럽게 스스로에게
정권이 넘어올 수밖에 없다는 안이한 생각을 갖고 있었기에 군이
흩어진 세력을 다시 모을 수 있는 여유를 주게 된 것이다.[37]

김영삼의 낙관주의

반면 김영삼 쪽의 시각은 어떠했던가?

김대중씨 등 재야인사의 복권문제가 한창 논의될 무렵 김(영삼) 총재는 최규하 대통령과 요담을 했던 적(2월 18일)이 있다. 저녁식사와 함께 5시간 가까이 최대통령과 대화를 나눈 김총재는 몹시 밝은 표정이었고 확신에 차 있었다.

최대통령은 그날 정치권력이 공백상태에 있는 만큼 신민당이 과거의 공격 일변도 태도를 지양하고 시시비비를 가리는 자세로 대해줄 것을 당부했고 김총재도 흔쾌히 약속했다.

특히 김대중씨의 복권문제에 관해 두 사람은 많은 얘기를 나눴다. 회담 후 발표내용은 "복권이 안된 유신의 희생자들에 대해 정치적 배려가 있어야 하며 당국은 이를 검토하기로 했다"는 정도의 원칙론뿐이었다.

그러나 김총재는 이후 계속 복권투쟁을 요구하는 우리에게 "걱정 말라"고 얘기했다. 하루는 나를 불러 "이달(2월) 안에 김씨가 복권될 것이니 그렇게 알고 준비하라"고 말했는데 2~3일 후인 29일 복권 발표가 있었다. 물론 김씨도 포함됐었다.

당시 현실적인 파워를 쥐고 있던 계엄사 내의 신군부 중심세력이 김씨의 복권을 반대했던 것은 주지의 사실이었다. 따라서 정가의 관측도 김씨의 복권에 대해선 비관적이었다. 그러나 김총재는 최대통령과의 회담 내용을 굳게 믿었으며 군부의 강력한 '비토'에도 불구하고 김씨는 결국 복권이 됐다.

---

37) 한국일보 정치부, 『빼앗긴 서울의 봄: 청와대 실록』(한국문원, 1994), 64쪽에서 재인용.

같은 맥락에서 김총재는 최대통령의 정치일정에 대한 약속도
굳게 믿고 있었다. 더구나 최대통령이 가장 중요한 정치 동반자로
서 김총재의 협조를 요구해왔기 때문이었다. 김총재는 당내의 당
권파들이 김씨가 복권되면 곧바로 대통령후보 지명을 위한 임시
전당대회를 열자고 주장했으나 "재야인사(김대중씨)의 복권문제
가 해결되고 공정한 경쟁 분위기가 조성된 후에 소집할 계획이며
절대 서두르지 않겠다"고 밝혔다. 최대통령이 제시한 정치일정에
흐름을 맞춰나가는 게 가장 현실적인 방법이라는 것이었다.[38]

나중의 역사가 증명했지만 최규하는 믿을 만한 인물은 결코 아니었
다. 사람이 나빠서가 아니라 너무 무능하고 소심했기 때문이었다. 사실
문제는 당시 양김이 굳게 단결했더라도 무슨 뾰족한 대안이 있는 것은
아니라는 것이었다. 3김을 싸잡아 비판하면서 그들을 배제하고자 하는
음모가 이미 가동되고 있었기 때문이다. 이런 음모엔 알게 모르게 외신
까지 가세하였고, 또 신군부를 지지하는 국내 언론까지 거들었다.

예컨대, 『뉴스위크』지 4월 3일자는 〈한국의 변화바람〉이라는 제목으
로 한 외교관의 말을 빌려 "김영삼은 능력이 부족하며, 김대중은 너무 과
격한 것으로 생각되고, 김종필은 너무 때묻어 있다"는 내용의 기사를 게
재했는데, 4월 11일 『조선일보』는 이같은 내용을 내보냈다. 『조선일보』
의 보도에 대해 당시 전남대생들은 "다시 말해서 4월 3일자 『뉴스위크』
지 기사를 8일 뒤인 11일자 일간지에 3김을 보도하게 한 것은 3김을 고
립시킨 뒤, 그네들 신당의 부상을 꾀하려는 망동으로밖에 볼 수 없는 것
이다"며 정치공작에 의한 것이라고 규탄했다.[39]

38) 한국일보 정치부, 『빼앗긴 서울의 봄: 청와대 실록』(한국문원, 1994), 64~65쪽에서 재인용.
39) 김정남, 〈광주민주화운동의 전야: 전두환 군부와 남도의 저항〉, 『생활성서』, 2002년 10월, 47쪽에서 재인용.

전두환의 중앙정보부장 겸직

신군부의 리더인 보안사령관 전두환은 철저한 '정치군인'이었다. 그는 정보분야 출신이었고 청와대 경비단장의 경험으로 "대통령 자리를 철저하게 벤치마킹(benchmarking)하고 이너서클(inner cirle, 소수의 권력집단)이 돌아가는 틀을 파악"한 인물이었던 것이다.[40]

전두환은 1980년 3월말 국무총리 신현확을 찾아가 자신이 중앙정보부장도 겸해야겠다고 말했다. 10·26 이후 활동이 침체된 중앙정보부를 정비해 보안사와 함께 정권창출을 위한 양대 축의 하나로 삼고자 했던 건 아니었을까? 당시 상황에 대한 신현확의 증언이다.

"총리인 나는 이미 3월 중순 최규하 대통령에게 정보부를 흐트러진 상태로 두지 말고 책임자를 임명하되, 군인보다는 민간인을 부장으로 써서 정보기구의 양립화를 추진하라고 진언했다. 그런데 갑자기 숲사령관이 나를 찾아와 정보부장을 겸하겠다고 하면서 '그래야 정보부도 안정시키고 올바른 궤도에 올릴 수 있다'고 말했다. 그때 나는 겸무는 안하는 게 좋겠다는 의견을 말했다."[41]

그러나 전두환은 1980년 4월 14일 정보부장(서리) 자리를 차지하고야 말았다. 중앙정보부법이 보직을 가진 현역 군인이 중앙정보부장을 겸할 수 없게끔 규정했기 때문에 '서리'라는 편법으로 밀어붙였다. 전두환의 중장 진급도 그랬다. 소장에서 중장으로 진급하려면 최소한 6년이 지나는 것이 관례였지만, 전두환은 소장으로 진급한 지 3년밖에 지나지 않았음에도 불구하고 자기 마음대로 3월 1일부로 별을 하나 더 달았던 것이다.[42]

---

40) 손광식, 『한국의 이너서클』(중심, 2002), 222쪽.
41) 김충식, 〈전두환 인사과장, 부장되어 돌아오다〉, 『남산의 부장들 2』(동아일보사, 1992), 367쪽.
42) 이계성, 『지는 별 뜨는 별: 청와대 실록』(한국문원, 1993), 311~312쪽.

전두환의 중정부장 겸직은 부총리급으로 국무회의에 참석할 수 있고 국방부장관을 제치고 군부를 장악할 수 있는 이점을 제공했다. 당시 한 관계자의 증언이다.

"全장군이 이따금 계엄사합동수사본부장 자격으로 주영복 국방장관을 수행하는 형식으로 국무회의장에 들어오는데 대해 신현확 국무총리를 비롯해 몇몇 장관이 문제를 지적하자 아예 全장군은 중정부장을 겸직해버렸다."[43]

또한 중앙정보부는 정보장악 이외에도 막대한 정치자금을 제공할 수 있는 돈줄이기도 했다.[44] 당시 특전사령관 정호용의 정보보좌역을 담당했던 김충립의 증언이다.

"80년 4월 중순께 정호용 사령관은 전장군이 정치권을 움직이려면 자금이 있어야 할 텐데 전장군은 물론 보안사에도 돈이 없는 모양이니 자금을 좀 마련해볼 수 없겠느냐고 나에게 말했다. 전장군 주변에 능력 있는 사람들이 많은데 왜 내게 이런 부탁을 할까 의아스럽기도 했지만 주위의 사업하는 친구들에게 부탁해 상당액의 자금지원을 약속받아놓았다. 그런데 그로부터 며칠 후 정사령관은 자금이 필요없게 됐다고 말했다. 전장군이 정보부장을 겸하기로 했기 때문에 자금운용에 걱정이 없게 됐다는 것이었다."[45]

당시 중정 예산은 약 8백억 원 정도였는데, 전두환은 실제로 정권장악 준비자금으로 이 가운데 120억 원을 빼내 썼다.[46]

그 시절 청와대는 신군부가 완전히 장악하고 있었기 때문에 모든 게 전두환 마음대로였다. 일개 육군대령이 대통령을 잡아넣겠다고 큰소리

43) 이도성, 〈전두환의 정치무대 데뷔〉, 김충식 · 이도성 공저, 『남산의 부장들 3』(동아일보사, 1993), 20쪽.
44) 박보균, 『청와대 비서실 3』(중앙일보사, 1994), 189쪽.
45) 이계성, 『지는 별 뜨는 별: 청와대 실록』(한국문원, 1993), 307쪽에서 재인용.
46) 함성득, 『대통령 비서실장론』(나남, 2002), 138~139쪽.

를 치는 등 속된 말로 모든 게 '개판'인 세상이었다. 당시 한 청와대 비서관은 그때의 상황을 이렇게 묘사한다.

"숯장군이 중정부장에 취임한 4월 중순경의 일이었습니다. 청와대 신관의 어느 방에서 우연히 흘러나오는 소리를 엿들은 일이 있었습니다. 당시 신군부의 실세로 일컬어지던 권정달씨의 목소리가 들렸어요. 권씨는 누구에겐가 '崔통(崔대통령을 지칭)한테 그만두라고 그래. 그만두지 않으면 잡아넣겠어'라고 소리를 치는 거예요. 아무리 군인세상이고, 난장판이라고 하지만 일개 육군대령이 청와대 안에 들어와서 대통령을 잡아넣겠다고 소리를 치는 데는 정말 소름이 끼치지 않을 수 없었습니다. 그날부터 청와대가 아니라 감옥이라는 생각이 들었고 밥맛도 완전히 떨어지더군요."[47]

양김의 착각과 환상

전두환의 중앙정보부장 서리 임명에 대한 3김의 반응은 어떠했던가?

김종필은 임명 발표 직후 당사에서 기자들에게 "철학에, 문제가 되지 않은 것을 문제로 삼는 것이 바로 문제라는 말이 있다"면서 특유의 선(禪)문답식의 답변으로 질문공세를 피해갔다.

김영삼은 4월 15일 설악산관광호텔에서 기자들과 만난 자리에서 "숯장군의 중정부장서리 겸임이 민주화 일정에 관계가 있을 것으로 보느냐"는 질문에 "상관없다. 민주화 일정은 예정대로 진행될 것"이라고 말했다.[48] 이에 대해 이기택은 "김영삼씨는 이러한 군의 동향이 혼란을 수습

---

47) 이도성, 〈전두환의 정치무대 데뷔〉, 김충식·이도성 공저, 『남산의 부장들 3』(동아일보사, 1993), 20쪽.
48) 이도성, 위의 책, 17쪽. 1980년 5월 15일에 나온 '지식인 134인의 시국선언' 시에도 전두환의 중정부장서리 임명은 뜨거운 논란의 대상이었는데, 이에 대해 김정남은 다음과 같이 말한다. "여기서 지식인들은 '국토방위의 신성한 임무를 수행하고 있는 우리 국군은 정치적으로 엄정중립을 지켜야 한다. 그런데 한 사람이 국군보안사령관직과 중앙정보부장직을 겸직하고 있다는 사실은 명백한 불법이므로 마땅히 시정되어야

하는 데 도움이 되기를 기대한다며 사실상 지지를 표명하는 커다란 오류를 범했다"고 말한다.[49]

문제의 심각성을 제대로 깨달은 건 김대중이었다. 김대중은 4월 16일 한국신학대학 강당에서 열린 강연을 통해 "全부장서리 임명은 국민의 판단이나 기대와는 차이가 있는 것으로 국민간에 상당한 우려가 대두되고 있다"고 말했다. 후일 김대중의 말이다.

"이것은 심상치 않은 일이었다. 나는 국민에게 이번 겸직으로 민주주의의 앞날이 걱정된다고 경고했다. 그 경고는 신문 구석에 조그맣게 실렸다. 그러나 당시 신문을 보면 알겠지만, 나의 경고를 어느 한 사람도 진지하게 들어주지 않았다. 공화당은 물론 신민당 내에서도 전두환 소장이 막강한 권력기관을 두 개씩이나 장악하는 것에 대해 '걱정할 필요는 없다'고 말했다. 더욱이 신민당에서는 '민주주의는 반드시 실현된다. 그렇게 되면 권력은 반드시 우리에게 온다. 이것이 옳은 수순이다. 민주주의 실현을 의심하는 자는 소신이 없는 자이다'라며 나를 비난하고 있었다."[50]

글라이스틴은 전두환의 중정부장 서리 임명에 대해 워싱턴에 "하룻밤 사이 그는 12·12 이후 쓰고 있던 가면을 벗어던지고 1면 뉴스로 등장하면서 자신을 서부 개척시대의 영웅과 같은 고결한 인물로 묘사하고 있다"고 보고했다. 또한 글라이스틴은 전두환의 중앙정보부장 서리 임명이 뒷날 80년의 역사를 뒤틀리게 만든 결정적인 계기였다고 말했다.

한다'는 단호한 입장을 천명하고 있다. 이 선언문의 기초단계에서부터 선언문의 수위를 놓고 많은 논의가 있었다. 처음에는 재벌해체 등의 문구도 포함되었으나 준비회의에서 삭제되었으며, 군의 정치적 중립과 관련해서도 당초에는 '군은 정치적 중립을 지킬 것을 확신한다'는 온건한 표현으로 되어 있던 것을 홍성우 변호사가 '전두환의 중앙정보부장 겸직은 명백한 불법'임을 분명히 하자고 하여 수정되었다. 이 선언 관련자들이 전두환 군부로부터 철저한 보복을 받게 된 것은 이러한 표현과 무관하지 않을 것이다." 김정남, 〈김대중 내란음모사건과 지식인 134인 선언〉, 『생활성서』, 2003년 2월, 47쪽.
49) 이기택, 『호랑이는 굶주려도 풀을 먹지 않는다』(새로운사람들, 1997), 160쪽.
50) 일본NHK취재반 구성, 김용운 편역, 『역사와 함께 시대와 함께: 김대중 자서전 2』(인동, 1999), 114쪽.

"최대통령의 굴복은 전두환으로 하여금 무소불위의 막강한 권력기관 장악을 통해 민간부분으로 진출할 수 있는 길을 열어준 것이었다. 내가 보기에 전국적으로 긴장이 고조되고 4주 후인 5월 중순 드디어 폭발하게 만든 가장 중요한 원인은 그런 갑작스럽고도 무분별한 조치 때문이었다. 미국의 방해를 막기 위한 것으로 추측되지만 한국정부는 전두환의 임명 30분 전에야 우리에게 그 사실을 통보했다(우리가 소문을 들은 것은 약 4시간 전이었다)."[51]

미국은 전두환의 중앙정보부장 서리 임명에 대한 반발로 예정되었던 연례 안보회의를 연기하는 한편 글라이스틴은 직접 최규하를 만나 전두환의 중앙정보부장 서리 임명에 대해 항의했지만, 아무런 성과를 얻지 못했다.[52] 이후 미국은 전두환에게 끌려다닐 수밖에 없었다.

그걸 아는지 모르는지 양김은 따로 놀기에 바빴다. 급기야 김대중은 4월 7일 신민당 입당 거부선언을 하였고, 양김은 윤보선의 중재로 4월 12일 3자회동을 하였지만 아무 소득 없이 끝나고 말았다. 이후 양김의 갈등과 '세(勢) 불리기' 경쟁은 더욱 깊어지고 치열해졌다. 4월 28일에 벌어진 '사건'은 그걸 잘 웅변해주었다. 『한국일보』는 다음과 같이 말한다.

"'서울의 봄'이 깊어지면서 김영삼 신민당 총재와 김대중씨 간의 '세(勢) 불리기 경쟁'은 눈에 띄게 치열해지고 있었다. 김총재가 80년 4월 28일 신민당 당직자를 대동하고 충남 현충사를 참배하러 나서자 같은 날 같은 시각 김씨는 신민당 내의 이른바 '동교동계'의 의원들을 대동하고 현충사 인근 윤봉길 의사 생가를 방문했다. 이날 '양김씨'의 행렬은 현충사 입구에서 서로 만났으나 서로가 서로를 '소 닭 보듯' 했고 수백

51) 윌리엄 글라이스틴, 황정일 역, 『알려지지 않은 역사』(중앙 M&B, 1999), 158쪽.
52) 윌리엄 글라이스틴, 황정일 역, 위의 책, 161쪽.

명씩 몰려나온 양측 지지자들은 피켓과 플래카드를 흔들며 세력을 과시, 마치 대선 전야를 방불케 했다."[53]

이 경우, 전두환의 중앙정보부장 서리 임명의 의미를 전혀 깨닫지 못하고 낙관론에 젖어 있던 김영삼보다는 그 의미를 간파하고 크게 우려했다는 김대중에게 더 큰 책임을 물어야 할 일이었다. 신군부가 무력으로 대통령 기능과 모든 정보 기능까지 장악한 상황에서 사실상 3김이 할 수 있는 일이란 별로 없었기에 그들의 단합은 더욱 절실한 것이었지만, 그들은 18년 만에 찾아온 '서울의 봄'의 온기와 향기에 취해버렸던 건지 민주화가 다 된 세상처럼 서로 경쟁하기에만 바빴다. 그런 경쟁구도하에서 그들이 할 수 있는 일이라곤 '설마' 하면서 '서울의 봄'에 대한 환상을 계속 키워가는 것이었다.

---

53) 한국일보 정치부, 『빼앗긴 서울의 봄: 청와대 실록』(한국문원, 1994), 84쪽.

이병철과 정주영의 싸움

'신군부와의 밀착을 놓고 벌인 갈등'

1980년 2월 9일 김영삼이 영입한 예비역 장군 5명과 영관급 장교 7명은 일부 사람들에겐 세상 물정에 '어두운' 사람들로 간주되었다.[54] 권력의 풍향계에 민감한 사람들은 이미 신군부의 집권가능성을 높게 보고 있었다. 이미 줄은 그쪽을 향해 더 길게 늘어서고 있었다. 80년 3월 한국재계의 양대 거목이라 할 이병철과 정주영 사이에 벌어진 싸움을 '신군부와의 밀착을 놓고 벌인 갈등'이라고 말하는 이유도 바로 여기에 있을 것이다.[55]

이병철과 정주영 사이의 싸움은 삼성그룹과 현대그룹 사이에 언론을 매개로 한 일대 전쟁의 형식으로 이루어졌다. 삼성그룹 계열사인 중앙일

---

54) 김충식, 〈전두환 인사과장, 부장되어 돌아오다〉, 『남산의 부장들 2』(동아일보사, 1992), 360쪽.
55) 손광식, 〈이병철vs정주영 – 신군부와의 밀착을 놓고 벌인 갈등〉, 『한국의 이너서클』(중심, 2002), 165쪽.

정주영은 신군부와 이병철이 밀착되어 '새 시대'의 재벌판도에서 자신과 현대가 소외당할지도 모른다는 감을 가지고 있었다. 82년 7월에 자리를 같이한 정주영(맨 왼쪽)과 이병철(왼쪽에서 세번째).

보가 현대건설의 부실공사를 문제삼자, 현대그룹은 각 신문에 삼성회장 이병철과 중앙일보회장 홍진기의 과거 비리를 폭로하는 광고를 싣는 반격을 가했던 것이다.[56]

　현대는 80년 3월 15일자 조간부터 중앙일보를 제외한 중앙 일간지에 전 5단의 '해명서'를 일제히 게재하여 중앙 매스컴(삼성이 소유한 중앙일보와 동양방송)이 대대적인 집중보도로 여론을 오도하여 현대건설과 현대중공업에 막대한 손실을 입혔을 뿐만 아니라 해외 공사의 수주에도 큰 타격을 입혔다고 주장했다. 현대는 '해명서'에서 재벌소유의 언론에 대

56) 손광식, 〈이병철vs정주영 - 신군부와의 밀착을 놓고 벌인 갈등〉, 『한국의 이너서클』(중심, 2002), 165쪽.

해 다음과 같이 비판했다.

"중앙매스컴이 참으로 사회의 공기로 남기를 바란다면 무엇보다 먼저 삼성재벌로부터 완전히 자유롭지 않으면 안되겠다는 것이 우리의 주장이다. 한국언론의 내일을 위해서 뿐만 아니라 한국중공업의 내일을 위해서도 기업의 '칼이 되고 방패'가 되는 재벌 비호의 언론은 진정한 언론인의 언론으로 되돌려놓지 않으면 안된다고 우리는 믿는다."[57]

30억 원의 '기금'이 동원된 총력전

이 싸움의 내막에 대해 손광식의 '취재파일'은 다음과 같이 언급한다.

"'이병철은 한비밀수사건의 장본인이며 홍진기(중앙일보 회장)는 자유당 부정선거 원흉이다'라는 5단 통광고를 만들어 각 신문사로 뛰었어. 동아일보와 매일경제신문 광고국으로 뛰었는데 동아에는 접수가 되지 않고 마침 매일 쪽에는 접수 여직원이 있어 접수가 되었어. 그러나 20분도 안되어 첩보가 삼성 쪽으로 들어갔지. 삼성은 총력전으로 나서 광고를 막았어. 그러나 양측의 폭로고발기사 전쟁이 격화되어 서울시청에 나가 있던 군 언론검열단은 시국기사보다는 이 기사에 신경들을 더 썼어. 결국 경방의 원로 김용완 회장이 주선을 해서 양측의 화해협상이 이루어졌어. 광화문에 있는 '장원'에서 양측이 만났는데 현대에서는 정회장과 이명박 사장이, 삼성 쪽에서는 홍진기 회장이 참석했고 이병철 회장은 참석 안했어. 당시 이 회장은 일본 동경에 있었어. 회담은 극히 감정적 기류였어."[58]

---

57) 정진석, 『한국 현대언론사론』(전예원, 1985), 452쪽에서 재인용.
58) 손광식, 〈이병철vs정주영 - 신군부와의 밀착을 놓고 벌인 갈등〉, 『한국의 이너서클』(중심, 2002), 166~167쪽.

양재벌의 싸움은 현대회장 정주영과 현대건설 사장 이명박, 삼성의 중앙매스컴 사장 홍진기와 동양방송 대표이사 김덕보가 만나 중앙 매스컴이 앞으로 공정한 보도를 하겠다는 걸 전제로 하여 타협이 이뤄졌지만, 그건 어디까지나 '휴전'일 뿐이었다.

손광식은 정주영이 "신군부가 모시는 신현확 총리와 이병철 회장이 밀착되어 과도기 또는 '새 시대'의 재벌판도에 어떤 역학관계로 작용되고, 자신과 현대는 소외당할지도 모른다는 감을 가지고 있었다"고 말한다.[59] 그래서 삼성에 대한 대대적인 반격명령을 내리게 되었다는 것이다. 현대는 30억 원을 '기금'으로 쌓아놓고 작전을 폈으며 모 신문사장에게 1, 2억 원이 전달됐다는 설까지 나돌 정도로 총력전을 펴고자 했던 것이다.[60]

언론은 '썩은 호박'

신군부 초기에는 삼성이 신군부와의 관계를 더 돈독히 다졌지만, 정주영은 나중에 서울올림픽 유치로 현대에 유리한 국면을 조성하게 되었다. 그러나 이 전쟁을 하면서 정주영은 언론을 갖지 못한 서러움을 절감했고, 먼 훗날 결국엔 일간지를 창간하게 된다. 정주영은 이미 1977년 『서울신문』 8월 11일자에 기고한 칼럼에서 '신문 없는 서러움'을 다음과 같이 말한 적이 있었다.

"오늘에 와서는 나의 마음은 신문에 대하여 가끔 실망과 서글픈 마음을 가지게 된다. 요사이 일부 신문이 기업의 영리를 추구하는 무기로 교묘하게 이용되려는 시련에 부딪치고 있는 느낌을 금할 수 없다. 우리들

---

59) 손광식, 〈이병철vs정주영 – 신군부와의 밀착을 놓고 벌인 갈등〉, 『한국의 이너서클』(중심, 2002), 166쪽.
60) 손광식, 위의 책, 168쪽.

의 신문은 모든 자기본위의 욕망에서 해탈한 숭고한 인격자의 지도하에서 발행되어 영원한 민족의 동반자가 되기를 바라는 마음 간절하다."[61]

갈등관계는 비단 현대와 삼성 사이에서만 나타난 건 아니었다. 우연인지 아닌지는 알 수 없으나 삼성과 현대가 '휴전협정'을 맺은 다음날인 80년 3월 18일 동아일보는 용인자연농원의 양돈장에서 흘러나온 3만여 마리의 돼지 분뇨가 서울을 비롯한 수도권 주민들의 식수원에 버려진다는 충격적인 사실을 보도했다. 이 보도는 국민의 이익과 관련된 매우 중요한 것으로 칭찬받아 마땅한 것이었지만, 상호 갈등관계에 있어야만 비리를 적극적으로 폭로하는 한국언론의 고질병을 말해준 것이기도 했다.[62]

이처럼 경쟁관계에선 죽기 살기로 싸우는 재벌들과 신문들도 신군부 앞에선 '고양이 앞의 쥐'처럼 더할 나위 없이 양순했다. 신군부의 언론통제 실무책임을 맡았던 이상재는 후일 이렇게 말했다.

"언론이라는 덩치에 대해 약간의 경외감을 가졌던 것은 그때까지만 해도 언론을 잘 몰랐기 때문이었지요. 그런데 칼로 한번 찔러보니 썩은 호박처럼 별 저항 없이 쑥 들어가더군요."[63]

사실이 그랬다. 오랜 세월 박정희정권치하에서 순치된 언론은 '썩은 호박'과 다를 바 없었다. 언론은 신군부 앞에선 '썩은 호박'처럼 군 것에 대한 보상심리 때문인지, 자기들보다 약자다 싶으면 오만하게 군림하려 들었다.

---

61) 정진석, 『한국 현대언론사론』(전예원, 1985), 452쪽에서 재인용.
62) 정진석, 위의 책, 453~455쪽.
63) 김재홍, 『군부와 권력』(나남, 1992), 163쪽에서 재인용.

사북 노동항쟁

짐승처럼 산 광부들

석탄산업이 사양산업으로 전락하면서 수많은 탄광이 문을 닫는 가운데 1980년 4월에 일어난 사북탄광사건 또는 사북항쟁은 70년대의 화려한 경제성장 이면에 짙게 드리워진 탄광노동자들의 열악한 참상을 적나라하게 드러낸 사건이었다. 광원들의 어용노조 반대 및 임금인상폭 항의투쟁으로 불붙기 시작했다가 신군부의 공권력과 정면으로 충돌한 이 사건은 신군부의 언론통제로 왜곡되게 알려졌다.[64]

사북사건의 중심지는 해발 800미터 높이의 지장산 일대에 자리잡은 강원도 정선군 사북읍(당시 인구 5만 명)이었다. 국내 최대의 민영탄광인 동원탄좌 사북영업소가 이곳에 자리잡고 있었다. 한동안 이곳은 취학아동수가 넘쳐날 만큼 호황을 이루었으며 교회만도 무려 4개나 있었다. 그

---

64) 현재 사북노동항쟁명예회복추진위(위원장 이원갑)가 명예회복을 위한 투쟁을 하고 있다.

러나 상수도 보급도 제대로 되지 못했고 얇은 송판으로 칸막이를 해 겨울을 날 정도로 생활환경은 극히 열악했다.

당시 탄광촌에는 "선산부 부인이 일년 동안 배꼽에 낀 탄가루를 모으면 겨울내 연탄 걱정을 안할 정도라는 웃지 못할 우스갯소리"마서 떠돌았다.[65] 사택단지 부녀회장을 지냈던 이명득은 "70년대 입주한 지장산 사택은 세탁은커녕 제대로 씻지도 못하고 짐승처럼 살았다"면서 "사북사태 후 주민들을 선동했다며 붙잡혀가 고문과 폭행에 무릎 연골이 빠지는 고초를 당했다"고 말했다.[66]

이런 광부들의 애환은 탄광촌 광부들이 자신들의 처량한 신세를 한탄하며 부른 〈광부아리랑〉에 잘 나타나 있다. "산지사방이 일터인데/그리도 할 일 없어 탄광에 왔나/아리랑 아리랑 아라리요/아리랑 막장으로 들어간다."[67]

광부들과 그들의 가족은 이렇듯 열악한 작업환경에 시달렸지만, 탄광업자들은 '그들만의 천국'을 꾸려나갔다. "목숨을 담보로 탄가루를 마시며 질곡의 삶을 사는 광부들은 싸구려 선술집에 쓴 소주나 막걸리에 목을 축였지만 광부들을 호령했던 관리자나 크고 작은 탄광업자, 자재, 납품업자, 관청의 공직자들은 하룻저녁 그때 돈 500만 원이나 하는 요정에서 흐드러지게 술판을 벌였다"는 것이다.[68]

언론의 왜곡보도

4월 16일 이원갑 등 광원노동자 25명은 어용노조가 회사 쪽과 몰래

---

65) 강문영, 〈검은 진주가 미운 오리가 되기까지〉, 「노동일보」, 2002년 10월 14일, 9면.
66) 홍춘봉, 〈80년 사북노동자항쟁 진원지 대형 카지노리조트 들어서〉, 「노동일보」, 2003년 1월 22일, 10면.
67) 강문영, 위의 글.
68) 홍춘봉, 「탄광촌 공화국」(노동일보, 2002), 154쪽.

한 임금인상안에 반대하며 임금인상을 요구하는 한편, 노조지부장 재선거 등을 요구하며 전국광산노동조합 위원장실을 점거해 어용노조 반대투쟁을 전개하기 시작했다.[69]

4월 19일 계엄분소는 노조명의 집회를 불허했으나, 21일 광원 100여명은 지부 사무실에 모여 지부장 사퇴를 요구하며 농성을 계속했다. 이런 가운데 조합원 총회를 둘러싸고 노조원들과 경찰 사이에 충돌이 일어났고 경찰 지프가 광원 3명을 치고 달아나는 사건이 발생했다.

이에 격분한 천여 명의 시위대가 회사간부 집과 노조간부의 집을 파괴하였다. 이튿날 2천여 명으로 늘어난 시위대는 사북읍내에서 거리시위를 전개하였다. 시위대는 이른바 '안경다리 투석전' 끝에 경찰을 밀어내고 경찰서를 비롯한 사북일대를 장악하였다. 투석전 와중에 돌에 맞은 순경 이덕수가 다음날 사망하는 사건이 발생했다.

4월 16일에 발생해 4월 22일 절정에 이른 이 사건으로 경찰관 한 명이 사망한 것 외에도 100여 명의 중경상자가 발생했다. 4일간 치안공백 상태에서 사북광업소 3천여 광부와 그 가족들은 경찰지서를 불사르고 철도와 시내 입구에 바리케이드를 치고 열차를 세워 검문검색하기도 했다.[70]

우여곡절 끝에 광원대표와 정부 쪽은 협상을 시작해 4월 24일 11개 항에 합의하면서 시위대들은 농성을 해산하고 점령했던 무기고 및 화약고를 경찰에 인계하였다. 이때의 언론보도에 대해 홍춘봉은 다음과 같이 밝힌다.

---

69) "지부장선거를 앞두고 지부장은 78년 12월 13일 사북광업소 대의원 29명을 대동 제주도의 신제주호텔에서 1000여만 원을 들여 호화판 잔치를 베풀었으니 광부들은 실망과 분노가 이만저만이 아니었다. 또 지부장선거를 앞두고 실시된 임금교섭에서 지부장은 광산노련의 40% 임금인상안을 묵살하고 단독으로 20% 임금인상안에 합의하는 바람에 광부들의 원성이 높았다." 홍춘봉, 『탄광촌 공화국』(노동일보, 2002), 59쪽.
70) 하두만, 〈사북탄광사건: 묶인 여인의 사진을 찍는 순간, 쇠파이프가 날아들었다〉, 월간조선 엮음, 『한국현대사 119대 사건: 체험기와 특종사진』(조선일보사, 1993), 265쪽.

"사북사태가 평화적으로 수습되어가자 사북노동항쟁을 자신들의 입맛에 맞는 방향으로 보도해도 좋다는 계엄사의 허락이 떨어지자 24일자 전국 중앙일간지에는 '폭력으로 뒤덮인 무법천지'로 대문짝만하게 장식됐다. 지부장 부인의 린치 사진과 참혹하게 일그러진 시가지 사진들이 곁들여진 신문에서 '공포의 탄광촌' '사북광부폭동 치안마비' 등의 제목이 시사하듯 광부들이 사북에서 온통 방화와 약탈을 자행한 것으로 매도됐다."[71]

중앙일보 기자 탁경명에 가해진 폭력

5월 6일 신문과 방송사의 취재기자 50여 명은 합수부에서 "오늘부터 계엄사 합수반이 정선경찰서에 설치됐으니 앞으로 수사발표는 수사본부가 차려진 정선경찰서에서 할 것"이라고 발표해 모두 사북을 떠나 정선경찰서에 주재하게 되었다. 그러나 단 한 명, 『중앙일보』 기자 탁경명은 "기자는 현장을 지켜야 한다"는 생각으로 사북을 지켰다.

탁경명은 합수반 요원과 중앙정보부 요원들이 '지역개발대책회의'를 빙자해 주동 광부들을 대거 연행해가는 장면을 카메라로 찍다가 무장군인의 M16 개머리판으로 얻어맞아 쓰러졌고 이후 군부대로 옮겨져 무자

---

71) 홍춘봉, 『탄광촌 공화국』(노동일보, 2002), 75~76쪽. 많은 사람들에게 가장 큰 충격을 준 건 노조지부장 부인에 대한 린치였다. 광부들은 어용노조 지부장이 도망간 데 흥분해 노조지부장 부인을 나무기둥에 묶어놓고 린치를 가했던 것이다. 당시 신아일보 태백 주재기자로 그곳에서 8년간 일한 덕분에 쇠파이프에 어깨, 등, 가슴을 맞아 뼈가 부러지는 부상을 입었으면서도 광부들을 설득해 현장사진을 찍을 수 있었던 하두만은 다음과 같이 말한다. "그들의 허락을 받고 게시판에 달려가 김순이씨의 사진을 찍으려는 순간, 아연실색했다. 두 손이 결박당한 채 머리는 흉기에 맞아 오른쪽 이마에서 피가 흐르고 있었고 주위를 둘러싼 술취한 광부와 부녀자들이 김여인의 옷을 모두 벗기고 가슴을 꼬집고 국부를 소주병과 곤봉으로 마구 문지르고 있었다. 그들을 만류하고는 물끄러미 나를 바라보던 김여인에게 '아주머니 죄송합니다'라고 하고 계속 셔터를 눌렀다. 부서진 광업소 건물, 노조 사무실, 불타고 부서진 20여 대의 통근버스도 찍었다." 하두만, 〈사북탄광사건: 묶인 여인의 사진을 찍는 순간, 쇠파이프가 날아들었다〉, 월간조선 엮음, 『한국현대사 119대 사건: 체험기와 특종사진』(조선일보사, 1993), 265쪽.

비한 고문과 폭행을 당했다.[72] 탁경명은 후일 다음과 같이 증언했다.

"무장군인이 M16 개머리판으로 내 목을 내리찍었다. 중앙일보 기자라고 소리쳤는데도 또 내리찍었다. …… 1시간 반이 지났을까. 나는 온몸에 통증을 느끼며 실신상태에서 깨어났다. …… 다시 눈을 뜨자 군인들은 나를 어느 연병장에 내려놓은 뒤 이번에는 '대검고문'을 하기 시작했다. 목 양쪽에 대검을 들이대고 꼼짝 못하게 하고는 한 시간 가까이 구둣발로 차고 개머리판으로 등을 내리치면서 ……"[73]

광부와 가족에 가해진 고문

사북노동항쟁명예회복추진위(위원장 이원갑)에 따르면, 사태가 수습된 뒤 신군부에 의해 주모자로 몰려 불법으로 체포돼 고문과 폭행을 당한 피해자가 110여 명이었으며, 이들은 합동수사본부가 차려진 정선경찰서에 연행되어 혹독한 고문과 폭행에 시달렸다. 보안대 요원들은 1.5평 규모로 간이 칸막이를 설치한 방들을 순회하며 고춧가루 및 물 고문, 고무호스 구타, 손가락에 연필꽂기, 무릎 사이에 각목 끼우고 짓밟기, 군홧발로 걷어차기 등 모든 고문을 동원했다는 것이다. 10여 명이 고문과 폭행 후유증으로 사망했으며, 당시 하루에도 서너 차례 물고문을 당했던 한 사람은 이후 물고문 후유증 때문에 물이 가득 담긴 접시를 보면 헉헉거리며 숨을 몰아 쉬는 사람도 생겼다는 것이다.[74]

---

72) "사북사태 최대 피해자 가운데 한 사람인 탁경명씨는 당시 고문으로 인해 평생 후유증으로 고생하고 있는데 중앙일보 사회면 백지기사 파동이 겹치면서 계엄당국의 미움을 사게 됐다. 사북사태가 마무리되고 80년 8월 2일 계엄사에 체포영장이 발부된 탁기자는 5일 뒤 중앙일보에서 해직됐다가 7년만인 87년 8월 7일 복직되었으나 젊음과 건강은 물론 명예까지 훼손된 뒤였다." 홍춘봉, 『탄광촌 공화국』(노동일보, 2002), 79~82쪽.

73) 한국기자협회·80년 해직언론인협의회 공편, 『80년 5월의 민주언론: 80년 언론인 해직백서』(나남, 1997), 66쪽에서 재인용.

74) 홍춘봉, 위의 책, 87~102쪽.

광주로 가는 길목인 80년 4월에 발생한 사북노동항쟁의 명예회복을 위한 갱목시위(2002년 12월). 폐광지역 주민 등 시위 참가자들이 탄광의 힘든 갱목 운반과정을 알리고 있다.

이원갑의 증언이다.

"정선경찰서에서 20여일은 아비규환의 연속이었다. 이곳 저곳에서 비명과 절규가 터지는 상황에서 우리는 지옥이 따로 없다는 것을 절감했다. 우리를 취조하고 고문한 수사관들은 인간의 탈을 쓴 악마였다. 작업복을 입은 채 현장에서 붙잡혀온 광부들에게 장화를 벗긴 뒤, 개 패듯 때리고 고문을 가해 개거품을 물고 기절한 것을 보는 것 자체가 악몽이었다. 힘없고 배운 것 없는 광부들은 파리목숨이나 진배없다는 것을 절실히 깨달았다. 광부들의 죽음은 개죽음이고 경찰관의 죽음은 차원이 현저히 다르다는 것을 알았다. 당시 광부는 두더지였을 뿐이다."[75]

---

75) 홍춘봉, 「탄광촌 공화국」(노동일보, 2002), 103~104쪽.

광부의 아내들에 대한 '성고문'도 가해졌는데, 노금옥은 사북사건을 다룬 다큐멘터리 영화 『먼지, 사북을 묻다』에서 "수사관들이 여자들을 홀딱 벗겨놓고 젖꼭지를 세게 잡아당겨 비틀고, 겨드랑이 털은 물론 음모까지 뽑았다"고 증언했다.[76] 많은 여성들이 가정불화와 수치심으로 인해 구체적인 증언에 나서진 않지만, 일부 여성들에겐 부천서 성고문사건에 버금가는 심각한 성고문이 가해졌다는 주장이 제기되었다.[77]

군검찰은 31명의 피고인에게 모두 150년이 넘는 구형을 내렸으며, 제1군사령부 계엄보통군법회의는 28명의 광부와 부녀자들에게 모두 84년 6월에 달하는 징역형을 선고했다.[78]

광주로 가는 길목에서

사북항쟁 진압에 동원된 특전사 장교와 사병들은 신군부의 명령에 따르긴 했지만 내심 '이건 아니다'는 부정적인 인식이 적잖은 공감대를 이루고 있었다. 미국방부의 '메시지센터'에서 1980년 5월 8일 작성된 비밀문서[79]는 이렇게 기록하고 있다.

"많은 사람들이 특전사 병력에게 부과된 국내 치안의 역할에 대해 점점 더 염증을 느끼고 있음. 1979년 부산 · 마산 소요(騷擾) 사태 당시, 파견된 특전사 소속 장교와 사병들은 '머리를 깰' 준비가 되어 있었고 그

---

76) 백기철, 〈'늙은 광부'들 통곡하다: 22년 전 우리도 '폭도' 아니었소〉, 『한겨레』, 2002년 11월 25일, 27면.
77) 백기철, 위의 글.
78) 홍춘봉, 『탄광촌 공화국』(노동일보, 2002), 105~106쪽.
79) 이흥환은 이 비밀문서에 대해 이렇게 말한다. "모두 넉 장짜리의 이 국방부 문서는 국방부의 '메시지센터' 에서 작성되었다는 것과 발송되기 하루 전인 1980년 5월 8일에 작성되었다는 것만 확인될 뿐, 수신인이 누구이고 배포처가 어디인지 자세한 사항은 모두 가려진 채 비밀해제가 된 문서이다. 제목조차도 가려져 있으며, 전체내용 가운데 반 이상이 역시 검정색 띠로 곳곳이 삭제되어 있다. 전체문맥으로 유추해볼 때 병력이동을 지시한 주체와 이동과정 등이 집중적으로 지워져 있으며, 병력 이동상황에 대한 최초 정보획득자에 관한 부분 역시 지워져 있다." 이흥환 편저, 『미국비밀문서로 본 한국현대사 35장면』(삼인, 2002), 63쪽.

럴 의지도 있었음. 가장 최근 원주에서 대기상태에 있었을 때 태도에 뚜렷한 변화가 있었음. 광부들의 의견이 옳다는 의견들을 피력한 바 있음. 광부들의 임금인상 요구는 옳다는 것이었음. 학생데모 진압활동에 대해서는 이와 다소 다른 견해이긴 하나 적극적인 자세는 아님. 특전사가 학생들에 대한 발포명령을 거부할 것으로 예상되지는 않음. 그러나 그런 요구들은 특전사 내의 기강에 결정적인 영향을 미칠 것으로 보임."[80]

그러나 신군부는 특전사에게 맡길 또다른 야만적 과업이 있었기 때문에 특전사 내부의 그런 상황을 그대로 내버려두진 않았다. 광주로 가는 길목에서 그들이 야수(野獸)의 근성에 충실하도록 조치가 취해진 건 이후의 역사가 증명했다.

사북항쟁은 4월 9일 청계피복노조 농성투쟁을 시작으로 노동쟁의가 봇물처럼 터지던 와중에 일어난 사건이었다. 이후 4월 24일까지 전국에서 발생한 노동쟁의는 모두 719건에 이르렀다. 사북사건 이후인 4월 25일부터 4월 30일 사이에도 90건의 노동쟁의가 발생하였다. 노동쟁의는 5월 들어 더욱 격화되었으며 대학가에서도 4월부터 시작된 민주화투쟁의 격랑이 몰아치기 시작했다.

그러나 사북항쟁에 대한 무자비한 탄압은 이미 그때에 언론기능이 죽어 있음을 의미하는 것이었다. 『중앙일보』 기자 탁경명에 가해진 모진 폭력은 벌써 서울의 민주언론인들에게도 저질러지고 있었던 것이다.

---

80) 이흥환 편저, 『미국비밀문서로 본 한국현대사 35장면』(삼인, 2002), 64쪽에서 재인용.

자유언론실천운동

'잃어버린 땅을 찾자'

1980년에 일어난 자유언론실천운동은 2월 20일 『경향신문』 기자들이 "동아·조선투위 기자들이 예외 없이 전원 복직되어야 한다"는 내용의 성명을 발표하면서 시작되었다.[81]

이어 3월 17일 『동아일보』 편집국 기자 50여 명은 기자총회를 열고 '언론검열 철폐와 자유언론실천'을 주장하는 결의문을 채택했고, 4월 17일에는 『동아일보』 편집국, 출판국 기자, 그리고 동아방송 보도국 기자 1백여 명이 모여 다시 총회를 열고 '유신언론 청산하고 자유언론 확보하자'는 결의문을 채택했다.

3월 31일 기자협회 대의원대회에선 합동통신의 김태홍이 제20대 기자협회장으로 선출되었다. 이날의 대의원대회에서 기자협회는 △민주발

---

81) 김정남, 〈1980년, 언론대학살 언론인을 '배부른 돼지'로〉, 『생활성서』, 2003년 1월, 44쪽.

전의 준엄한 감시자 역할을 철저히 실천한다 △편집권 독립의 제도적 보장과 언론에 대한 어떠한 간섭이나 왜곡을 배격한다 △동아·조선투위 관계자의 복직과 양 분회의 정상화를 도모한다 등 3개항의 결의문을 채택했다.[82]

다음은 김태홍의 회고다.

1980년 3월 31일에 열린 전국대의원대회 선거에서 나는 '용기로 문제를 풀겠다' '잃어버린 땅을 찾자' 는 요지의 소견발표를 하였고 임기 1년의 제20대 기자협회 회장에 선출되었다. 취임사에서 내가 '잃어버린 땅을 찾자' 고 말한 것의 참뜻을 당시 대의원들은 얼마나 이해한 것이었을까. 잃어버린 땅은 당연히 언론의 자유를 의미한다. 국민의 자유신장, 즉 언론의 자유확대를 위해 있는 힘을 합해 우리의 잃어버린 땅 찾기 운동에 나서자는 요지였다.

4월 1일 첫 출근을 하자마자 나는 잃어버린 땅 찾기에 나섰다. 당시 기자협회 사무실에는 중앙정보부에서 2명, 보안사에서 2명, 치안본부에서 1명, 시경에서 1명, 남대문경찰서에서 1명 등 모두 7명의 기관원이 파견되어 있었다. 그들은 오전 10시가 되면 화장실로 출근(?)했다. …… 나는 출근 첫날 기자협회 화장실 문 앞에 '기관원 출입금지' 라고 써붙였다. 그 시절의 공포통치 속에서는 발상조차 하기 어려운 일이었다. 결국 기관원들은 기자협회 화장실 문 앞에 써 붙여진 '기관원 출입금지' 를 보고 들어오지 않았다.

다음으로 내가 한 일은 '기자의 밤' 을 만든 것이었다. 매주 월요일 밤이면 기자협회 사무실이 있는 빌딩의 지하 레스토랑을 빌

---

82) 김정남, 〈1980년, 언론대학살: 언론인을 '배부른 돼지' 로〉, 『생활성서』, 2003년 1월, 45쪽.

려 언론계의 선후배와 동료들이 모여 시국에 관한 토론을 벌이도록 했다. 기자의 밤 모임에는 천관우·송건호·리영희 선생 등 당시 언론계의 지도적인 어른들이 나왔고, 동아·조선투위 위원들과 현역 언론인 중에서도 뜻 있는 젊은 기자들도 나와 모두 60~70명 되는 사람들이 모여 술잔을 기울이며 열띤 토론을 벌였다.

나는 또 회장직에 취임하자마자 18년 된 영국제 중고 수동식 인쇄기를 사들여 주요 시국 현안에 대해 하루에도 몇건씩 성명서를 찍어내 배포했다. 당시에는 모든 언론들은 검열을 받았기 때문에 꼭 나가야 할 기사는 빠지고 키워야 할 기사는 줄이고 줄여야 할 기사는 키우는 상황이었다. 그런데 기자협회에서 시국의 주요한 사안을 몇건씩 성명서란 형식으로 발표하자 이 성명서가 AP, UPI, 로이터 등 외신기자 수중에 들어가 바로 전세계 뉴스망을 타고 전파되었다."[83]

'꺼져가는 언론자유의 불씨를 안고'

4월 6일에는 조선투위가 자신들의 복직과 원상회복을 촉구하는 성명을 발표했고, 4월 17일 『동아일보』 기자들은 '자유언론을 위한 선언문'을 채택했는데, 내용 중 일부는 이렇다.

"① 우리는 국민의 알 권리와 언론의 알릴 의무에 충실할 것을 다짐하며, 검열, 사찰, 압력, 간섭 등 언론에 대한 모든 타율로부터 벗어나 자유언론을 실천한다. …… ④ 이와 같은 우리의 결의를 실천하는 과정에서 부당한 연행, 구속, 제재 조치가 발생할 때는 모든 기자가 공동대처한

---

83) 김태홍, 『작은 만족이 아름답다』(인동, 1999), 78~80쪽.

다."[84]

4월 25일에는 『기자협회보』가 "꺼져가는 언론자유의 불씨를 안고, 그들은 감옥에 끌려가기도 하고, 병과 굶주림에 시달리면서도 그 불씨를 끝내 지켜왔다. 이제 그들이 간직했던 언론자유의 불씨를 한국언론의 심장에 옮겨놓아야 한다"며 동아·조선투위에 대한 지지입장을 발표했다.[85]

80년대에 이르러 다시 '꺼져가는 언론자유의 불씨를 안고' 투쟁하는 사람들은 점점 더 늘어갔다. 4월 28일에는 동양통신 기자들이, 5월 2일에는 부산진경찰서 출입기자들이 언론자유 확보를 위한 결의문을 채택했는데, 결의문 내용 중 일부는 다음과 같다.

"10·16 민중봉기(부마항쟁) 현장에 있었던 우리 기자들은 언론자유를 요구하기에 앞서 먼저 역사 앞에서 속죄하고, 민중 앞에서 참회해야 한다고 믿는다. …… 우리는 외부압력에 굴복했을 뿐 아니라, 알아서 기는 풍조에 젖어들었음을 고백한다. 그리하여 부정부패를 눈앞에 두고도 붓대를 스스로 꺾었고 때로는 금력의 꾐에 빠져 진실보도의 의무를 저버렸다."[86]

서울대 총학생회도 〈언론인에 보내는 메시지〉를 통해 다음과 같이 말했다.

"우리는 골방에서 혼자 흘리는 당신들의 회한의 눈물을 보려 하지 않는다. 우리는 한 잔 술에 쏟는 당신들의 울분을 원치 않는다. 우리는 실천이 뒤따르지 않는 성명서와 결의문을 원치 않는다. 우리는 지면에 표현되는 당신들의 행동을 보고자 할 따름이다."[87]

---

84) 김정남, 〈1980년, 언론대학살: 언론인을 '배부른 돼지'로〉, 『생활성서』, 2003년 1월, 45쪽에서 재인용.
85) 김정남, 위의 글, 44쪽에서 재인용.
86) 김정남, 위의 글, 44~45쪽에서 재인용.
87) 김정남, 위의 글, 45쪽에서 재인용.

그리고 5월 7일에 사북항쟁과 관련해 『중앙일보』가 계엄사령부와 직접 충돌하는 사건이 발생했는데, 이 사건을 계기로 자유언론실천운동은 불붙기 시작했다.

5월 7일 『중앙일보』 기자와 동양방송 기자 2백여 명은 오후 6시 30분 편집국에서 기자총회를 열고 전날 탁경명 기자에 대한 계엄사 합수부 요원들의 집단구타사건에 대해 항의하고 자유언론실천을 위한 철야토론을 통해 8일 오전 7시 자유언론실천을 위한 5개항의 결의문을 채택했다. 이 결의문은 '5·8 선언'으로 불렸다.[88] 5월 9일에는 기독교 방송, 합동통신 기자들과 부산의 『국제신문』 기자들도 결의문을 채택했다.

다시 코를 뚫리고 멍에가 씌워진 언론

5월 10일 오전 9시 『경향신문』 기자들은 편집국에서 기자 전원이 모인 가운데 '언론검열을 80년 5월 15일까지 철폐하라'는 내용의 결의문을 채택했다. 이 결의문은 8일부터 매일 편집국에서 시국상황에 대해 자유롭게 토론을 벌여왔던 기자들의 토론과정에서 합의된 내용이었다.[89]

같은 날 『동아일보』와 동아방송 기자 1백여 명도 보도국에서 기자총회를 열고 '언론검열은 물론 일체의 사찰과 간섭·억압 등 자유언론의 모든 저해요소를 거부한다'는 결의문을 채택했다.[90]

『한국일보』 기자들은 8일부터 3일간 기자총회를 열고 계엄령과 언론인의 자세, 그리고 경제적 처우개선 등에 대해 토론한 끝에 12일 편집국에 모여 보도검열 철폐를 주장하는 결의문을 채택했다. 『현대경제』 기자들도 이날 기자총회를 열어 검열철폐를 비롯한 6개항의 결의문을 채택

---

88) 김동선, 〈언론통폐합의 내막〉, 『신동아』, 1987년 9월, 578쪽.
89) 김동선, 위의 글, 578쪽.
90) 김동선, 위의 글, 578쪽.

했다.[91]

5월 13일에는 문화방송과 『전남매일신문』 기자들이 총회를 열고 검열에 전면 반대한다는 내용의 결의문을 채택했고, 15일에는 대구문화방송과 『매일신문』, 『전남일보』 등도 결의문을 채택했다.

5월 16일 기자협회는 기자협회 회장단과 운영위원, 분회장, 보도자유분과위원회 연석회의를 신문회관 회의실에서 열고 〈검열 거부선언문〉을 발표하면서 "5월 20일 0시부터 검열을 거부하고 언론인 스스로의 양식과 판단에 따라 취재보도하며, 이에 정권이 강압적으로 나올 때에는 제작거부에 돌입한다"고 선언했다.[92] 이런 모든 노력은 5·17 계엄으로 물거품이 되고 말았다. 5·17 당시 한 언론인은 이렇게 말했다.

"언론은 코를 뚫리고 멍에가 씌어졌다. 기나긴 인고의 세월, 희망도 없는 미래가 다가온 것이다."[93]

그러나 그 이틀 전 이른바 '서울역 회군'이라는 뼈아픈 역사가 있었다.

91) 김동선, 〈언론통폐합의 내막〉, 『신동아』, 1987년 9월, 578쪽.
92) 김정남, 〈1980년, 언론대학살 언론인을 '배부른 돼지'로〉, 『생활성서』, 2003년 1월, 45쪽에서 재인용.
93) 김정남, 위의 글, 46쪽에서 재인용.

서울역 회군

학원민주화 열풍

1980년 봄의 대학가와 지식계엔 어용시비가 분분했다. 이미 3월 개강과 함께 학생들은 다른 시위 구호들과 함께 '어용교수 퇴진'을 외쳐댔다.[94] 3월말까지 어용교수 퇴진을 둘러싸고 갈등을 일으킨 대학은 모두 18개 대학으로 참가인원은 8천여 명에 이르렀다.[95]

급기야 당시 문교부장관이던 김옥길이 나서서 발언을 하기에까지 이르렀다. 김옥길은 "국가의 장래를 위해 바람직하지 않은 일이라는 것을 알면서도 당장의 이익을 위해 어용한 사람이 있다"고 지적하고, "이런 교수들은 스스로의 양심에 물어 물러나야 한다"고 말했다. 김옥길의 이 같은 발언은, 다시 말하면 "돈 벌고 출세하기 위해 유신정권 옹호에 나선

---

94) 김민호, 〈80년대 학생운동의 전개과정〉, 『역사비평』, 창간호(1988년 여름), 96쪽.
95) 천금성, 『천금성의 10 · 26 12 · 12 광주사태 후편』(길한문화사, 1988), 167쪽.

사람"이 바로 어용교수이며, 이러한 사람은 퇴진해야 한다는 취지였지만, 당시 스스로 물러선 교수는 단 한 사람도 없었다.[96]

학원민주화 열풍은 4월까지 계속되었다. 4월 18일 문교부가 집계한 학원민주화투쟁 상황은 시위나 농성이 진행중인 학교 중에서 학원민주화를 거부하는 총학장 퇴진요구가 21개 대학, 어용교수 퇴진요구가 24개 대학, 재단 비리척결요구가 12개 대학, 학교시설확장요구가 11개 대학, 학생회 인정 및 학내 언론자유 요구가 20개 대학 등이었다. 투쟁양상을 보면, 총학장실 점거농성 12곳, 교내 철야농성 24곳, 가두시위 진출시도 2곳, 총학장이 사퇴나 사의를 표명한 경우 14곳, 입시휴강 조치 19곳 등으로 집계되었다.[97]

어용교수의 반대편엔 민주화 교수가 있었다. 80년 4월 24일 서울 14개 대학 361명의 교수들은 학원민주화를 요구하는 성명서를 발표하였다. 그 내용은 사학의 족벌체제 비판, 군사교육 개선책 모색, 재임용제도 철폐, 교수회의 기능강화, 대학별 교수협의회 결성 등 대학교육과 직간접적으로 관련된 사항들이었다.[98]

'병영집체훈련 거부'에서 '거리투쟁'으로

학원민주화 투쟁의 와중인 4월 9일 성균관대에선 병영집체훈련 거부 사건이 터졌다. 당시 학생들은 교련교육의 일환으로 열흘간 군부대에 입소해 훈련을 받도록 돼 있었는데, 이를 거부한 것이었다. 이 사건을 계기

---

96) 이상우, 〈박정권 18년의 '어용지식인' 들〉, 『박정권 18년 그 권력의 내막』(동아일보사, 1986), 305쪽.

97) 한국일보 정치부, 『빼앗긴 서울의 봄: 청와대 실록』(한국문원, 1994), 115쪽.

98) 그러나 이 성명발표에 주도적으로 참여한 교수들은 5·18 이후 광주항쟁에 관련된 교수들과 함께 신군부에 의해 해직당했다. 그 수가 모두 87명이었으며, 80년 2월에 복직된 교수들은 이때에 대부분 다시 해직되었다. 강남훈, 〈지식인운동의 전개: 교수들의 민주화운동을 중심으로〉, 학술단체협의회, 『6월민주항쟁과 한국사회 10년 II』(당대, 1997), 380쪽.

로 병영집체훈련의 폐지를 요구하는 농성과 시위가 다음 입소 차례였던 서울대와 서강대를 비롯해 여러 대학으로 확산되었다.[99]

5월 2일 서울대에선 개교 이래 최대 인원인 1만 명 이상의 학생들이 참석한 가운데 비상학생총회가 열렸다. 학생들은 그 전날 총학생회 운영위원회가 병영집체훈련 반대투쟁을 철회하는 대신 '계엄해제' '유신잔당퇴진' '정부개헌중단' 등을 슬로건으로 내걸고 본격적인 정치투쟁을 하기로 결정한 것에 대해 격렬한 찬반토론을 벌였다. 학생들은 "더 큰 것을 얻기 위해 작은 것은 버리자"는 총학생회의 결정을 추인하였다. 그날 서울대 비상학생총회는 신군부와 유신잔당의 대표로 지목되었던 전두환과 신현확의 허수아비를 만들어 화형식을 거행하는 등 본격적인 정치투쟁에 나설 것임을 예고하였다.[100]

이와 같은 정치투쟁 노선은 다른 대학들에서도 받아들여졌고, 5월 3일부터 각 대학 총학생회가 대학간 공식적인 연대방안을 모색한 끝에, 5월 9일 고려대 총학생회장실에서 전국 23개 대학의 대표들이 모인 가운데 '총학생회장단 회의'를 개최하기에 이르렀다. 이들은 계엄해제와 유신잔당 퇴진을 요구하면서 관제언론을 비난하는 성명을 발표했다. 그러나 학생들은 항간에 유포된 '대학생들의 5·15 총궐기설'이 신군부의 쿠데타 구실이 될 수 있다는 등의 이유로 당분간 교내시위만 계속 하기로 합의했고, 이같은 원칙은 5월 12일 서울대에서 열린 제2차 회의에서도 재확인되었다.[101]

그런데 총학생회장단의 이같은 결정을 뒤집어엎게 만든 사건이 발생했으니, 그건 바로 '5·12 군부쿠데타설 사건'이었다. 신군부의 공작이 개입되었던 것인지 쿠데타설은 꽤 그럴듯했고, 그래서 이를 믿은 총학생

99) 한국일보 정치부, 『빼앗긴 서울의 봄: 청와대 실록』(한국문원, 1994), 115쪽.
100) 한국일보 정치부, 위의 책, 117쪽.
101) 한국일보 정치부, 위의 책, 117~118쪽.

회장단은 그날 밤 농성장의 학생들에게 피신하라는 연락까지 취했다. 그러나 아무 일도 일어나지 않았고, 이로 인해 그간 온건노선을 지향하던 총학생회 주류측은 치명적인 타격을 입게 되었다.[102]

5월 13일 학생들은 드디어 학내를 벗어나 거리로 뛰어나가기 시작했다. 연세대생들이 주축이 된 서울시내 6개 대학생 2500명이 세종로 일대에서 야간 가두시위를 벌이고, 고려대 등 서울시내 7개 대학이 철야농성에 들어감으로써 대학생들과 신군부의 충돌은 전면전으로 접어들기 시작했다. 학생들은 거리에서 최규하와 신현확, 그리고 전두환의 화형식을 벌이기도 했다.[103]

신군부의 북한 남침설 유포

신군부는 학생들의 시위를 '불순분자들의 책동'으로 몰아갔고, 이런 상황에서 글라이스틴은 김대중과 김영삼을 만나 학생들의 자제를 위해 노력해줄 것을 당부했다. 그러나 신군부는 학생시위가 북한의 사주에 의한 것이라고 주장하면서 북한 남침설 위협까지 유포시켰다. 이미 5월 12일 비상국무회의에선 중앙정보부 담당국장이 휴전선 동태에 대해 다음과 같이 보고하였다.

"일본 방위청으로부터 북괴 특수8군단이 자취를 감추었다는 연락을 받았다. 미측으로부터는 직접 확인하지는 못했으나 중공을 통해 간접적으로 확인했다. 북괴 내에서는 상당수의 친소 인물들이 부상하고 김일성은 외교부장 허담을 대동, 유고에서 브레즈네프를 만났다. …… 이같은 상황으로 보아 북괴의 침투 가능성이 높다."[104]

---

102) 한국일보 정치부, 『빼앗긴 서울의 봄: 청와대 실록』(한국문원, 1994), 119~120쪽.
103) 윌리엄 글라이스틴, 황정일 역, 『알려지지 않은 역사』(중앙M&B, 1999), 171쪽.
104) 이도성, 〈K(king)-공작 계획〉, 김충식·이도성 공저, 『남산의 부장들 3』(동아일보사, 1993), 151쪽.

3김은 이러한 남침 위협설을 심각하게 받아들였다. 김영삼은 5월 12일 박권흠 대변인을 통하여 신현확 총리로부터 '5.15~20 남침설'을 전해 듣고 "사실인 것 같다"는 반응을 보였으며, 같은 날 신현확 총리로부터 이 소식을 들은 김종필은 즉각 당직자들에게 이 내용을 전달했다. 김대중은 5월 13일에 기자회견을 열어 자신의 입장을 이렇게 표명하였다.

"만일 북한이 무력에 의한 야욕을 성취하려는 음모가 있을 때는 이 사람부터 선두에 서서 투쟁할 것을 선언한다. 질서를 지키고 사회안정을 유지해서 북한측에 오판의 자료를 주지 않도록 해야 한다. 사회혼란 조성을 피하겠다는 대학총학생회장들의 결의를 충심으로 환영한다."[105]

여야 정치권이 5월 12일에 국회소집에 합의한 이상 이제 국회만 열리면 계엄해제는 이루어지게 돼 있었다. 이런 상황에서 의문의 '휴전선 총격전'이 일어났다. 미 국방부가 발표한 내용은 다음과 같았다.

"주한미군 순찰대가 5월 12일 밤 10시 30분, 남북한을 갈라놓은 비무장지대 공동관리구역 남방에서 '정체불명의 사람들'과 소규모 총격전을 벌였으나 사망자는 없었다. 미군순찰대가 이날 비무장지대 공동관리구역 남방에서 정체를 알 수 없는 사람들과 자동소화기를 동원한 소규모 총격전을 잠시 벌였다."[106]

이러한 '휴전선 총격전' 발표를 통해 정국의 위기감은 고조되었지만, 이 사건의 진상은 그후 밝혀지지 않았고, 또 누구도 밝히려 하지 않았다. 그렇다면 당시 미국의 실제적인 입장은 어떠하였나? 훗날 이에 대한 미 국정부의 성명은 다음과 같았다.

"위컴 장군은 5월 13일 전두환 장군과 만났다. 숫장군은 북한이 학생 시위를 뒤에서 조종하고 있고 남침의 결정적인 시기가 가까워졌을지도

---

105) 이도성, 〈K(king)-공작 계획〉, 김충식·이도성 공저, 『남산의 부장들 3』(동아일보사, 1993), 152쪽.
106) 이도성, 위의 책, 155쪽.

모른다고 말했다. 위컴 장군은 북한으로부터 침공이 임박했다는 징조는 없다고 대답했다. 위컴 장군은 그가 북한으로부터의 위협을 강조하는 것은 청와대의 주인이 되기 위한 구실에 불과한 것 같다고 보고했다."[107]

신군부의 음모

5월 14일 새벽 4시 30분에 고려대 총학생회장실에 모인 서울지역 27개 대학의 총학생회대표 40명은 학생시위의 가두진출 여부를 놓고 토론한 끝에 "우리의 평화적 교내시위는 이제 끝났다. 교문을 박차고 나가 싸울 것이다"고 결의했다. 문교부장관 김옥길은 기자회견을 통해 학생들의 자제를 당부했다.

"교문밖을 뛰쳐나와 가두시위를 벌이는 일은 자율화의 한계를 벗어난 것이다. 교문밖 시위는 현실적으로 계엄령하의 포고령 위반이다. 사태가 악화되면 법대로 처리할 수밖에 없지 않으냐."[108]

당시 상황에 대해 김대중은 다음과 같이 회고했다.

"5월 13일 학생들의 시위를 보고 14일 학생들에게 자제를 촉구하는 원고 8장을 써서 동아일보에 보냈습니다. 동아일보에서도 1면 톱으로 보도하겠다고 했어요. 그러나 계엄당국은 나의 평화호소문을 신문에서 삭제해버렸습니다. 그래서 15일에 기자회견을 해 다시 호소했지요. 혼란은 일부 정치군인들이 집권을 위해 조성한 것입니다."[109]

김대중은 자서전에서 5월 14일에 있었던 '간담이 서늘한 일'을 다음과 같이 밝히고 있다.

---

107) 이도성, 〈K(king)-공작 계획〉, 김충식·이도성 공저, 『남산의 부장들 3』(동아일보사, 1993), 153쪽.
108) 이도성, 위의 책, 153쪽.
109) 이도성, 위의 책, 153쪽.

오후 2시쯤 재야민주세력 지도자 문익환, 이문영, 예춘호, 이 해동씨가 찾아왔다. 그들은 몹시 흥분해 있었다. 전날의 집회에 고무되어 금방이라도 세상이 뒤집혀질 것 같은 환상을 갖고 있었다. 문목사는 나에게 성명서를 보이면서 서명을 요구했다. 이미 윤보선 전 대통령은 서명한 뒤였다. 그 서명에 실린 요구는 엄청난 것이었다.

"모든 군인들은 무기를 놓고 병영을 나와라. 모든 노동자들은 해머를 놓고 공장을 떠나라. 모든 상인들은 문을 닫고 철시하라. 모든 국민들은 가슴에 검은 리본을 달고 장충단 공원으로 모여라."

이런 내용이었다. 나는 어처구니가 없었다. 그들이 상황을 얼마나 자의적으로 해석하고 있는지 성명서 속에 그대로 반영되고 있었다.

군인에게 전선을 방치하고 나오라는 것은 도대체 무엇이란 말인가? 물론 당사자들로서는 계엄군과 후방부대에 한한 것이었겠지만, 문서 내용은 그냥 '군'으로 되어 있었다. 비상계엄중에 이런 성명을 낸다면 즉결처분되어도 불평할 수 없었다.

나는 강경하게 반대하고 3시간 격론 끝에 일반적인 국민의 요구인 '계엄령 즉시해제'와 '전두환, 신현확 퇴진'으로 압축한 성명을 다시 썼다. 나중에 안 사실이지만, 만약 그때 그런 성명을 냈더라면 목숨이 몇개가 있어도 부족했다고 나를 담당했던 수사관이 슬쩍 말해주었다. "상부에서는 원안대로 성명이 나갔더라면 하고, 얼마나 아쉬워했는지 모른다"고 했다.[110]

---

110) 일본NHK취재반 구성, 김용운 편역, 『역사와 함께 시대와 함께: 김대중 자서전 2』(인동, 1999), 116~117쪽.

언론은 신군부의 완전한 통제하에 놓여 있었다. 일본 국회의원단이 등소평을 방문했을 때 '북한의 남한 침공은 불가능하다'는 애기를 들었다는 내용(5월 14일), 프랑스『르몽드(Le Monde)』가 '북한 남침 가능성 없다'고 보도한 내용(5월 14일), 그리고 학생데모에서 나온 "김일성은 오판마라. 반공전선 이상없다"는 구호도 신문엔 전혀 보도되지 않았다. 당시 문공부 보도담당관으로 재직하면서 보안사 언론대책반에 파견되어 근무했던 김기철의 증언이다.

"결정적인 순간이 다가오면서 학생들의 시위와 관련해서 긍정적으로 비칠 만한 대목은 모조리 삭제했어요. 일반국민의 동정이나 동조를 차단하자는 것이지요. 그리고 혼란을 부채질한 측면이 있습니다. 국가적 관점에서 보면 정말 무책임한 일인데 결국 자기들(신군부)이 내세운 정의나 개혁에 자신이 없었던 것이지요. 자신이 있는 사람들이 무엇 때문에 비판세력을 겁냈겠습니까."[111]

동족의 이성을 믿은 과오

5월 14일 서울지역 대학생들이 총궐기 및 가두시위 시도에 맞서 신군부는 오전 8시 50분에 '소요 진압본부'를 개설하고 진압군 투입지시를 내렸다. 5월 14일 정오엔 7만여 명의 대학생들이 서울 중심가에 운집했으며, 지방 11개 대학 수만여 학생들도 가두로 진출했다. 이날 신민당은 국회의원 이기택을 비롯한 66명의 명의로 비상계엄 해제건의안을 국회에 제출했으며, 5월 15일에 발표된 지식인 134인의 시국선언문도 다음과 같이 비상계엄 해제를 요구하였다.

"오늘의 난국은 기본적으로 19년간 독재정권의 반민중적인 경제시책

---

111) 이도성, 〈K(king)-공작 계획〉, 김충식 · 이도성 공저, 『남산의 부장들 3』(동아일보사, 1993), 156~157쪽.

80년 5월 15일, 서울역 앞엔 서울시내 30개 대학의 학생 10만 명이 운집해 '계엄철폐'를 요구했다. 지도부는 이날 밤에 시위대를 해산하는, 이른바 '서울역 회군'을 단행했는데 이는 학생운동 진영에 '무학논쟁'을 일으켰다.

과 철권정치의 소산이다. 이는 민주발전을 저해하는 비상계엄령의 장기화로 빚어진 필연적인 사태 악화다. …… 비상계엄령은 즉각 해제되어야 한다. 비상계엄령은 10·26, 12·12 사태 등 전적으로 집권층의 내부사정에서 선포된 것으로써 이는 분명히 위법일 뿐만 아니라 정치발전을 저해하는 가장 큰 요인으로 최규하 과도정권은 평화적 정권이양의 시기를 금년 안으로 단축시키는 것은 물론 그 일정을 구체적으로 밝힐 것을 요구한다."[112]

---

112) 김정남, 〈김대중 내란음모사건과 지식인 134인 선언〉, 『생활성서』, 2003년 2월, 47쪽에서 재인용.

5월 15일 오후 3시경 서울역 앞엔 서울시내 30개 대학의 학생 10만 명이 운집해 '계엄철폐'를 외치면서 민주화 일정을 제시할 것을 요구했다. 신군부의 진압군도 시내도처에 진주했는데, 이같은 대결 상황은 서울뿐만 아니라 부산, 대구, 광주, 인천, 목포, 청주, 춘천, 천안 등도 마찬가지였다. 서울역 광장에 운집한 대학생들은 신군부와 최규하정권에 대한 대규모 성토대회를 열었다. 임시연단으로 설치한 버스지붕 위에 올라선 연사들이 "서울역을 사수하자"고 외치고 시위대는 박수로 호응했다.

총학생회장단은 서울역 광장에 있던 서울대 마이크로버스와 서울역 대합실 그릴을 임시본부로 정하고 사후대책 논의에 들어갔는데, 오후 8시 30분경 시위를 해산하고 철야농성을 위해 교내로 돌아가기로 결정했다. 8시 50분부터 시위대는 썰물처럼 빠져나가기 시작했으며, 9시 40분경 해산에 반대하던 고려대(총학생회장 신계륜) 학생 2천여 명이 시청 앞까지 행진한 뒤 해산함으로써 서울역 앞 시위는 막을 내리고 말았다.[113] 이것이 소위 말하는 '서울역 회군'(回軍)이다. 이에 대해 이도성은 다음과 같이 말한다.

"시민들의 호응이 없는 상황에서 야밤중에 군인들과 충돌하는 것은 현명치 못하다고 학생지도부는 판단했다. 신군부의 여론조작이 그 위력을 남김없이 발휘한 결과였다. 시위가 거짓말처럼 사라지고 평온을 되찾은 가운데 5월 16일이 밝았다. 그러나 신군부의 쿠데타는 멈추지 않고 계속됐다."[114]

후일 당시 서울대 총학생회장이었던 심재철은 그때의 상황을 이렇게 토로한다.

"5월 15일 서울역에서 학생들이 퇴각을 하게 됩니다. 그것은 이 운동

113) 한국일보정치부, 『빼앗긴 서울의 봄: 청와대 실록』(한국문원, 1994), 126~127쪽.
114) 김충식·이도성 공저, 『남산의 부장들 3』(동아일보사, 1993), 160쪽.

에 있어서 결정적인 과오였습니다. 그같은 결정적인 오류가 광주에서의 대학살로 이어져버렸습니다."[115]

그러나 심재철을 비롯하여, '서울역 회군'에 동의했던 그 누구도 이틀 후에 5·17 계엄확대가 터져나오고 또 그 다음날부터 광주에서 대학살이 저질러질 것이라고 짐작이나 할 수 있었겠는가? 광주학살은 인간의 두뇌론 상상하기 어려운 일이었다고 봐야 하지 않을까? 당시 학생지도부의 과실이라면, 인간, 아니 한국인이라는 동족의 이성을 믿은 게 아니었을까?

---

115) 1988년 11월 30일 국회광주특위 청문회 증언. 한국일보 정치부, 『빼앗긴 서울의 봄: 청와대 실록』(한국문원, 1994), 121쪽에서 재인용.

무학논쟁

'서울역 회군'은 학생운동 진영에 뜨거운 이론논쟁을 불러일으켰다. 이른바 무림노선과 학림노선 사이의 논쟁, 즉 '무학논쟁'이 바로 그것이다.[a] 당시 학생운동에서 서울대의 영향력은 절대적이었는데, 서울대 총학생회는 무림파였다.

무림파는 신군부에 대해 "극우반동의 구실을 주지 말되 학원 내에서 상대방에게 끊임없이 압력을 가해, 개헌→선거→보수야당의 집권이라는 정치일정이 무난히 이루어지게 한다"는 구상을 갖고 있었다.[b]

반면 국민대 출신의 이태복과 전남대 출신의 윤상원이 주창하는 학림노선은 당시 영향력은 지극히 미약하였지만, '혁명적이어야 한다'는 당위적 주장을 내걸고 학생운동세력의 적극적인 동원을 시도했으며 노동현장 예비팀을 만들어 노동현장에 가 있는 선배들과 연계시키는 작업을 시도하기도 했다.[c] 박성현은 '서울역 회군'과 관련하여 무림노선에 대해 다음과 같이 밝힌다.

> 무림의 동요와 무기력을 보여주는 가장 단적인 예는 80년 5월
> 12일 쿠데타 루머 때 무림의 대처방법이다. 이날 오후 6시경 경인
> 지역의 각 대학에는 "서부전선에서 남북한간에 대규모 교전이 터
> 졌다. 오늘 밤 안으로 군이 학원에 들어온다"는 루머가 조직적으

---

a) 이러한 명칭의 근원은 확실치 않다. '무림'이란 이름에 대해서는 학내의 중심조직을 파괴하려던 경찰이 수사상 별다른 '조직'이 발견되지 않자, 오리무중이라는 뜻에서 '무림'이라고 이름붙였다는 설이 있다. 강신철 외, 『80년대 학생운동사』(형성사, 1988), 21쪽.
b) 박성현, 〈무학 논쟁〉, 중앙일보사 편, 『80년대 한국사회 대논쟁집』(중앙일보, 1990), 241쪽.
c) 박성현, 〈무학 논쟁〉, 위의 책, 241~243쪽.

로 유포되었다. 무림은 "학교를 비우고 귀가하여 다음 지시를 기다리라"는 명령을 서울지역 각 대학에 내렸다. 결국 이날 지도부의 행태는 13일부터 대중의 맹렬한 비판을 받게 되어 14일 새벽 무림은 '캠퍼스 압력론'을 폐기하고 가두 시위로 나서게 된다.

여기에서 짚고 넘어가야 할 특징은 5월 14, 15일 서울에서 있었던 연인원 20만 명이 참여한 대규모 시위에 있어서 단 한 건의 유인물이나, 단 한 명의 연사도 제대로 준비하지 못했다는 점이다. 나아가 이미 4월 초순경 무림조직 내부에서 "10만 명이 참여하는 대중집회에 대한 통솔방법, 유인물 인쇄방법, 함석헌응급의 연사 초치방법 등의 준비가 시급하다"는 건의가 있었다가 묵살됐었던 점을 상기할 필요가 있다.

......

무림 일변도였던 학생운동권의 많은 학생들이 학림노선에 속속 동조하게 됨으로써 무학논쟁은 질적으로 다른 국면으로 접어든다. 즉 본격적인 정파투쟁, 다시 말하자면 노선의 차이에 근거한 정파투쟁이 성립하게 된 것이다. ...... 학림은 (특히 서울대의 경우) '무림으로부터의 개종자'들로 이루어졌으며 수배중인 무림조직원들을 동원하여 81년 봄학기에 서울대 시위를 주도했다. 또한 이 기간에 전국적으로 약 20여 건의 학원시위를 만들어냈다.[d]

80년 12월 11일 서울대생들이 학생식당과 도서관 앞에서 〈반파쇼학우 투쟁선언문〉을 살포하면서 교내시위를 전개해 9명이 구속되고, 이후

---

d) 박성현, 〈무학 논쟁〉, 중앙일보사 편, 『80년대 한국사회 대논쟁집』(중앙일보, 1990), 242~243쪽.

80여 명의 학생이 연행돼 장기수사를 받은 사건을 소위 '무림사건'이라 한다. 81년 6~8월 5공정권의 집중수사를 받아 '학림' 그룹 학생 12명이 구속된 사건을 소위 '학림사건'이라고 하며, 이 수사과정에서 발단이 되어 부산에서 '부림사건'이 일어나게 된다.[e]

e) 강신철 외, 『80년대 학생운동사』(형성사, 1988), 21~22쪽.

5·17 계엄확대

피에 굶주린 신군부의 공작

5월 16일 55개 대학 학생대표 95명이 오후 5시에 이화여대에 모여 제 1회 전국대학총학생회장단 회의를 개최하였다. 이 회의는 다음날까지 계속되었다. 같은 날, 4월 통합협상 결렬 이후 다시 만난 김영삼과 김대중은 '계엄해제' '정부주도의 개헌 포기' 등 6개항의 시국수습책을 냈지만, 학생과 양김 모두 신군부의 음모를 저지하기엔 역부족이었다.

무엇보다도 이미 언론이 신군부에 의해 장악돼 있었기 때문에 국민 대중과의 커뮤니케이션이 불가능했다. 신군부의 언론 검열은 어떤 식으로 이루어지고 있었던가? 당시 동아일보 기자였던 김재홍의 기록을 살펴보자.

> 5월 16일 아침. 서울시청 2층
> 계엄사 검열단의 실무 총책임자인 '강(姜) 보좌관'(이상재씨의

당시 가명)의 사무실은 1층에 따로 있었다. 그 방에서 그날그날의 검열지침이 정해진다.

"아니 데모하는 놈들이 담배꽁초를 주웠다니."

"그래서 어쩌겠다는 거야. 박수라도 치라는 거 아냐."

이날의 검열지침은 이렇게 정해졌다.

▲ 학생들의 행위를 미화(美化) 또는 지지하는 식의 보도 불가.

▲ 시위학생이 청소, 교통정리 했다는 보도 불가

▲ 학생구호 중 '김일성은 오판 말라' '반공정신 이상 없다' 등은 불가.

▲ 경찰이 동료부상에 흥분, 학생들과 육탄전을 벌였다는 것 등은 불가.

이 검열지침은 즉시 시청 3층에 있던 검열반의 흑판에 쓰여졌다. 당시 각 대학의 학보들도 이곳에서 검열을 받았다. 검열받으러왔던 모대학 학보사의 학생기자가 고개를 갸우뚱하며 물었다.

"저런 행동을 보도하는 것까지 왜 안된다는 것입니까?"

여기에 대해 정훈장교인 검열관들은 답변하질 못했다. 그 이유를 잘 알고 있을 정치군인들도 말을 하지 않았다. 그것은 곧 있을 5·17조치를 정당화하기 위해 함정을 만드는 것이었다.[116]

신군부는 이미 이때부터 피를 부르기 위해 만반의 준비를 갖추고 있었던 것이다. 바로 그 날 오후 10시 10분, 원유가 폭등에 대처하기 위해 5월 10일 출국해 중동순방을 하고 있던 최규하가 김포공항에 도착했다. 예정보다 하루 일찍 급히 귀국한 것이었다. 왜 그랬을까? 이미 신군부가 결정한 전국계엄을 발표하기 위한 '얼굴 마담' 노릇을 하기 위해 그랬던

116) 김재홍, 〈80년대 신군부와 6공의 민군관계〉, 『군부와 권력』(나남, 1992), 160쪽.

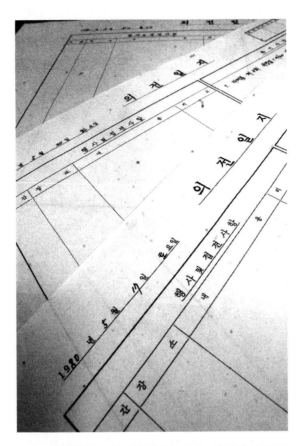

80년 5·17 계엄확대를 전후로 거의 공란으로 남아 있는 최규하 대통령 당시의 의전일지. 이는 당시 최대통령이 신군부의 위세에 눌려 대통령으로서의 권한과 역할을 제대로 수행하지 못했거나 외부 인사들과 접촉이 철저히 차단돼 있었음을 입증하는 자료로 볼 수 있다.

것으로 보인다. 달리 생각할 길이 없다. 『뉴스위크』 6월 2일자 보도를 보자.

"5월 17일, 각료들이 국무회의 소집을 통보받았다. 장관들이 도착했을 때 그들은 계단과 복도에 줄지어 선 군인들을 볼 수 있었다. 신현확 총리와 주영복 국방장관이 회의실에 들어섰다. 신총리가 의사봉을 세 번

두드리자 주 국방장관은 현 계엄령이 전국으로 확대되었다고 발표했다. 전 각료들은 서명하도록 요구받았다. '우리는 입을 다물고 있었지요. 아무런 토론도 없었답니다.' 김옥길 문교부장관이 말했다."[117]

외부와의 전화선까지 단절돼 있는 상황에서 토론이 있을 리 없었다. 비상국무회의가 시작된 지 10분 만인 밤 9시 40분에 이른바 5·17 전국계엄이 의결된 것이다. 밤 11시 40분, 신군부의 불쌍한 꼭두각시가 된 최규하는 정부 대변인인 문공부장관 이규현을 시켜 5월 17일 24시(5월 18일 0시)를 기해 비상계엄을 전국으로 확대한다고 발표했다. 아니 신군부가 준 원고를 낭독케 한 것이다.

최규하는 특별성명을 통해 "이 중대한 시기에 일부 정치인, 학생 및 근로자들의 무책임한 경거망동은 이 사회를 혼란과 무질서, 선동과 파괴가 난무하는 무법지대로 만들고 있어 우리 국가는 중대한 위기에 직면해 있다"면서 "이러한 상태가 더이상 계속된다면 우리의 국기마저 흔들리게 할 우려가 없지 않아 단안을 내리지 않을 수 없게 된 것"이라고 말했다.[118]

짜여진 각본에 따른 계엄령

그러나 전국계엄령은 눈 가리고 아웅 하는 격이었다. 전국계엄은 그동안 지역계엄 대상지역에서 제외되어 있던 제주도를 포함시키는 것에 불과했지만, 실제로는 지역계엄하에서 대통령-국방부장관-계엄사령관으로 되어 있던 통수계통이 대통령-계엄사령관으로 바뀌는 의미를 갖고

---

117) 김정남, 〈광주민주화운동의 전야: 전두환 군부와 남도의 저항〉, 『생활성서』, 2002년 10월, 44쪽에서 재인용.
118) 김문, 〈이기백 장군〉, 『장군의 비망록:격동의 현대사를 주도한 장군들의 이야기 II』(별방, 1998), 42쪽에서 재인용.

있었다. 이미 허수아비, 아니 꼭두각시에 불과하긴 했지만, 민간정부의 내각 기능이 공식적으로도 정지되고 모든 걸 군이 마음대로 할 수 있게 된 것이었다.[119]

계엄 전인 16일 국방부에서는 군단장급 이상 전군 주요 지휘관회의가 긴급 소집되었었다. 회의안건은 '시위대 진압에 군을 투입할 것이냐' 였다.[120] 회의장소는 국방부장관실이었지만, 이보다 앞서 당시 육군참모총장 이희성은 총장실에서 주요 지휘관들을 모아놓고 이날의 안건에 대해 사전 리허설을 하기도 했다. 국방부장관 주재회의에 앞서 지휘관들끼리 입을 맞추자는 의도였다. 그러나 사전 리허설은 '군 투입'과 관련 찬반 양론으로 나뉜 채 합의를 이끌어내지는 못했다. 리허설 후, 지휘관회의가 이어졌다. 회의를 주재한 사람은 국방장관 주영복이었다. 주영복은 다음과 같이 말했다.

"국가적 위기에 놓여 있습니다. 북괴도발에 대비해야 할 시점에 학생들의 데모 등으로 사회가 혼란해져가고 있습니다. …… 군이 이제 나서서 수습을 해야 한다는 뜻에서 여러분들의 의견을 모아 대통령의 재가를 받고자 합니다. …… 사회혼란을 야기시키는 불순분자들이 많습니다. 이 기회에 군이 적극 나서서 수습을 해야 한다고 생각합니다."[121]

군수기지사령관 안종훈이 군 개입에 대해 완곡하게 반대의 뜻을 밝히자, 이번에는 특전사령관 정호용이 분위기를 잡았다.

"현재는 소수가 다수를 지배하는 시대입니다. 만약 이것을 놔두면 점점 위험해집니다. 국회가 개회되면 국가를 오도할 사례가 많아집니다. 소수 주장을 허용해서는 안됩니다. 다수가 군 개입을 지지하고 있습니다."[122]

---

119) 이계성, 『지는 별 뜨는 별: 청와대 실록』(한국문원, 1993), 318쪽.
120) 김문, 〈전성각 장군〉, 『장군의 비망록: 격동의 현대사를 주도한 장군들의 이야기 I 』(별방, 1998), 277쪽.
121) 김문, 위의 책, 278쪽에서 재인용.
122) 김문, 위의 책, 279쪽에서 재인용.

신군부의 5·17 계엄 확대 각본은 치밀했다. 언론의 완전 장악, 대통령과 각료들의 완전 통제, 전군 주요 지휘관회의와 '묻지마' 결정 강제, 여러 유형의 희생자 설정, 김대중과 김영삼의 분리를 통한 지역분열주의. 사진은 79년 11월의 전두환 계엄사 합동수사본부장.

표면적으로는 군 투입을 두고 찬성과 반대가 팽팽하게 맞선 것처럼 보였지만, 당시 3군단 사령관 전성각은 "이날 회의는 군을 떠날 각오를 하지 않고서는 반대의견을 낼 수 없는 분위기인 것으로 기억된다"고 증언했다.[123]

결국 이날 회의에 참석한 44명의 육·해·공군의 주요 지휘관들은 군투입과 관련해 별다른 이의를 제기하지도 못하고 명부에 서명을 하고 자리를 떴다.[124] 당시 지휘관들은 아무런 내용도 적혀 있지 않은 백지에 서

---

123) 김문, 〈전성각 장군〉, 『장군의 비망록: 격동의 현대사를 주도한 장군들의 이야기 I』(별방, 1998), 279쪽에서 재인용.
124) 김문, 위의 책, 279쪽.

명을 했지만,[125] 이 백지에 어떤 내용이 채워졌는지는 곧 드러났다.

계엄을 선포하는 특별성명에서 최규하는 지휘관들의 강력한 요구가 담긴 서명용지와 지휘관들의 결의안에 의거해 계엄을 선포한다고 말했다.

최규하의 말에 의하자면 16일 진행된 지휘관회의에서 5·17 계엄확대를 요구하는 지휘관들의 제안이 나왔다는 것이다. 그러나 당시 3군단 사령관이었던 전성각은 "이날 회의에서는 계엄확대를 한다는 말은 한마디도 없었다"고 증언한다.[126] 이 주요 지휘관회의에 전두환은 참석하지 않았고, 회의 끝에는 내용도 없는 백지연명서만 나돌아 참석자들이 이름을 썼을 뿐이다.[127]

신군부 실세에 들지 못한 지휘관들도 무슨 영문인지 알 길이 없었다. 모든 건 신군부 실세 중심으로 정교한 각본이 짜여져 있었다. 군사작전을 하듯, 역할분담도 철저히 이루어졌다. 김정남은 이렇게 말한다.

"5월초부터 그들은 비상계엄의 전국확대와 그에 따라 취하여야 할 조치들을 마련하기 시작하였다. 즉 전두환의 지시에 의하여 허화평, 허삼수, 이학봉, 권정달 등은 비상계엄의 전국확대, 국회해산, 비상대책기구 구성 등을 골자로 하는 시국수습방안을 준비했고, 전두환, 노태우, 유학성, 황영시, 차규헌, 정호용 등은 이를 수시로 검토했다. 그리고 이희성, 주영복에게도 이를 설명, 협조가 약속되어 있었다. 이와 함께 이학봉 등은 예비검속 대상자, 권력형 부정축재를 이유로 재산을 몰수할 대상자, 정치활동을 금지할 대상자까지 이미 선정해놓고 있었다."[128]

---

125) 김문, 〈전성각 장군〉, 『장군의 비망록: 격동의 현대사를 주도한 장군들의 이야기 I 』(별방, 1998), 279쪽.
126) 김문, 위의 책, 277쪽에서 재인용.
127) 김충식, 〈전두환 인사과장, 부장되어 돌아오다〉, 『남산의 부장들 2』(동아일보사, 1992), 368쪽.
128) 김정남, 〈광주민주화운동의 전야: 전두환 군부와 남도의 저항〉, 『생활성서』, 2002년 10월, 45쪽.

고문으로 조작한 '김대중내란 음모사건'

계엄사 이름으로 발표된 포고령 10호에 의거해 18일 새벽부터 정치활동이 전면 중단되었고 정치목적의 옥내외 집회 및 시위도 금지되었다. 그리고 대학에는 휴교령이 내려졌다. 전국계엄이 발표된 지 얼마되지 않은 18일 새벽 2시경 무장한 제33사단 병력이 국회를 점령해 사실상 헌정 중단 사태가 발생했다.

전두환은 미리 준비한 치밀한 전국계엄 시나리오를 가지고 있었다. 보안사령부는 비상계엄이 전국으로 확대되기 이전인 16일 전군 보안부대 수사과장회의를 소집해, 17일 24시를 기해 계엄이 전국으로 확대된다는 사실과 검거할 블랙리스트 8백여 명을 통보했다. 5월 17일 수배령이 떨어진 사람 가운데 6백여 명이 체포되었고, 신문과 방송은 수배자들의 명단과 죄목을 경쟁하듯 쏟아냈다.[129]

신군부는 후일 '김대중내란 음모사건'으로 알려진 사건의 조작을 위해 김대중을 비롯한 37명을 내란음모 혐의로 체포하였다. 계엄사의 발표문은 "김대중은 해방 직후부터 좌익활동에 가담한 열성 공산주의자였으며 해외에서 북괴의 노선에 동조하는 반국가단체인 '한민통'(한국 민주회복 통일 촉진국민회의)을 만들었으며 이들 불순분자들과 근래에도 접촉해왔다"고 주장했다.[130]

---

129) 정연주, 『정연주의 워싱턴 비망록 1: 서울-워싱턴-평양』(비봉출판사, 2002), 79쪽. 5·17계엄확대는 신군부의 이른바 '싹쓸이' 권력재편 수단이었는데, 이에 대해 당시 중앙정보부 국장이었던 한 인사는 다음과 같이 증언했다. "싹쓸이 업무분담은 보안사와 헌병대가 권력형 부정축재자를, 경찰은 대학생과 재야를, 정보부는 김대중씨를 비롯한 정치인을 맡았다. 역시 일이 힘을 낳는다는 것을 실감할 수 있었다. 가장 어려운 일에 속하는 정치인 처벌과 규제를 다루면서 정보부의 가려진 힘은 되살아나기 시작했다. 보안사의 실력으로는 도저히 불가능한 일을 남산이 해낼 수 있다는 걸 순장군 등도 인정하기 시작했다. 5·17에서 국보위, 그리고 5공으로 넘어가는 과정에 정보부의 법률 조언역은 손진곤 판사(92년 10월 안기부차장), 이건개(92년 서울지검장), 정경식(92년 부산지검장), 박철언 검사(14대 의원)들이었다." 김충식, 〈전두환 인사과장, 부장되어 돌아오다〉, 『남산의 부장들 2』(동아일보사, 1992), 371쪽.
130) 이경재, 〈민중의 승리: 5·17에서 6·29까지〉, 『신동아』, 1987년 8월, 174쪽에서 재인용.

체포 당시 김대중은 부인과 자식들이 지켜보는 가운데 검을 단 총이 앞뒤에서 겨누는 가운데 끌려갔고, 당시 김대중의 비서, 경호원 등도 체포됐다. 김대중이 체포되기 전부터 학생시위를 배후 조종한 혐의로 신군부가 김대중을 체포할 것이라는 소문은 파다하게 퍼져 있었다. 이런 소문을 듣고 주한미국대사 글라이스틴은 대통령 비서실장 최광수에게 김대중을 체포하는 것은 "볏단에 불을 들고 뛰어가는 것"과 같다고 경고했지만,[131] 신군부는 이런 경고에 개의치 않았다.

김대중 이외에도 문익환, 김동길, 인명진, 고은, 리영희 등 수많은 민주화운동 지도자들이 사회혼란 및 학생노조 배후조종을 했다는 이유로 체포되었으며, 이들 가운데엔 많은 언론인들도 포함돼 있었다. 송건호, 노향기, 이경일, 김동선, 안양노 등 많은 언론인들이 팬티 바람에 몽둥이 찜질, 고춧가루고문, 물고문 등 온몸이 만신창이가 될 정도로 혹독한 고문을 당했다.[132] 고문은 모두 한결같이 김대중은 빨갱이라는 걸 인정하라는 것과 김대중과의 관계를 대라는 것이었다.

55일간의 무자비한 고문

김대중의 비서 김옥두의 증언이다.

"내가 그들의 요구를 거절하자 내 양팔을 의자 뒤로 수갑을 채운 채 그들은 거의 미친 짐승처럼 발을 동동 구르면서 내 몸을 지근지근 짓밟아댔다. 그들은 인간의 탈을 썼되, 도무지 인간이라고 부를 수 없는, 마치 악마의 얼굴처럼 보였다. …… 고문이 어느 정도였냐 하면 고문에 못이겨 나도 모르게 기절을 해서 깨어나보니 팔뚝에 링거가 꽂혀 있었고,

131) 돈 오버도퍼(Don Oberdofer), 이종길 역, 『두 개의 한국』(길산, 2002), 201쪽에서 재인용.
132) 〈팬티바람에 몽둥이찜 칠성판에 물고문까지 "죽는 줄 알았다"〉, 『일요신문』, 1996년 2월 11일, 16면.

이마는 일곱 바늘이나 꿰매져 있었다. 그리고 왼쪽 고막은 터져 진물이 흐르고 있었다. 온몸은 어느 한곳 성한 데가 없었고 팬티와 러닝셔츠는 핏물이 스며들어 마치 걸레 조각처럼 지저분했다. 낮인지 밤인지 분간할 수 없고, 오늘인지 내일인지 기억할 수도 없는, 그 중앙정보부 지하실에서 약 두 달 동안 지옥에 처박혀진 듯 온갖 수모와 고통을 참아야 했다."[133]

언론계에 대한 신군부의 탄압은 기자협회에 집중되었는데, 모두 9명이 체포되어 모진 고문을 당했다. 『기자협회보』 편집실장 김동선의 증언이다.

"고문은 그 덩치 큰 자가 도맡아하는 듯 그가 몽둥이를 들더니 발바닥을 때리기 시작했다. 통증은 처음보다 나중이 더 심해 몽둥이질이 계속되자 도무지 견디지 못할 지경에까지 이르렀다. 비명을 질렀고 수사관들은 마치 집도의(執刀醫)처럼 칠성판 주위를 선 채로 둘러싸고 '빨리 불어. 김대중에게 얼마 받았어. 그리고 조직을 대'라고 다그쳤다. 그런 사실이 없다고 소리만 울부짖었다. 그러자 지휘관인 듯한 수사관이 '안되겠어. 이놈에게도 물을 먹여'라고 지시했다. …… 코에 수건을 갖다댄 뒤 입을 틀어막으며 주전자 물을 코에 붓기 시작했다. 숨이 막혀 곧 죽을 것 같았지만 몸이 묶여 있어 어쩔 도리가 없었다. …… 이 고문은 끊임없이 계속됐다. …… 이 고문이 어찌나 지독했던지 후유증으로 그날부터 피오줌을 쌌고, 고열로 수사가 일시 중단되기도 했다."[134]

이문영은 "중앙정보부에 55일간 갇혀 있는 동안 끔찍한 비명소리와 함께 조사관들이 누구를 어떻게 때렸다는 무용담을 많이 들었다"면서 "죽는 것보다 맞는 게 더 힘들다는 것을 그때 알았다"고 말했다.[135]

---

133) 일본NHK취재반 구성, 김용운 편역, 『역사와 함께 시대와 함께: 김대중 자서전 2』(인동, 1999), 124쪽에서 재인용.
134) 한국기자협회 · 80년 해직언론인협의회 공편, 『80년 5월의 민주언론: 80년 언론인 해직백서』(나남, 1997), 73쪽에서 재인용.
135) 이진희, 〈"공작금 편취 진술강요 당해" "모친상 당한날 음모라니…"〉, 『국민일보』, 2002년 11월 22일, 30면.

신군부는 사건을 조작하기 위해 마구잡이로 끼워넣기를 했고 온갖 추잡한 방법까지 다 동원했다. 한완상은 "공소장에 내란음모를 꾸민 5월 11일은 어머님이 돌아가신 날이어서 문상 온 친구들도 모두 내란죄를 저지른 셈이 됐다"고 말했다.[136] 소설가 송기원은 "신군부는 '고은 시인이 김대중 대통령에게 공작금 100만 원을 받아 50만 원은 가로채고 50만 원만 내게 줬다'는 치사한 진술을 강요했다"면서 "고문에 '예'라고 인정한 뒤 한동안 글을 쓸 수 없었다"고 말했다.[137]

김대중과 김영삼의 분리 음모

신군부는 민주인사들을 검거하는 것에 대한 관심을 돌릴 목적으로 권력형 부정축재 혐의자 체포를 끼워넣었다. 그런 각본하에 김종필, 이후락, 박종규, 김진만, 김치열, 오원철, 이세호, 장동운 등은 권력형 부정축재로 잡혀갔다. 당시 신민당 총재였던 김영삼의 집엔 소총을 휴대한 수경사의 헌병 등이 배치되어 김영삼을 외부와 격리시켰다. 이와 관련해 손호철은 다음과 같이 말한다.

"여기에서 주목할 점은 두 야당지도자 중 김영삼 신민당 당수는 구속대상에서 제외됐고 김대중만이 구속됐다는 사실이다. 신군부는 정권장악의 마지막 장애물인 민중세력을 공격, 세칭 '시민사회'를 장악하기 위해 민주화진영을 분열시켜 그 힘을 약화시킬 필요성이 있었고 이를 위해 재야 민중세력과 좀더 직접적인 연계를 유지해왔고 박정희정권의 오랜 정치공작에 따라 '급진적' 이미지가 국민들 사이에 유포되어 있으며 지역기반 역시 소외된 호남인 김대중을 내란혐의의 구속대상으로 삼는 전

---

136) 이진희, 〈공작금 편취 진술강요 당해〉 "모친상 당한날 음모라니…"〉, 『국민일보』, 2002년 11월 22일, 30면.
137) 이진희, 위의 글.

략적 선택을 한 것이다. 따라서 그것이 의도된 것이든 그렇지 않든 신군부는 광주·호남민들의 강한 반발이라는 효과를 초래할 '전략적 선택'을 했다고 볼 수 있다."[138]

이후의 역사를 내다보고 말한다면, 신군부가 저지른 가장 큰 범죄행위는 바로 이처럼 지역분열주의 공작을 펼쳤다는 점이었다. 만약 김영삼과 그 측근들도 체포되어 모진 고문과 시련을 받았더라면, 광주학살극이 과연 가능했을까? 단지 광주학살에 대한 소문에 의해서라도 영남지역이나 서울에서 대규모 동조 시위가 발생하지 않았을까? 부질없는 가정인가?

---

138) 손호철, 『현대 한국정치: 이론과 역사 1945~2003』(사회평론, 2003), 360~361쪽.

'인간 사냥'을 위한 '화려한 휴가'

광주의 저항을 기다린 음모

계엄령 선포 후, 세상은 쥐죽은듯 조용해졌지만 광주에서는 시위가 계속되고 있었다. 신군부는 특전사 소속 7여단과 11여단 병력을 광주로 내려보냈다. 이른바 '충정훈련'으로 이미 '인간폭탄'이 돼 있는 병력이었다. 5월 17일 오후 광주 상무대 전투교육사령부에선 공수부대병력 1천여 명이 작전개시 준비를 마치고 명령이 떨어지기를 기다리고 있었다. 작전명령은 '화려한 휴가'였다. 그러나 그 '휴가'는 차마 필설로 다하기 힘든 '인간사냥'을 위한 것이었다.

비슷한 시각에 전남대 총학생회에는 한 여학생의 다급한 목소리가 실린 전화가 걸려왔다. "서울의 각 대학 학생회장단들이 모두 계엄당국에 연행되어갔다"는 소식이었다. 계엄군에 의해 전국적인 규모의 체포령이 내려졌다고 판단한 전남대 회장단은 일단 무등산장으로 피신했다.[139]

저녁 9시, 전남대 회장단은 시내의 대지호텔로 옮겼다가 사태의 심각성을 깨닫고 각자 피신하기로 결정했다. 밤 11시부터 민주화운동 주도세력이었던 청년 및 재야인사들에 대한 체포가 시작되었다. 당시 상황을 황석영은 이렇게 묘사한다.

"그들은 심야에 안방으로 군화를 신은 채 들어가 권총을 들이대고 울부짖는 가족들을 떼어 팽개치며 개 끌 듯 민주인사들을 끌고 갔다. 초저녁부터 잠복근무하던 경찰과 보안사 요원들은 민주화운동의 핵심적인 청년, 교수, 각 운동단체의 책임자들을 검거했다. 간신히 체포를 모면한 인사들은 광주 외곽으로 피신하거나 지하로 잠적했다. 전국학생지도부가 불시에 체포되어버린 것과는 달리 전남대 학생회장단은 피신에는 성공했으나, 학생대중들은 그때까지의 단일화된 운동의 지도부가 증발해버리고 그 기능을 발휘하지 못하게 되자 조직적인 비상 대중동원 능력이 상실된 채 방치상태에 놓이게 된다."[140]

밤 11시 40분, 문공장관 이규현은 5월 17일 24시를 기해 비상계엄을 전국으로 확대한다고 발표했다. 계엄확대가 발표되고 두 시간이 지난 후, 전남대와 조선대 캠퍼스에 특전사가 투입되었다. 16일의 횃불시위를 마치고 학교에 계속 나와 정부의 반응을 주의깊게 살피고 있던 학생들이 습격을 받아 가혹한 구타를 당했다. 대부분의 학생들은 학교 본부건물에 감금되었으며, 운이 좋았던 몇몇 학생들은 강의실 옥상과 변소로 기어올라 파이프를 타고 내려와 무사히 빠져나왔다.

이와 관련, 김정남은 이렇게 말한다.

"5·18반란사건에 대한 재판과정에서 전두환 등은 구차하게 변명하기를, 광주민주화운동은 시위와 진압이 예상외로 악화되어 발생한 것일 뿐, 미리 강경진압을 공모·계획한 일이 없다고 주장하였다. 그러나 재

---

139) 전남사회운동협의회 편·황석영 기록, 〈민중항쟁의 발단〉,『죽음을 넘어 시대의 어둠을 넘어: 광주 5월 민중항쟁의 기록』(풀빛, 1985, 13쇄 1995), 29~30쪽.
140) 전남사회운동협의회 편·황석영 기록, 위의 책, 30쪽.

판과정을 통하여, 전두환 신군부는 5월초, 시국수습 방안을 모색할 당시부터 이미 국민들이 크게 반발, 저항할 것을 예상하고 이에 대비하여 '강력한 탄압'의 방법으로 시위진압을 하도록 평소에 훈련된 공수부대를 투입할 것을 계획하였고, 비상계엄을 전국으로 확대하기 전에 미리 전국의 대학과 주요 보안목표에 계엄군을 투입하였음이 밝혀졌다. 17일 밤에 이미 특전사 7공수여단 소속 장교 94명, 사병 680명이 M16 소총 등을 휴대하고 전남대학교와 조선대학교를 점거, 당시 학교 잔류 학생들에 대한 구타행위를 자행하였다. 더구나 지역정서상 커다란 반발이 예상되는 김대중을 계엄확대와 동시에 체포한 것 등에 비추어볼 때, 이들은 처음부터 광주시민들의 저항이 있을 것을 충분히 예상하고, 계엄군의 조기투입과 강경진압을 획책하였음이 명백한 것이다."[141]

'피의 강, 울음의 바다'가 된 거리

5월 18일 오전 10시, 휴교령이 내린 상태에서 전남대 정문 앞에 모여든 학생 1백여 명과 무장 공수대원이 대치하였다. 200~300명 정도로 수가 불어나자 학생들은 "계엄해제" "계엄군 물러가라" "휴교령 철회하라"라는 구호를 외치기 시작했다. 곧 대치중이던 공수부대 책임자가 "돌격 앞으로" 명령을 내렸고, 공수대원들은 학생들에게 파고들면서 곤봉을 휘둘렀다. 그 곤봉은 쇠심이 박힌 살상용 곤봉으로, 이를 맞은 몇몇 학생들이 피를 흘리며 쓰러졌다.

학생시위대가 시내로 이동하자, 계엄군은 11시 50분경 페퍼포그 등을 이용하여 가톨릭센터, 광주역, 광주고속터미널 인근에서 가혹한 진압작전을 시작하였다. 오후 2시 가톨릭센터 앞에서 시위가 가열되면서 시위

---

141) 김정남, 〈광주민주화운동의 전야: 전두환 군부와 남도의 저항〉, 『생활성서』, 2002년 10월, 46쪽.

인원이 늘어났다. 당시 가톨릭센터 앞에서 시위를 주도했던 이상승의 증언이다.

"70년대 후반 이 지역 민주화운동의 거점은 곧 가톨릭센터였다. 5월 18일 당시만 해도 가톨릭센터에는 가톨릭농민회, 노동청년회, 정평 등이 한자리에 모여 민주화운동의 진원지로서의 역할을 수행하고 있었다. 이같은 상황은 뚜렷한 지도부가 부재한 당시 시위대를 가톨릭센터로 이끄는 요인으로 작용했다. 당시 군부세력 또한 이같은 점을 충분히 인식하고 있었으며 이로 인해 가톨릭센터 앞을 차지하기 위한 공방은 치열할 수밖에 없었다."[142]

오후 3시 공용터미널에 공수특전단이 투입되었다. 이들은 무슨 짓을 저질렀던가?

"공수대원들은 서너 명이 1개조가 되어 학생처럼 보이는 청년들을 무조건 쫓아가서 곤봉으로 머리를 때리고 공을 차듯이 가슴과 배를 내질렀다. 시위 군중은 불과 십여 분도 못되어 산산이 흩어져버렸다. 공수대원들은 골목마다 뛰어다니면서 주변에 숨어 있는 청년들을 두들겨 패고 나서 손목을 뒤로하여 포승으로 묶고는 차에 던져올렸다. 차 위에서는 무전병이 기다리고 있다가 체포되어 올라온 즉시 발가벗기고 굴비 엮듯 엎드리게 하고는 계속 난타했다. 거리에는 일시에 살기가 맴돌았고 골목마다 비명과 흐느낌이 요란했다. 어떤 경우는 터미널 뒤편의 막다른 골목까지 달아난 학생이 드디어 잡히게 되자 자지러지게 무릎을 꿇으며 살려달라고 연신 빌었다. 대문에 나와 내려다보던 할아버지가 너무도 애처로워 몸으로 가리면서 봐달라고 사정하자, 공수대원은 '비켜 이 새끼!' 하면서 할아버지를 곤봉으로 내리쳤다. 할아버지는 피를 뒤집어쓰며 고꾸라졌고 쫓겼던 학생은 돌을 집어 들었으나 공수대원은 가차없이 곤봉으

142) 광주매일 正史 5·18 특별취재반, 『正史 5·18 상(上)』(사회평론, 1995), 165쪽.

'왜 쏘았지/왜 찔렀지/트럭에 싣고 어딜 갔지' "전라도 새끼 40만은 전부 없애버려도 끄덕없다." 머리로만 이해하는 광주항쟁은 광주와 호남에 또 한번의 깊은 상처를 안겨줄 수 있다. 광주항쟁은 머리와 더불어 가슴으로 이해되어야 한다.

로 후려친 뒤에 대검으로 등을 쑤시고는 다리를 잡아 질질 끌고 길거리로 나갔다."[143]

최정운은 다음과 같이 말한다.

"공수부대 병사들은 마음껏 모든 가능한 폭력을 행사하였다. 첫날부터 대검을 사용하고, 지나친 폭력에 항의하는 할머니, 할아버지들에게 입에 담지 못할 욕을 해대며 무지막지하게 구타하고, 여성들에게 폭행하고 옷을 찢고 심지어 젖가슴을 대검으로 난자하였다."[144]

박남선의 증언이다.

143) 전남사회운동협의회 편·황석영 기록, 〈산발적이고 수동적인 저항〉, 『죽음을 넘어 시대의 어둠을 넘어: 광주 5월 민중항쟁의 기록』(풀빛, 1985, 13쇄 1995), 49쪽.
144) 최정운, 『오월의 사회과학』(풀빛, 1999), 124쪽.

"공수 놈들이 여고생을 붙잡고 대검으로 교복 상의를 찢으면서 희롱하고 있었다. 그 광경을 보고 있던 60살이 넘어 보이는 할머니 한 분이 '아이고! 내 새끼를 왜들 이러요?' 하면서 만류하자 공수놈들은 '이 씨팔 년은 뭐냐? 너도 죽고 싶어?' 하면서 군화발로 할머니의 배와 다리를 걷어차 할머니가 쓰러지자 다리와 얼굴을 군화발로 뭉개버렸다. 그리고 그들은 여학생의 교복 상의를 대검으로 찢고 여학생의 유방을 칼로 그어버렸다. 여학생의 가슴에서는 선혈이 가슴 아래로 주르르 흘러내렸다."[145]

공수부대원들의 그런 만행을 숨을 죽이며 지켜본 시민들은 '이게 인간의 세상인가?' 하는 놀라움과 두려움에 통곡했다. 황석영의 기록이다.

"어느 할아버지는 '저럴 수가 있단 말이냐. 나는 일제 때에도 무서운 순사들도 많이 보고, 6·25 때 공산당도 겪었지만 저렇게 잔인하게 죽이는 놈들은 처음 보았다. 학생들이 무슨 죄가 있길래 저러는가. 죄가 있다고 해도 저럴 수는 없다. 저놈들은 국군이 아니라 사람의 탈을 쓴 악귀들이야' 하면서 통곡했다. 어느 중년의 사내는 '나는 월남전에 참전해서 베트콩도 죽여봤지만, 저렇게 잔인하지는 않았다. 저런 식으로 죽일 바엔 그냥 총으로 쏴 죽이지. 저놈들을 죽여버려야 해' 하면서 오열을 터뜨렸다. 온 거리는 피의 강, 울음의 바다가 되었다."[146]

이선(당시 23세)이 다음과 같이 말하는 것도 무리는 아니다.

"지금에 와서 생각해보면 그들은 '미움받는 백성, 한 많은 백성 전라도 사람'들을 하나의 인간이 아니라 개, 돼지로 본 것이 아닌가 하는 생각이 든다. 그들은 도망가는 사람의 등뒤에서 착검한 총을 휘둘렀고 잡은 사람을 때릴 때도 얼굴이나 머리를 주로 때렸다."[147]

---

145) 박남선, 『피고인에게 사형을 선고한다』(샘물, 1988, 제2판 1999), 121~122쪽.
146) 전남사회운동협의회 편·황석영 기록, 『죽음을 넘어 시대의 어둠을 넘어: 광주 5월 민중항쟁의 기록』(풀빛, 1985, 13쇄 1995), 51쪽.
147) 한국현대사사료연구소 편, 『광주오월민중항쟁사료전집』(풀빛, 1990), 1112쪽.

상부의 명령이 없었는가?

19일 오전 공수부대원들의 만행은 극에 이르렀다. 최정운은 "광주시민들은 공수부대의 그런 행위를 도저히 이해할 수 없었다"며 다음과 같이 말한다.

"대한민국 국군병사들이 대도시 중심가에서 백주에 보이는 대로 남녀노소를 가리지 않고 그 끔찍한 진압봉으로 패고, 대검으로 찌르고, 발가벗긴 채 비인간적인 기합을 주고, 트럭에 짐짝처럼 실어가는 것은 도저히 이해할 수 없는 일이었다."[148]

공수부대원들의 그런 만행은 다분히 의도적인 것이었음을 다음의 증언을 통해 알 수 있다.

"공수부대원의 살육은 분명히 의도적인 듯했다. 가능한 한 많은 시민들이 보는 앞에서 그와 같은 살육을 자행하고, 시민들이 이 광경을 보며 분노와 안타까움에 발을 구르면 더 신이 나서 해대는 것이었다."[149]

5월 20일 전남대 강의실로 끌려간 강길조의 증언이다.

"공수대원들은 상당수가 월남전 얘기를 입에 올리기를 잘했는데, 그 중 한 명은 대검을 빼어들고, '이 대검은 월남에서 베트콩 여자 유방을 사십 개 이상 자른 기념 칼이다'라고 자랑하며 그 대검으로 앞사람의 더벅머리를 탁 쳤다. 머리카락이 잘려나가면서 스포츠 머리처럼 되었다."[150]

공수부대의 잔혹성에 대해 최정운은 이렇게 말한다.

"공수부대의 주축인 하사관들의 상당수는 당시 월남전 경력을 갖고 있었고, 이 과정에서 잔인한 행위가 몸에 배고 그에 대한 기술을 터득하고 있었을 것이다. 특히 많은 시민들이 치를 떤 것은 공수부대가 젊은이

---

148) 최정운, 『오월의 사회과학』(풀빛, 1999), 98쪽.
149) 최정운, 위의 책, 72쪽에서 재인용.
150) 한국현대사사료연구소 편, 『광주오월민중항쟁사료전집』(풀빛, 1990), 1451쪽.

들에게 잔인한 행위를 하며 즐기는 듯한 모습, 얼핏 비치는 묘한 미소 그리고 서로 '낄낄대는' 모습이었다. 공수부대의 시위진압은 '과감한 타격'을 넘어 '우리는 인간이 아니라 짐승이며 악귀다' 그리고 '우리에게 너희들은 사람이 아니다'라는 메시지를 전하고 있었다. 공수부대는 당시 문명사회가 수많은 재원을 투자해서 정교하게 만들어낸 야만이자 악마였다."[151]

최정운은 '공수부대의 특수한 훈련'에 초점을 맞추면서 "공수부대의 광적인 폭력행사를 상부의 지시나 명령에 의한 것으로 볼 근거는 없다"고 말한다.[152]

그러나 이는 비단 공수부대뿐만 아니라 군의 명령전달 방식에 대한 이해부족에서 나온 견해인 것으로 보인다. 또 공수부대원들이 광주투입 직전에 더욱 특수하게 받은 '충정훈련'이야말로 전두환을 우두머리로 삼고 있는 신군부의 지시와 명령에 의한 것이었다는 걸 감안한다면, 그런 표현엔 문제가 있는 것으로 보인다.

공수부대의 만행은 신군부의 의도된 만행

당시 시민군에게 붙잡힌 공수부대원은 광주에 배치받기 전 3일 동안이나 식량배급을 받지 못했을 뿐만 아니라, 투입되기 직전에는 소주를 공급받았다고 증언했다. 물론 이들은 공산주의자들의 폭동을 진압하기 위해 광주에 투입되는 것으로 알고 있었다.[153]

그 어떤 잔인한 전쟁에서도 '상부'는 적의 살해방법까지 구체적으로

---

151) 최정운, 『오월의 사회과학』(풀빛, 1999), 125~126쪽.
152) 최정운, 위의 책, 124~125쪽.
153) Report From Kwangju (Washington, DIC: North American Coalition for Human Rights in Korea, 1980), p. 6; 최영진, 『한국지역주의와 정체성의 정치』(오름, 1999), 286~287쪽에서 재인용; 한국현대사사료연구소 편, 『광주오월민중항쟁사료전집』(풀빛, 1990), 1304쪽.

지시하지는 않는 법이다. 광주에서 저질러진 만행은 적어도 정황상 상부의 지시에 의한 것으로 보아야 한다. 전두환 일당에게 직접적인 책임이 있다는 것이다. 광주학살은 하루 이틀도 아니고 열흘간에 걸쳐 자행되었는데, 신군부 우두머리들이 광주에서 무슨 일이 벌어지고 있는지 그걸 몰랐다고 말할 수 있을까? 잘 알고 있으면서도 그대로 내버려뒀다면, 그게 실질적인 지시가 아니고 뭐냐는 것이다.

"아들이 쏜 총에 어린애가 맞아 죽었을지도 모른다는 거예요. 술만 취하면 광주에서 못된 짓을 했기 때문에 죄를 받고 있다며 울지요."

80년 5·18 당시 '진압군'에 참여했던 과거로 인해 지금까지 극심한 우울증에 시달리고 있는 이성우의 어머니가 그로부터 15년이 지난 95년에 한 말이다.[154)

사람을 죽인 건 순간 미쳤기 때문이라고나 할 수 있겠지만, 붙잡혀온 시민들을 대상으로 ① 워커발로 얼굴 문질러버리기 ② 눈동자를 움직이면 담뱃불로 얼굴이나 눈알을 지지는 '재털이 만들기' ③ 발가락을 대검날로 찍는 '닭발 요리' ④ 사람이 가득찬 트럭 속에 최루탄 분말 뿌리기 ⑤ 두 사람을 마주 보게 하고 몽둥이로 가슴 때리게 하기 ⑥ 며칠째 물 한모금 못 먹어 탈진한 사람에게 자기 오줌 싸서 먹이기 ⑦ 화장실까지 포복해서 혀 끝에 똥 묻혀오게 하기 ⑧ 송곳으로 맨살 후벼파기 ⑨ 대검으로 맨살 포 뜨기 ⑩ 손톱 밑으로 송곳 밀어넣기[155) 등과 같은 악행들을 저질렀다는 건 무얼 의미하는 걸까?

상무대에서건 그 어디에서건 붙잡혀온 사람들에 대해 신군부의 병사들이 저지른 악행은 문자 그대로 '지상의 지옥'이었다.[156) 공수부대원이

---

154) 『일요신문』, 1995년 10월 1일자.
155) 한국현대사사료연구소 편, 『광주오월민중항쟁사료전집』(풀빛, 1990), 814, 917, 1011, 1452~1453, 1483쪽; 박남선, 『피고인에게 사형을 선고한다』(샘물, 1988, 제2판 1999), 156~157쪽; 최정운, 『오월의 사회과학』(풀빛, 1999), 259~262쪽.
156) 한국현대사사료연구소 편, 위의 책, 927쪽.

아닌 20사단 군인들까지 행여 질세라 경쟁적으로 그런 악행을 저질렀다는 건 평소 받아온 '공수부대의 특수한 훈련'과는 무관한 것이며 광주에서의 민주화 시위만큼은 특별하게 다루라는 '상부'의 지시 없이는 가능한 일이 아니었다는 점에 주목해야 하지 않을까?

또 공수부대 장교들이 "전라도 새끼 40만은 전부 없애버려도 끄떡없다"는 말을 내뱉었다거나, 붙잡혀온 사람들을 고문하면서 한결같이 김대중의 지령을 받았다고 강요하거나, "김대중이가 니 애비냐?" "김대중이가 밥 먹여주냐?" "김대중이가 빨갱이인 줄 몰랐냐" 따위의 말을 수없이 퍼부었다는 건 무얼 의미하는가?[157] 어떻게 해서든 광주항쟁을 김대중의 음모와 공작으로 만들겠다는 발악이 상부의 지시가 없는데도 나왔겠느냐는 것이다.

5월 20일 한동안이나마 공수부대원들이 전혀 다른 태도를 보이기도 했다는 건 모든 게 상부의 지시에 따른 의도적인 광란극이었음을 말해주는 증거로 보아야 할 것이다. 황석영의 기록이다.

"공수부대의 진압방법은 어제와는 좀 다른 데가 있었다. 그들은 M16 소총에다 착검을 하지 않았고 말씨도 공손했다. 어제까지 광란하던 공수부대가 교체되면서 새로운 작전망령이 내려진 것 같았다. 이들 중에는 완연한 호남 사투리를 쓰는 자도 있었고 술에 취해 벌겋게 충혈된 눈도 보이지 않았다."[158]

또 광주항쟁 때 계엄사 전남북분소장으로 5월 27일 전남도청 진압작전을 주도했던 소준열 전투병과교육사령관이 "당시 공수부대의 과잉진압을 나무라자, 5월 24일 전두환 보안사령관이 '공수부대의 사기를 죽이지 말라. 지나친 질책은 곤란하다'는 항의편지를 보내왔다"고 증언했

157) 한국현대사사료연구소 편, 『광주오월민중항쟁사료전집』(풀빛, 1990), 1453쪽.
158) 전남사회운동협의회 편·황석영 기록, 『죽음을 넘어 시대의 어둠을 넘어: 광주 5월 민중항쟁의 기록』(풀빛, 1985, 13쇄 1995), 80쪽.

다는 것도 참고할 필요가 있을 것이다.[159)

"우리 국민성이 그렇게 잔인한가?" 한때 교편을 잡았던 황남열은 광주에서 저질러진 잔인무도한 악행들을 겪으면서 그런 반문을 수없이 했다고 한다.[160) 그 잔인성은 바로 전두환을 위시한 신군부 우두머리들의 속성이 아니었을까? 박정희 18년 ·체제가 키워온 폭력의 불씨에 그 폭력성의 정수라 할 신군부세력이 집권목적을 위해 기름을 퍼부어 나타난 결과가 아니겠느냐는 것이다.

그러한 신군부를 지지했던 일부 국민들도 완전히 면책될 수는 없겠지만, 그들의 무지를 깨우쳐주기 위한 노력을 계속해야 하지 않을까? 왜 광주시민들을 위시한 호남인들이 선거 때마다 그 신군부를 뿌리로 삼고 있는 정당에게 표를 줄 수 없는지 그 이유에 대해 깨달을 때가 이젠 되지 않았을까?

죽음조차 보잘것없는 것으로 만든 만행

5월 19일에 저질러진 공수부대의 만행은 어찌나 잔인했던지 진압하러 나온 경찰조차 시민들에게 울먹이면서 "제발 집으로 돌아가라. 공수부대에게 걸리면 다 죽는다"고 애원할 정도였다.[161) 그러나 공수부대의 만행은 죽음조차 아주 보잘것없는 것으로 만들어버렸다. 죽는 걸 겁낼 이유가 없게끔 그들의 만행이 초현실적인 것이었다는 뜻이다. 금남로 3가에서 벌어진 한 장면을 보자.

"주위의 노인들이 공수대원의 폭력을 만류하자 그들은 노인들의 머리

---

159) 이수범, 〈"공수부대 사기 죽이지말라" 전씨, 과잉진압 질책 항의편지〉, 『한겨레신문』, 1995년 12월 11일, 23면.
160) 한국현대사사료연구소 편, 『광주오월민중항쟁사료전집』(풀빛, 1990), 997쪽.
161) 전남사회운동협의회 편·황석영 기록, 『죽음을 넘어 시대의 어둠을 넘어: 광주 5월 민중항쟁의 기록』(풀빛, 1985, 13쇄 1995), 60쪽.

를 곤봉으로 후려쳤다. 노인들도 머리에서 피를 뿜으며 쓰러졌다. 이런
모습을 도망치며 바라본 시위 군중들은 어디서 그런 힘이 솟았는지 일시
에 돌아섰다. 그리고는 '좋다, 다 죽여라!' 하면서 공수부대에 정면으로
달려들었다."[162]

　무엇이 이들로 하여금 죽음도 겁내지 않게 만들었던 걸까? 황석영은
이렇게 말한다.

　"공수부대의 폭력의 잔인성은 잠재된 민중들의 투쟁의 역량을 폭력적
인 방향으로 대응, 분출시키게 하는 자극적인 기폭제로 작용하게 만들었
고, 공포가 사라지고 치열한 연대감과 증오만이 남게 되었다. 민중은 자
신의 심연에 들어 있는 생존에 대한 가치, 인간의 존엄성에 대한 신뢰에
의하여 등장하게 되는 자신들의 근원적 폭력성을 발휘하기 시작하면서
싸움은 곧 공세적 국면으로 접어들게 된 것이다."[163]

　5월 20일 금남로에서 벌어진 2백여 대 영업용 택시들의 '차량 시위'
가 발생하게 된 이유도 다르지 않았다. 그 전날 어떤 일이 벌어졌던가?

　"로타리 부근 전투에서 머리가 으깨지고 팔이 부러져 온통 피범벅이
된 부상자를 급히 병원으로 이송중이던 택시기사에게 공수대원이 부상
자를 내려놓으라고 명령했다. 기사는 안타깝게 '당신이 보다시피 지금
곧 죽어가는 사람을 병원으로 운반해야 되지 않겠느냐'라고 호소하자 그
공수대원은 차의 유리창을 부수고 운전기사를 끌어내려 대검으로 무참
하게 배를 찔러 살해했다. 이런 식으로 최소한 3명의 운전기사가 살해당
했는데, 이는 다음날인 20일, 또하나의 기폭제였던 '차량 시위'의 직접
적인 계기가 된다."[164]

---

162) 전남사회운동협의회 편 · 황석영 기록, 『죽음을 넘어 시대의 어둠을 넘어: 광주 5월 민중항쟁의 기록』(풀
　　빛, 1985, 13쇄 1995), 65쪽.
163) 전남사회운동협의회 편 · 황석영 기록, 위의 책, 61~62쪽.
164) 전남사회운동협의회 편 · 황석영 기록, 위의 책, 72쪽.

화염방사기로 태우고 탱크로 깔아뭉개고

대검만으론 모자랐던 걸까? 20일 오후부터는 심지어 화염방사기까지 사용하였다. 2시 30분경 공수부대는 화염방사기를 쏘아 여러 명의 시민들이 그 자리에서 타 죽었다.[165]

5월 20일 밤 8시 40분쯤에 MBC가 불타오르기 시작했다. 사람들은 MBC 앞에 모여들어 "계엄군 물러가라" "관재언론 MBC를 불태워라"고 외쳤다.

전날 밤 TV를 보며 느낀 충격과 분노 때문이었을까? 황석영의 기록이다.

"시민들은 혹시나 자신들의 운명에 관한 새로운 소식이 TV를 통해 방영되지 않을까 기대하면서 모두 열심히 시청했지만, TV에서는 아무런 상관도 없는 연속극이나 오락 프로만 아무 일 없었다는 듯이 방영되고 있었다. 그들은 텔레비전을 보면서 이글이글 타오르는 분노를 느꼈다. 한쪽에서는 죄 없이 같은 동포가 절규하며 죽어가고 있는데, 저 텔레비전의 다리를 흔들어대는 춤은 누구를 위한 것인가 하는 배신감이었다. 시민들은 이제 어느 누구도 이 싸움이 더이상 젊은 학생들의 문제만은 아니라는 것을 똑똑히 절감하고 있었다. 바로 이러한 감정들이 다음날 문화방송국을 불질러버릴 수밖에 없도록 만들었다."[166]

---

165) 최정운, 『오월의 사회과학』(풀빛, 1999), 137쪽.

166) 전남사회운동협의회 편·황석영 기록, 『죽음을 넘어 시대의 어둠을 넘어: 광주 5월 민중항쟁의 기록』(풀빛, 1985, 13쇄 1995), 77쪽. 광주 MBC엔 누가 불을 질렀는가. 방화원인이 시위중이던 시민들에 의한 집단방화인지, 아니면 제3의 의도적인 방화자가 있는지에 관한 진실은 여전히 규명이 안된 상태이다. 여태까지 시위군중에 의한 집단방화로 알려진 이 화재사건이 왜 의혹으로 남아 있는가. 그 실마리는 전옥주(당시 가두방송자)와 서채원(당시 목격자)의 증언 때문이다. 전옥주는 당시 시민들과 함께 방송국으로 들어가 광주의 진상을 있는 그대로 방송해줄 것을 요구했다. 그러나 방송측은 이들의 요구를 거부했을 뿐만 아니라 1층 셔터를 내려 시민들의 접근을 막았다. 이어 방송국에 들어갔던 시민들과 방송국측이 계속 '방송을 해라' '못한다' 싸움을 벌이고 있는 사이 방송국 전원장치가 있는 쪽에서 펑 하는 소리와 함께 불이 났다. 얼마 안 있어 시민들이 셔터 문을 부수고 들어왔을 때는 이미 불이 타고 있는 상황이었다. 서채원의 증언은 다음과 같다. "약 4백여 명의 시민들이 MBC에 진입, 공정보도를 촉구하고 있었다. 방송국의

불에 타고 있는 MBC 쪽으로 계엄군의 탱크가 쳐들어왔다. 박남선의 증언이다.

"그때였다. 갑자기 노동청 쪽에서 계엄군의 탱크 한 대가 굉음을 울리며 무서운 속도로 달려오면서 시민들을 깔아뭉개기 시작하였다. 모여 있던 시민들은 갑자기 나타난 탱크에 처절한 비명을 울리며 골목과 담을 넘어 달아나기 시작했으나 일부 시민들은 탱크에 으깨어지고 말았다. 탱크가 지나간 길에는 수많은 사람들이 산산이 으깨어지고, 부상당하고 죽어가고 있었다."[167]

MBC 이외에도 KBS와 세무서도 불에 탔다. 신군부는 이 방화들을 '폭도론'의 증거로 TV 등을 통해 계속 보여주었다.[168]

5월 20일 밤 11시 30분, 광주역 부근에선 제3공수대대가 소총 사격을 실시했다. 최초로 집단발포에 의한 사상자를 낸 것이다.

"3공수여단장은 최세창 준장이다. 3여단은 80년 5월 19일 밤 용산역을 출발, 광주로 향한다. 5월 20일 새벽, 광주역에 도착한 이들은 군용 트럭으로 전남대로 이동, 가면을 취한 뒤 밤 9시 출동명령을 받는다. 군수과 요원에게서 실탄 120발씩을 지급받는다. 전남대에서 신역까지 도보로 이동하면서 아스팔트와 건물을 향해 사격을 실시한다. 트럭 위에서는 M60이 엄호사격을 하면서 한 발 한 발 신역을 향해 다가간다. 사병들을 향해 고함치기 시작한다. '후퇴는 없다. 후퇴하면 모두 쏴죽인다.'"[169]

문은 굳게 잠겨져 있었다. 시민들 중에서 몇몇이 목재소에서 큰 나무기둥을 가져왔다. 50~60명의 시민이 굳게 닫혀진 문을 강타했다. 문을 부수고 들어왔을 때는 이미 불이 타고 있는 상황이다. 전기를 만질 줄 아는 사람이었던 것 같은데 그가 방송국 옆에 매달린 변압기를 손댄 순간 불길이 인 것 같다. 그와 때를 같이 해서 노동청 쪽에서는 공수대가 갑자기 장갑차를 몰고 나타났다. 불을 켜고 전진해오는 장갑차는 마치 무슨 괴물 같았다. 이리저리 장갑차를 피하느라 방송국 앞은 아수라장이 돼버렸다. 아마 의도적으로 누군가가 방송국에 불을 낸 것이 아닌가 본다." 광주매일 正史 5·18 특별취재반, 〈10일간의 항쟁〉, 『正史 5·18 상』(사회평론, 1995), 269~270쪽.

167) 박남선, 『피고인에게 사형을 선고한다』(샘물, 1988, 제2판 1999), 42~43쪽.
168) 최정운, 『오월의 사회과학』(풀빛, 1999), 145쪽.
169) 광주매일 正史 5·18 특별취재반, 〈10일간의 항쟁〉, 『正史 5·18 상』(사회평론, 1995), 274~275쪽. 이 사건에 대한 자료는 1989년 1월 광주청문회 당시 민주당의원 김영진에 의해서 제출되었다. 김영진은 80년

'피와 통곡의 바다'가 된 금남로

땅에서만 그런 가공할 진격작전을 전개했던 게 아니다. 5월 21일 오전 공중에선 헬기가 땅을 향해 기총사격을 해댔다.[170] 월남전이 따로 없었다. 도대체 광주시민들은 무슨 죽을 죄를 지었던 걸까?

5월 21일 오전 10시경 금남로엔 10만이 넘는 시민들이 모여 있었다. 시민들은 일단 정오까지 공수부대를 시외곽으로 철수시키도록 하겠다는 약속을 믿고 기다리고 있던중이었다. 약속한 정오가 지나도 아무런 변화가 없었다. '속았다'며 흥분한 시민들 중 일부가 차량을 동원해 공수부대원들의 저지선 붕괴를 시도하는 등 한 시간 남짓 실랑이가 벌어졌다. 오후 1시 정각, 건물 외부에 설치된 확성기를 통해 애국가가 울려퍼지기 시작했다. 그건 공수부대의 집단발포를 알리는 신호였다. 광주시민들을 몰살하겠다는 것이었을까? 시민들은 공수부대의 집단발포를 정면으로 맞고 쓰러지기 시작했다. 이 현장에서 최소한 54명의 사망자와 500명 이상의 총상자가 발생했다.[171]

박남선의 증언이다.

"공수놈들은 같은 동족을 살상하고도 쓰러진 사람들을 옮기지 못하게 연발로 위협사격을 해대었다. 아직도 공수부대놈들의 사격선 부근에서 부상한 채로 살려달라고 외치는 시민들의 애원소리는 처절했고, 이는 그것을 바라보는 시민들의 피를 끓게 했다. 공수놈들은 아직 죽지 않고 아스팔트 바닥 위에서 살려달라고 애원하는 시민들을 구하려고 뛰어나가는 시민들에게조차 사격을 가해 사살해버렸다. 부근 건물의 벽에 바짝

당시 3공수여단 본부대원이었던 이상래와의 면담결과를 증거자료로 제출하였다.
170) 전남사회운동협의회 편·황석영 기록, 『죽음을 넘어 시대의 어둠을 넘어: 광주 5월 민중항쟁의 기록』(풀빛, 1985, 13쇄 1995), 118쪽; 한국현대사사료연구소 편, 『광주오월민중항쟁사료전집』(풀빛, 1990), 188쪽.
171) 광주매일 正史 5·18 특별취재반, 『正史 5·18 상(上)』(사회평론, 1995), 284~285쪽.

붙어서 이 광경을 보고 있던 시민들은 모두가 울고 있었다."[172]

이를 두고 최정운은 다음과 같이 말한다.

"순식간에 금남로는 피와 통곡의 바다가 되었다. 공수부대는 도청과 주변의 건물에 숨어 보이는 사람들마다 저격하였다. 1시 30분경에는 한 청년이 장갑차 위에서 윗통을 벗고 태극기를 높이 휘날리며 도청을 향해 '광주 만세!'를 외치며 달려들었다. 모든 시민들이 긴장되어 그를 응시하는 가운데 한 발의 총소리와 함께 피가 튀며 청년의 목이 꺾어졌다. 이 광경을 본 모든 시민들은 도저히 말로 표현할 수 없는 충격에 눈물로 온몸을 떨었다. 이제는 정말 돌이킬 수 없는 '전쟁!'이었다. 시민들은 곧 총을 얻기 위해 시내, 시외의 무기고로 향했다."[173]

시위대는 무기와 탄약을 확보해 '시민군'을 편성했다.[174] 후일 계엄사에 따르면 피탈된 소총은 5천4백정 정도였다. 손에 총을 잡은 시민군은 주로 어떤 사람들이었던가? 이에 관한 황석영의 기록이다.

"그들의 직업은 그곳에서 직접 확인할 수는 없었지만, 대부분은 노동자, 목공, 공사장 인부 등 직접 노동에 종사하는 사람들이거나 구두닦이, 넝마주이, 술집 웨이터, 부랑아, 일용품팔이 등등이었으며 또한 교련복을 입은 고등학생들도 많았고 가끔은 예비군복을 입은 장년층들도 보였다. 삼사십대의 중년층 참가자는 자기 가족이나 동생, 친척 또는 친구들의 죽음에 분연히 일어나 총을 든 사람들이 많았다. 지휘자는 가능한 한 어린이들에게서는 총을 회수해서 예비군들이 소지할 것을 지시했지만, 울면서 총을 안 주겠다고 버티는 아이도 있었다. 자기 형이 죽었다고 원수를 갚고야 말겠다는 것이었다."[175]

---

172) 박남선, 『피고인에게 사형을 선고한다』(샘물, 1988, 제2판 1999), 49쪽.
173) 최정운, 『오월의 사회과학』(풀빛, 1999), 150쪽.
174) 시민들의 총기 탈취와 무장은 방조되지 않았는가 하는 의혹을 제기하는 여러 증언들이 있다. 최정운, 『오월의 사회과학』(풀빛, 1999), 105쪽.
175) 전남사회운동협의회 편·황석영 기록, 『죽음을 넘어 시대의 어둠을 넘어: 광주 5월 민중항쟁의 기록』(풀빛, 1985, 13쇄 1995), 121~122쪽.

광주항쟁은 전시민이 참가한 투쟁

시민군의 이러한 구성은 후일 두 가지 결과를 낳게 하는 데에 기여하였다. 하나는 신군부가 광주항쟁에서 학생들의 역할을 의도적으로 축소하면서 시위군중의 대부분이 깡패, 넝마주이, 무직자, 공원 등 사회 최하층이라고 선전하면서 이른바 '폭도론'을 들고 나와 5·18을 중산층과 다른 지역으로부터 유리시키려들었다는 점이다.[176] 윤상원의 측근이며 운동권의 핵심인물이었던 김상집(녹두서점 김상윤의 동생)은 계엄사가 의도적으로 교묘한 술책을 써서 도시빈민, 룸펜의 역할을 과장했다고 말한다.[177]

또다른 하나는 후일 진보진영 일각에서 나온 계급주의적 시각이다. 시민군, 민중들의 "투쟁세력이 노동자계급"이었다는 점을 강조하는 시각이다. 이에 대해 최정운은 다음과 같이 말한다.

"우리 사회에서 마르크시즘에 경도되어 있는 사회과학은 분명히 5·18의 소산이다. 5·18에 대한 복수를 생각하고 거대한 투쟁과 혁명을 기대하고 그 가능성을 생각하던 시점에서 마르크시즘의 경제결정론과 계급투쟁론은 우리 지식인들에게 받아들여진 것이다. 5·18의 투쟁주의가 배태한 우리의 사회과학은 자신의 출생의 역사를 다시 쓰며 자신의 모태(母胎)를 매장해버렸다."[178]

그렇다. 광주시민들의 '역동성'을 이해하는 데 "마르크시스트적 '계급의식' 등의 낡고 무딘 도구에 의존할 필요는 없다"고 보아야 할 것이다.[179] 최정운이 잘 지적했듯이, "서구의 투쟁담론을 수입하여 5·18을

---

176) 최정운, 『오월의 사회과학』(풀빛, 1999), 78쪽.
177) 최정운, 위의 책, 78쪽.
178) 최정운, 위의 책, 61쪽.
179) 최정운, 위의 책, 82쪽.

포장하려 했던 성급함"에 대한 반성과 그런 "사회과학은 지성을 투쟁의 도구로만 여기고 자체의 묘미와 독자적인 의미를 인정치 않는 반지성주의의 산물"에 지나지 않는다는 깨달음이 있어야 할 것이다.[180]

손호철은 5 · 18을 지나치게 '노동자주의적'으로 해석하여 '프롤레타리아트의 헤게모니에 의한 무장봉기'라는 식으로 이해하는 것은 문제가 있다고 선을 그으면서도, 광주 부촌지역에선 도주하는 사람들이 많았음을 지적하면서 다음과 같은 평가를 내리고 있다.

"이같은 사실들은 5 · 18이 위에서 지적한 광주지역의 '민중성', 상대적인 계급적 미분화로 인한 강한 공동체의식 등의 결과로 중소상인들의 헌신적인 물품지원, 동 단위의 지원활동이 이루어지는 등 상당히 광범위한 시민 내지 광범위한 계급, 계층들이 참여한 것은 사실이지만, 그렇다고 광주 '시민' 전체가 혼연일체가 되어 군부의 학살에 대항해 싸운 '민주화운동' 내지 '시민항쟁'이 아니라 '노동자계급, 농민층, 도시중하층 프티부르주아지, 중간계층, 중소자본가'들로 구성된 민중들이 주체가 된 '민중항쟁'이었으며, 대자본가, 부유층 등은 이에 참여하지 않거나 부정적 태도를 견지했음을 입증해주고 있다. 이 점에서 '5 · 18을 민중항쟁이라고 일컫는데 맞는 것 같다. 당시 도청 뒤의 부자동네 사람들은 모두 어디론가 도망을 간 상태였고 고아나 서럽게 살아온 사람들이 많이 참여했다'는 한 무직자의 증언은 사회과학자들 이상으로 5 · 18의 본질을 정확히 꿰뚫고 있다 하겠다."[181]

그러나 손호철의 이같은 주장은 대자본가와 부유층이 언제 민주화운동엔 한번이라도 참여한 적이 있었는가 하는 점에서 심각한 결함을 안고 있다. 광주항쟁은 그 어떤 '가치'에 앞서 '인간'으로서의 정체성을 확인

180) 최정운, 「오월의 사회과학」(풀빛, 1999), 290쪽.
181) 손호철, 「현대 한국정치: 이론과 역사 1945~2003」(사회평론, 2003), 367~368쪽.

하기 위한 투쟁이었다고 보는 것이 옳을 것이다. 최정운의 말이다.

"일반적으로 시민들이 분노한 것은 공수부대가 폭력으로 인간의 존엄성을 짓밟는 행위였다. …… 다음 단계의 감정은 처참한 광경에 공포에 질려 우선 도망온 후 느낀 자책감 즉 자신의 무력함과 비참함에 대한 의식이었다. …… 광주시민들의 분노는 이중적인 것이었다. 자기자신이 인간이하라는 수치에 대한 분노, 그리고 자신이 인간이하임은 폭력에 대한 공포에서 비롯된다는 분노, 이것은 광주시민들이 목숨을 걸고 공수부대와 싸워야만 했던 운명이었다. 광주시민들이 투쟁한 것은 인간의 존엄성, '인간임'을 회복하기 위한 것이었다."[182]

최정운은 광주항쟁은 최하층 계층뿐만 아니라 전시민이 참가한 투쟁이었다며 다음과 같이 말한다.

"학생, 젊은이들은 말할 것도 없고 할아버지, 할머니들이 구타당하고 어린아이들까지 학살당하는 등 시민들의 일상생활이 중지된 극도의 비상(非常) 상황이었다. 이러한 상황에서 육체적 힘에 의존해 살고, 싸움에 익숙하고 자신있는 사람들이 투쟁에 스스로 앞장서고 전시민이 그들이 투쟁에 앞장설 것을 요구하는 것은 자연스러운 공동체의 논리일 것이다. 만약 그들의 투쟁이 글이나 말의 싸움이었다면 당연히 교수나 대학생들이 앞장서야 했을 것이며 또 그들은 나름대로 그런 임무를 수행하였다. 염두에 두어야 할 것은 5·18 당시 광주시민들의 자발적 분업체계와 즉흥적 조직은 놀라울 정도로 이루어지고 있었다는 점이다. 도시빈민들이 가두투쟁에 앞장서고 조직폭력배들도 시민들의 자치활동에 협조할 것을 선언하는 일은 시민정신의 발로였고 5·18 정신에 조금도 누가 될 것이 없다."[183]

---

182) 최정운, 『오월의 사회과학』(풀빛, 1999), 73~74쪽.
183) 최정운은 이러한 견해를 뒷받침하기 위해 "나는 '광주시내 깡패들은 도대체 무엇을 하는지 모르겠다. 주

그렇다. 마르크시스트들 또는 유사 마르크시스트들의 5·18 해석은 광주항쟁에 대한 너무도 무책임한 왜곡일 수 있다. 광주항쟁은 머리와 더불어 가슴으로 이해되어야 한다. 머리로만 이해하는 광주항쟁은 광주와 호남에 또 한번의 깊은 상처를 안겨줄 수 있다. 실제로 일부 좌파 인사들은 광주항쟁에 대해 자기들 마음대로 그림을 그려놓고선 나중엔 호남인들의 진보정당 지지가 다른 지역보다 더 약하다고 비판하는 모순을 저지르게 된다.

먹은 뒀다 어디다 쓰는지, 나에게 소리 안 나는 총이라도 있다면 쏴버리고 싶다'는 생각을 했다"는 한 광주시민의 말을 인용하면서, 5월 22일 낮에 열린 시민궐기대회에는 실제로 당시 광주시의 양대 폭력조직인 '오비파'와 '화신파'의 두목들이 연단에 올라와 시민들의 투쟁에 협력할 것을 다짐했다는 걸 소개하고 있다. 최정운, 『오월의 사회과학』(풀빛, 1999), 64~65쪽.

'해방 광주'의 고통과 절규

'관객의 부재'로 인한 고통

시민군은 5월 21일 저녁 계엄군을 광주에서 몰아내는 데 성공했다. 그러나 광주 외곽은 봉쇄되어 출입이 통제되었으며 전화마저 두절됨으로써 광주는 고립무원의 지경에 이르렀다. 당시 광주에 거주하고 있던 인류학자 리나 루이스(Lina Lewis)는 이렇게 말하고 있다.

"여기 사람들에게 가장 무서운 것은 여기서 무슨 일이 일어나고 있는지 다른 곳에서는 모른다는 것이다. 서울의 풀브라이트 담당관인 마크 피터슨(Mark Peterson)도 무슨 일이 일어났는지 전혀 모르고 있었다. 여기 모든 사람들은 어리둥절한 채 비탄에 잠겨 있다. 정말 무서운 일이다. (다른 지역) 사람들은 이런 일이 일어나고 있다고 믿을 수 없을 것이고 상상조차 할 수 없을 것이다.[184]

---

184) Lina Lewis, 〈The 'Kwangju Incident' Observed: An Anthropological Perspective on Civil

최정운은 그러한 무서움을 '관객의 부재'라는 말로 표현한다. 광주시민들이 비폭력으로 투쟁할 수는 없었을까? 행여 그런 질문을 하는 사람들이 있다면, 당시 광주시민들이 처해 있던 상황의 특수성에 좀더 주목해보려는 노력을 해야 할 것이다. 최정운의 설명을 들어보자.

"5·18의 경우 군부는 언론을 철저히 통제하였고 광주 밖에서는 아무도 광주에서 무슨 일이 벌어지는지 알 수 없었다. 군부는 관객석을 봉쇄하고 광주에만 제한된 폭력극장을 만들었고 관객이 없는 이상 비폭력은 아무런 전술적 의미가 없는 것이었다. 이 관객의 부재는 공수부대의 폭력이 부당함을 호소하고자 하는 광주시민들에게 견디기 어려운 고통이었다. 군부의 언론통제는 광주시민들을 지원할 타지역 국민들의 도움을 받지 못하게 했을 뿐만 아니라 폭력적 대결 외에 비폭력의 선택의 여지를 없애버렸다. 시민들이 MBC를 세 차례나 공격하고 결국은 불지르려하고, KBS에도 방화하게 된 이유는 바로 관객의 배제에 따르는 수많은 덧없는 희생 그리고 목숨을 걸고 투쟁해야 하는 고뇌와 고독에 따른 좌절감의 표출이었다. 방송국에 방화한 것은 단순히 언론의 자유를 위해 군사독재의 앞잡이 노릇을 하는 못된 방송국을 처벌한다는 추상적 이상을 실현한 것이 아니었다."[185]

송암동 양민학살

신군부의 병사들은 '관객의 부재'를 최대한 활용했다. 5월 21일 송암동에서 저질러진 잔인한 양민학살도 바로 그런 경우였다. 송암동 주민들

Uprights〉, Donald N. Clark, ed., 『The Kwangju Uprising: Shadows over the Regime in South Korea』 (Boulder: Westiew Press, 1988), p. 165; 최영진, 『한국 지역주의와 정체성의 정치』(오름, 1999), 146쪽에서 재인용.
185) 최정운, 『오월의 사회과학』(풀빛, 1999), 159쪽.

의 당시 상황에 대한 증언을 들어보자.

"21일 저녁 버스 두 대가 송암동 앞 도로상에 나타나자 인근 야산에서 불을 뿜어내는 집중사격이 가해졌다. 먼저 온 차량은 완전히 전복하고 말았다. 그 안에 몇명의 청년들이 탔는지 알 수 없었지만 비명소리가 주택가까지 들렸다. 이어서 전복된 차량보다 조금 더 앞선 위치에서 또 한 대의 버스가 계엄군의 집중사격을 맞고 전복했다. 밤새 이런 상황은 계속 벌어졌고 우리는 총소리만 나면 으레히 돌아오는 차량이 총에 맞은 것으로 생각했다. 아침에 일어나 그 지점에 조심스럽게 나가 보았다. 도로 양쪽에 있는 논에 20대 청년들로 보이는 시체 9구가 있었다. 전복된 차량은 버스 두 대였으며 그 시체는 이 버스를 타고 광주에 들어오던 청년들인 것 같았다. 잠시 후 계엄군의 차량 한 대가 이 9구의 시체를 모두 싣고 군용담요를 덮어 은폐한 뒤 산속으로 들어갔다. 우리는 계엄군 차량이 도로에 나타나자 모두 몸을 피했는데 담요를 덮은 그 차가 지나간 후에 나와보니 논에 있던 시체 9구가 모두 없어졌다. 아마 그 9구의 시체는 헬기로 어디론가 실려간 것 같다. 송암동 뒷산에서는 계속 헬기가 이착륙하고 있었고 9구의 시체를 실은 차도 그 방향으로 향했다. 이밖에도 많은 수의 청년들이 밤중에 들어오다가 이 도로 위에서 계엄군의 총격에 희생되었다. 대부분의 시체는 밤새 이착륙을 계속하던 헬기가 실어간 것 같다."[186]

공수부대장에게 진압격려금 보낸 전두환

5월 22일부터 광주항쟁은 항쟁파와 종교 지도자들을 포함한 시민수습위원회파가 나뉘어 갈등을 빚게 되면서 새로운 국면을 맞게 되었다.

---

186) 5 · 18광주민중항쟁유족회 편, 〈송암동 양민학살〉, 『광주민중항쟁비망록』(남풍, 1989), 139쪽.

그래서 한편에서는 무기를 나눠주고 다른 한편에서는 무기를 회수하는 일이 벌어졌다. 시민들이 자연스럽게 도청 앞에 모여 개최한 궐기대회에서도 이와 같은 갈등이 빚어졌다.[187]

5월 22일 비공식적인 정전이 성사되고 종교 지도자들을 포함한 시민 수습위원회와 신군부 사이에 사태의 평화적 해결을 위한 대화가 시작되었다. 그러나 이날 계엄당국은 김대중을 광주폭동의 배후라고 발표했으며, 일부 특전사 지휘관들은 무력을 동원해 광주 '폭도들'을 '소탕'해야 한다고 주장했다.[188]

전두환은 그런 주장에 격려를 보내고 싶었던 걸까? 그날 전두환은 당시 정보부 전남지부장 정석환에게 전화를 걸었다. 당시 특전사 11여단장 최웅은 21일 밤 시위 진압과정에서 사망자가 적지않게 발생해서 그런지, 소재파악이 되지 않고 있던 상황이었다. 전두환은 정석환에게 "최장군의 사기가 극도로 저하되어 있을 터이니 용기를 잃지 말고 분발하라고 전해달라"며 전두환 자신의 명의로 금일봉 1백만 원을 최웅에게 전해달라고 지시했다.[189]

정석환은 그날 최규하에게서도 전화가 왔었다며 이렇게 말한다.

밤 10시경 청와대로부터 전화가 왔다. 전화를 건 사람은 최규

---

187) 최정운, 『오월의 사회과학』(풀빛, 1999), 198~199쪽.
188) 윌리엄 글라이스틴, 황정일 역, 『알려지지 않은 역사』(중앙M&B, 1999), 186쪽. 이러한 폭도론에 대해 최정운은 다음과 같이 말한다. "폭도론은 해방기간에 광주시민들 일부에게도 받아들여졌으며 이로 인해 시민군들은 빠르게 무장해제당했다고 볼 수 있다. 나아가서 폭도론은 5·18 이후에 광주와 전남지역에서도 5·18에 참가했던 모든 시민들을 억압하는 데 중요한 기제였고 이 말은 폭력 못지않게 이들을 오랫동안 괴롭혀왔다. 많은 부상자와 구속자들은 주위의 따가운 시선을 의식하지 않을 수 없었고 이는 육체적인 고통 못지않은 괴로움을 주었다는 것이다. 대부분의 광주시민들은 5·18에 대해 자부심을 갖긴 하지만 어쨌든 공동체 내에서도 이러한 시선들이 한때나마 있었던 것은 부정할 수 없는 사실로 보인다. 폭도론은 사회과학적 타당성을 갖지는 않지만 권력의 작용으로 인해 사회에서 타당성이 일부 인정되어왔다는 점에는 의문이 없다." 최정운, 『오월의 사회과학』(풀빛, 1999), 65쪽.
189) 정석환, 〈비화/5·18 당시 정보부 전남지부장 정석환 비망록: 전두환은 공수부대장에게 진압격려금 내려보냈다〉, 『신동아』, 1996년 1월, 122쪽.

하 대통령 보좌관인 최장군이었는데 이름은 밝히지 않았다. 그는 "지금 광주에서 총격이 계속되고 있다는데 사실인가"라고 물었다. 나는 "광주공설운동장 방향에서 시내를 향해 집중사격이 있긴한데 피해상황은 알 수 없다"고 대답하자, 그는 "잠시 기다려라"고 하더니 최규하 대통령에게 전화를 넘겼다. 최대통령은 "발포하고 있는 군부대와 지휘관을 확인할 수 있겠느냐"고 물었다. 나는 "지금 시내상황이 너무 험악하여 직원들을 배치할 수 없어 확인이곤란하니 계엄사로 확인해보는 것이 빠를 것이다"고 대답했다. 그는 "알았다"고 짧게 말한 뒤 전화를 끊어버렸다. 그는 당시 전두환사령관으로부터 어떤 상황보고도 받지 못한 모양이었다. 오죽답답했으면 군지휘관이 아닌 정보부지부장에게 직접 전화를 했을까. 참으로 안타깝다는 생각이 들었다.[190]

주남마을 학살

5월 23일 전교사 사령부 회의실에서는 대책회의가 열렸다. 이 자리에서 교육감 이대순은 계엄군의 진압방식이 너무 잔인하다고 말했는데, 정보부 전남지부장이었던 정석환은 이렇게 기록하고 있다.

"계엄군들의 과잉진압으로 시민들의 살상자가 너무 많아 앞으로 국민학교 반공교재를 대폭 개편할 수밖에 없다. 오늘 아침 병원장인 한 학부형으로부터 충격적인 전화를 받았다. 국민학교 5학년생인 아들이 아침식사 자리에서 아버지에게 '아빠, 우리는 공산

---

190) 정석환, 〈비화/5·18 당시 정보부 전남지부장 정석환 비망록: 전두환은 공수부대장에게 진압격려금 내려 보냈다〉, 『신동아』, 1996년 1월, 123쪽.

당이지. 국군은 공산당을 쳐부순다고 배웠는데, 국군이 광주시민들에게 총을 쏴 죽이고 있으니 우리는 공산당이 아닌가'라고 말했다는 것이다. 계엄군의 진압방법이 너무 잔인하다."

이교육감의 발언이 있자 여기에 참석했던 기관장들은 일제히 계엄군에 대해 성토했다. 이때 박준병 20사단장이 분위기를 바꿔 보려고 "제발 여기에 참석하신 기관장들의 적극적인 협조로 사태가 조기 수습되어 우리 군도 본연의 임무인 전방에서 근무할 수 있도록 해달라"고 간곡하게 부탁했다. 각 기관장들은 더이상 문제를 제기하지 않고 대책을 협의하기 시작했다.[191]

그러나 전두환으로부터 격려금까지 받은 탓에 사기가 충천했던 걸까? 공수부대의 살육작전은 23일에도 왕성하게 전개되었다.

5월 23일 주남마을 학살사건은 어떠했던가? 5월 21일 오후 5시경에 갑작스레 변경된 명령에 의하여 공수부대가 조선대에서 철수해 22일 새벽에 지원동 주남마을 일대에 주둔하게 되었다. 이 무렵 공수부대가 퇴각한 도청 안에는 수습대책위원회가 구성되고 상황실이 운영되었다. 시체들을 넣을 관이 턱없이 부족하자 시민군들은 수습대책위에게 외부에서라도 관을 가져와야 한다고 요구했고, 이에 수습대책위가 소형버스를 내줬다.

이 소형버스는 화순방면으로 향했고, 마침 여성노동자였던 김춘례가 5월 23일이 할아버지 제사인데 함께 가자고 공장동료인 고영자에게 권하여 두 사람도 화순방면의 이 소형버스에 탑승하게 되었다. 시민군 5명, 여고생 2명, 여성노동자 2명 등 총 11명이 탑승한 이 소형버스가 지원동

---

191) 정석환, 〈비화/5 · 18 당시 정보부 전남지부장 정석환 비망록: 전두환은 공수부대장에게 진압격려금 내려 보냈다〉, 『신동아』, 1996년 1월, 123쪽에서 재인용.

을 지날 즈음에 매복해 있던 장교 1명과 무전병이 폭도들을 태운 소형버스가 화순 방향으로 향하고 있다고 보고했다. 이에 소형버스를 기다리고 있던 장교는 소형버스가 지나갈 때에 사격지시를 내렸다. 운전사인 김윤수가 계엄군이 매복해 있음을 발견하고 속력을 냈지만 채 100미터도 못가 총탄 세례를 받았다. 김윤수는 즉사하는 동시에 버스가 한바퀴 굴러도로 옆으로 엎어졌으며, 계엄군은 여전히 전복된 버스 안에 사격을 가했다.

이로 인해 현장에서 8명이 즉사하고 남자 2명이 중상을 입었으며 여자 1명은 파편에 맞은 경상을 입었다. 계엄군들은 시체들을 버스에서 끌어내어 길 옆에 나란히 눕히고 흙으로 덮었다. 그리고 부상자 3명은 주남마을 뒷산으로 데려갔다. 뒷산까지 리어카에 실려오면서 연신 살려달라고 절규하던 중상자 2명은 즉결처분당했고, 경상자인 여자 1명만이 헬기로 후송되어 유일한 생존자가 되었다. 그는 홍금숙이라는 이름을 가진 여고생이었다. 공수부대는 학살 다음날 20사단에게 그 임무를 인계하고 도청진압작전을 위해 주남마을에서 철수하였다.[192] 이 학살극에 대해 『광주민중항쟁비망록』은 다음과 같이 기록하고 있다.

"가난한 농촌에서 태어나 겨우 국민학교밖에 졸업하지 못하고 공장생활을 하면서도 할아버지 제사부터 식구들의 생일을 어김없이 챙길 줄 알던 18세의 김춘례양을 비롯해 방송통신고등학교 친구였던 황호걸, 백대환군 그리고 도청 안에서 어느 누구도 가까이하고 싶지 않은 시체들을 닦아내고 옷을 갈아입히며 민주화와 삶의 진실을 몇번이고 되씹어야 했던 박현숙양 등 10명이 이들 희생자들은 모두 열 발 이상의 총탄을 맞고 사망했다. 할아버지의 제사를 모시러 가던 여공과 관을 마련해 먼저 산

---

192) 5 · 18광주민중항쟁유족회 편, 〈지원동 주남마을 앞 도로에서 자행된 학살상황〉, 『광주민중항쟁비망록』, (남풍, 1989), 145~148쪽. 6월 2일 주남마을 뒷산에서 발견된 신원미상의 시체 2구는 당시 즉결처분당한 중상자들이었던 것으로 추측되었다.

화한 희생자들의 시신을 거두려 했던 여고생과 젊은 청년들의 처절한 죽음은 80년 5월 광주가 왜 그토록 참혹한 능지처참을 당해야 했는지를 이 땅의 모든 민중들에게 묻고 있다. 더구나 지역 주민들이 벌집이 된 차 안을 들여다보았을 때 그 안에는 무기라고는 M1소총 1정뿐이었다."[193]

'인간이기를 포기한 쟈들'의 광란

도청에서 철수한 공수부대는 22일부터 외곽지구 봉쇄임무를 맡았다가, 24일에 철수명령을 받고 20사단에게 외곽지구 봉쇄임무를 인계한 후 광주비행장으로 철수하였다. 공수부대는 지원동 주남마을을 출발하여 학동과 진월동을 거쳐 시민들의 눈에 띄지 않는 야산으로 철수하던 중 진월동에 이르러서 인근지역에 장난삼아 총질을 가했다.

저수지에서 멱감고 있던 아이들에게 집중사격을 가하자 아이들은 둑 너머로 피신했지만, 전남중학교 1학년생이었던 방광범이 머리에 총을 맞고 즉사했다. 또한 진월동 동산에서 놀고 있던 아이들에게도 무차별 집중사격을 가했다. 모두 피신했지만 신발이 벗겨져 뒤돌아섰던 효덕국민학교 4학년 전재수는 총에 맞고 즉사하였다. 공수부대는 가축들에게도 총질을 하여 철수중 인근 마을의 가축들을 닥치는대로 죽였다. 이에 충격을 받은 한선웅은 정신분열 증세를 보이다가 결국 병세가 악화되어 사망했다.

APC 장갑차를 선두로 한 철수병력의 대열이 효덕국민학교 옆 좁은 길을 빠져나와 광주 나주간 국도에 들어서서 효천역을 5백여미터 앞둔 위치에 이르자 도로 양편의 매복지에서 총탄이 쏟아져나왔다. 90밀리

---

193) 5·18광주민중항쟁유족회 편, 〈지원동 주남마을 앞 도로에서 자행된 학살상황〉, 『광주민중항쟁비망록』 (남풍, 1989), 148쪽.

무반동총이 순식간에 탑승하고 있던 트럭 4대를 파괴시켰으며 수류탄도 투척되었다. 이에 공수부대는 트럭에서 내려 즉각 매복지를 향해 응사하여 매복지의 화력을 무력화시켰다. 알고 보니 공수부대를 공격한 사람들은 시민군이 아니라 외곽봉쇄업무를 수행하고 있던 광주보병학교 교도대였다. 이 오인사격으로 21명의 사망자가 발생하였다.

이렇게 오인사격이 오가는 와중에 그 중간에 있던 송암동 주택가는 양편에서 쏟아지는 총탄세례를 받아 주민들은 모두 부엌이나 지하실로 피신하였다. 군끼리의 충돌이었음을 확인하였음에도 불구하고 공수부대원들은 송암동 일대를 거칠게 수색하였다. 마당 한가운데에 주민들을 불러내놓고 청년 3명을 끌고 밖으로 나갔다. 권근립, 김승후, 임병철 등 3명은 학생이 아니라 운전기사였는데도 철로변으로 끌려가 무참히 살해당했다. 동네 하수구로 숨어 들어간 청년 1명과 주부 박연옥을 발견한 공수부대원들은 빨리 나오라고 소리쳤지만 머뭇거리기만 할 뿐 선뜻 일어서지 못하는 두 사람을 향해 M16 소총을 발사해 박연옥은 하수구에서 즉사했다.[194]

이 학살에 대해 송기숙은 다음과 같이 말한다.

"못자리에서 피사리하는 농부에게 총을 쏘아 중상을 입히고 저수지에서 목욕하는 중학교 1학년짜리를 오리 사냥하듯 쏘아죽였으며, 배수관 밑으로 숨어들어가는 여인에게 6발이나 총을 쏘아 죽이고, 도망치다 벗겨진 고무신을 줍는 국민학교 4학년짜리한테 10여 발이나 총을 갈겨 몸뚱이를 걸레로 만들었다. 칠면조 우리에 총을 쏘아 2백여 마리나 죽였으며 젖소를 쏘아 죽이기도 했다. 이것이 송암동 한 부락에서만 있었던 살육이었다. 그것도 전투중에 전투의 흥분으로 한 것이 아니다. 22일 시외곽으로 퇴각해서 이틀 동안이나 쉰 다음 24일 부대이동을 하면서 한 짓

194) 5 · 18광주민중항쟁유족회, 〈송암동 양민학살〉, 『광주민중항쟁비망록』(남풍, 1989), 140~143쪽.

이다. 국민이 나라를 지키라고 세금을 내어 월급 주고 그 세금으로 사준 총으로 적이 아니라 제국민을, 더구나 어른도 아니고 아이들까지 이토록 잔인무도하게 죽였다. 적진에서도 이럴 수가 없는 일이다. 그게 지휘관 의 의도가 아니었다면 그 책임자는 당연히 자결을 했어야 했다. 그러나 그런 지휘관은 없었다. 모두가 인간이기를 포기한 자들이다. 아니, 인간 이기를 포기한 것이 아니라 그렇게 해서 그 무자비한 살육의 공포로 국 민을 누르고 정권을 잡았으므로 처음부터 인간이 아닌 자들이 정권을 잡 기 위해서, 그런 인간이 아닌 짓을 했던 것이다."[195]

'6 · 25 때도 이런 참혹한 살육전은 없었다'

그랬다. 앞서 소개한 바와 같이 "공수부대의 광적인 폭력행사를 상부 의 지시나 명령에 의한 것으로 볼 근거는 없다"는 말이 타당하다면, 책임 자는 마땅히 자결을 했어야 했다. 물론 자결하기는커녕 진심으로 반성을 하는 단 하나의 인간도 없었다. 송기숙의 말마따나, 그들은 처음부터 인 간이기를 거부한 동물이었고, 이후 한국은 '동물의 왕국'으로 전락하는 역사의 퇴행과 반동을 겪게 된다.

5월 24일 전남대학교 교수들은 〈대한민국 모든 지성인에게 고함〉을 발표했다.

"모든 사람들은 6 · 25 때도 이런 참혹한 살육전은 없었다고 울부짖으 며, '모두 죽자!' '죽여달라!'를 외치며 짐승 같은 계엄군과 맨몸으로 싸 웠습니다. 악몽의 일주일이 지난 지금도 도청 앞 광장의 금남로에는 특 전대의 총칼에 무참히 죽음을 당한 억울한 주검들이, 광주를 사수하기 위해 나선 학생, 교수, 시민들의 절규와 통곡만이 쏟아지고 있습니다. 몇

---

195) 한국현대사사료연구소 편, 『광주오월민중항쟁사료전집』(풀빛, 1990), 173쪽.

발자국 떨어져 있는 곳에서 내 나라 사람들이 이렇게 비인간적인 상황에서 죽어가고 있는 것을 관망만 하고 있다면, 도대체 학문이, 교육·양심이 지식이 다 무슨 소용이겠습니까. 이 나라의 운명이, 이 나라의 장래가 어떻게 존재할 수 있겠습니까. …… 지성인다운 태도와 민주시민으로서의 행동이 전격적으로 나타나야 할 것입니다. …… 고립된 우리 광주시민들에게는 무엇보다도 한시가 절박합니다. 민주시민이여! 민주화를 위해, 우리의 삶을 위해 일어섭시다."[196]

또 같은 날 80만 광주시민의 이름으로 〈전국 민주시민에게 드리는 글〉이 발표됐다.

"민주제단에 흩뿌린 광주시민의 피를 헛되이 하지 마소서! 최후의 일인까지, 최후의 일각까지 끝끝내 싸워 저 원한의 살인마 전두환을, 흉악한 국민의 배반자 유신잔당 놈들을 갈기갈기 찢어 피로 죽어간 우리 아들딸들의 한을 풀어주소서! …… 일어서라. 궐기하라. 애국동포여! 3천5백만 애국동포여!"[197]

그러나 수습위의 집요한 무기 회수작업으로 인해 5월 24일에는 모두 합쳐서 4천여 정의 총과 1천 개 이상의 수류탄이 회수되었고, 무장 시민군의 숫자는 몇백 정도로 줄어들었다. 다음날 일어난 이른바 '독침사건' 이후 시민군의 수는 더욱 줄어들어 25일 오전중엔 거의 다 무장해제되었다.[198]

'독침사건'과 간첩조작사건

5월 25일 아침 8시, 황금동 부근에서 술집을 경영하는 21세의 장계범

---

196) 김정남, 〈동포여, 무엇을 하고 있는가〉, 『생활성서』, 2002년 12월, 44~45쪽에서 재인용.
197) 김정남, 위의 글, 45쪽에서 재인용.
198) 최정운, 『오월의 사회과학』(풀빛, 1999), 213쪽.

이라는 사람이 도청 농림국장실에 쓰러지듯이 허겁지겁 들이닥치면서 어깨를 움켜쥐고는 "독침을 맞았다!"고 소리쳤다. 경비중이던 시민군 중의 한 명인 신만식이 그의 어깨를 살펴보기 위해 다가섰지만, 장계범은 "너는 필요없어. 정형에게 부탁하네"라며 옆에 있던 정한규(당시 23세, 운전사)를 지목했다. 정한규는 장계범의 웃옷을 벗겨 상처부위를 입으로 몇번 빨아내는 시늉을 하고 나서 부축하여 대기해 있던 차로 전남대병원으로 급히 실어갔다.

이 '독침사건'이 발생하자 도청 안의 분위기가 갑작스레 살벌해졌다. 그렇지 않아도 수습위원회의 갈등과 대치 상황이 장기화될 듯하면서 분위기가 침체해가던 도청 안은 이 사건으로 지휘체계가 거의 와해될 상황에까지 이르렀다. 여기저기서 간첩이 침투했다는 소문이 돌고 모두들 수군거리며 도청 안에는 더이상 불안해서 못 있겠다면서 상당수가 빠져나갔다. 그러나 간첩이 침투했다며 소란을 일으키고 나서 빠져나가는 자들은 대부분이 계엄군측 정보요원들이었다.

이 사건은 사전에 계획된 것으로서 침투정보요원들의 도청지도부 교란작전이었다. 당시 부위원장이던 김종배는 도청 안 시민군들의 동요를 가라앉히고 당시 순찰대원이던 윤석주, 이재호, 이재춘 등 6명에게 이 사건을 재확인해보라고 지시했다.

전남대병원에 도착해보니 장계범은 이미 달아난 상태였으나 미처 달아나지 못했던 정한규를 붙잡아 도청 조사부로 끌고 갔다. 정한규의 진술에 의하면 그는 23일 오후부터 어떤 여자를 도청 안에서 만나 그 여자를 통하여 지속적으로 바깥과의 연락을 취했고, 시민군의 무전기로 도청 내에서 돌아가는 상황을 계엄군에게 보고했던 첩자였다.[199]

---

199) 광주가 진압된 직후인 5월 28일에 항쟁지도부가 헌병대 영창에서 잔혹한 고문을 받으며 조사를 받고 있을 때, 달아났던 장계범은 복면을 쓰고 나타나서 수사요원들에게 도청에서의 피의자들의 직책과 역할을 말해주었다. 그리고 일차조사가 끝난 후 항쟁지도부들이 보안대에 끌려가 모진 고문을 당하며 조사를 받

시민군에게 붙잡힌 또다른 첩자의 증언에 의하면, 첩자는 발각되었을 경우 다른 첩보원들에게 진동으로 경고 신호를 보낼 수 있는 '시그널 워치'라는 특수시계를 차고 있었다. 독침사건은 그런 경고신호에 따라 일어난 첩자들의 위장극이었다. 이 첩자의 말을 직접 들어보자.

"요원 자신이 체포되고 나면 시민군측이 일제히 첩보망 색출작업을 시작할지도 모르니까 대처하라는 경고를 보내는데 쓰고요. 경고를 받은 요원은 한쪽이 노출된 것을 계기로 상황을 봐서 시민군의 사기에 심각한 타격을 가할 수 있다고 판단되면 적극적인 공작을 전개하라는 명령을 받았습니다. …… 독침을 맞았다고 비명을 지르거나 해서 공포 분위기를 조성해놓고 혼란이 벌어진 틈을 타 도주한다는 것이 기본수칙입니다."[200]

신군부는 국민을 상대로 한 간첩조작사건마저 저질렀다. 간첩이 군중에게 먹일 환각제를 소지하고 목포로 잠입하려다가 잡혔다는 거짓보도를 발표해 광주항쟁을 북한 및 불순분자들의 조종에 의해 일어난 폭동인 양 새빨간 거짓말을 해대는 악랄하기 짝이 없는 수법까지 저질렀던 것이다.[201]

수습위원회 대변인이었던 김성용 신부는 5월 25일 가진 미사에서 이렇게 말했다.

"이제 우리는 네 발로 기어다녀야 하며, 개, 돼지처럼 입을 그릇에 처박고 먹으며 살아가야 한다. 폭력과 살인을 일삼는 유신잔당들이 우리를 짐승처럼 치고 박고 개 잡듯이 끌고가며, 찌르고 쏘았기 때문이다. 두 발로 걸으며 인간답게 살려면 목숨을 걸고 민주화투쟁에 투신해야 한다. 지난날의 침묵, 비굴했던 침묵의 대가를 지금 우리는 치르고 있는 것이

고 있는 와중에 장계범은 담배를 피우며 유유히 돌아다니는 것을 여러 사람들이 목격했다. 전남사회운동협의회 편, 황석영 기록, 〈해방기간 Ⅳ〉, 『죽음을 넘어 시대의 어둠을 넘어』(풀빛, 1985), 183~184쪽.
200) 채의석, 『99일간의 진실: 어느 해직기자의 뒤늦은 고백』(개마고원, 2000), 113~114쪽에서 재인용.
201) 임철우, 〈5·18 정치폭력의 잔학성〉, 변주나·박원순 편, 『치유되지 않은 5월: 20년 후 광주민중항쟁 피해자 실상 및 대책』(다해, 2000), 84~85쪽.

다. 부마사건으로 숨진 사람들은 유신괴수의 죽음으로 피의 값을 받았다. …… 자유와 인권을 위해 죽어간 수많은 우리 시민들의 피의 값도 마땅히 보상받아야 할 것이 아닌가. 이제 우리는 결단의 시기를 맞이한 것이다. 비굴하게 짐승처럼 천한 목숨을 이어가든지, 아니면 인간다운 민주시민으로서 살기 위해 목숨 걸고 싸워야 한다."[202]

'80만 광주시민의 피맺힌 한'에 대한 침묵

5월 26일, 광주수습대책위원회 일동은 대변인인 신부 김성용을 통해 〈추기경께 드리는 호소문〉을 전달했다.

"저희는 계엄군에 의해서 짐승처럼 치욕과 학살을 당하고도 폭도요 난동분자요. 불순분자로 지목되었습니다. 저희 80만 광주시민의 피맺힌 한과 응어리진 아픔을 함께 해주십시오. 저희들이 인간대접을 받으며 자랑스런 민주시민임을 인정받게 해주십시오. …… 추기경께 유일한 희망을 걸고 엎드려 호소합니다."[203]

또 26일 대주교 윤공희는 최규하에게 다음과 같은 내용의 편지를 보냈다.

"계엄군이 광주시 곳곳에서 천인공노할 잔악한 행위를 수많은 시민들이 지켜보는 가운데 자행했기 때문에, 자기 아들딸들이 군인들의 몽둥이에 얻어맞고 구둣발에 채여 유혈이 낭자한 채 길바닥에 쓰러지고, 다 죽어 뻗어버린 채로 차에 실려가는 것을 본 시민들이 얼마나 격노하였겠는지를 곰곰이 생각해보셨습니까. …… 광주사태의 수습을 위해 지금이라도 어떠한 방법으로든지 사태발단의 진실을 정부와 군이 인정을 하고,

202) 김정남, 〈동포여, 무엇을 하고 있는가〉, 『생활성서』, 2002년 12월, 46~47쪽에서 재인용.
203) 김정남, 위의 글, 46쪽에서 재인용.

광주시민들은 외부와 완벽히 차단된 상황에서 가장 공포스런 방법으로 죽음을 당했고, 오직 말 없이 김대중에 대한 지지를 통해 풀고자 했던 살아남은 자들의 한은, 모멸과 박해의 대상이 되었다. 얼마나 많은 시민이 죽은 걸까? 그 정확한 숫자는 아무도 모른다.

겸손한 사죄의 표시를 하여야 할 것이고, 군인들의 만행에 대한 명령책임자를 엄중히 처단할 것을 약속하셔야 우선 급박한 현사태의 수습이 가능할 것입니다."[204]

그러나 그런 피어린 애절한 호소는 아무런 변화를 가져오지 못했다. 1980년 5월 26일 전남도청에선 최초이자 마지막 내외신 기자회견이 열렸다. 미국의 일간지 『볼티모어 선(Baltimore Sun)』지의 기자 블레들리 마틴은 이 기자회견에서 만난 광주항쟁 지도부의 청년학생투쟁위원회 대변인이었던 윤상원에 대해 이렇게 말했다.

"나는 이미 그가 죽을 것임을 예감했다. 그 자신도 그것을 알고 있는 듯했다. 표정에는 부드러움과 친절함이 배어 있었지만, 시시각각 다가오

---

204) 김정남, 〈동포여, 무엇을 하고 있는가〉, 『생활성서』, 2002년 12월, 46쪽에서 재인용.

는 죽음의 그림자를 읽을 수 있었다. 지적인 눈매와 강한 광대뼈가 인상적인 그는 최후의 한 사람이 남을 때까지 싸우겠다고 했다."[205]

윤상원은 26일 밤 총을 달라는 고등학교 학생들을 설득했다. "우리들이 싸울 테니 집으로 돌아가라. 너희들은 역사의 증인이 되어야 한다." 블레들리 마틴은 후일 이때의 윤상원의 모습에서 "세계 어느 무장조직에서도 볼 수 없었던 생명을 귀중히 여기는 진정한 투사의 진면목을 발견했다"고 말했다.[206]

5월 27일 0시를 기점으로 광주의 시외통화가 끊기자 도청에 남아 있던 사람들은 계엄군이 진입할 것이라는 것을 예감했다. 새벽 3시 30분, 도청의 인근 사방에서 총성이 울려퍼지면서 도청 상황실에서는 자폭하자는 의견도 있었으나 한 청년이 눈물을 주먹으로 씻으며 이렇게 말했다.

"고등학생들은 먼저 총을 버리고 투항해라. 우리야 사살되거나 다행히 살아남아도 잡혀 죽겠지만 여기 있는 고등학생들은 반드시 살아남아야 한다. 산 사람들은 역사의 증인이 되어야 한다. 우리는 민주주의와 민족통일의 빛나는 미래를 위해, 항쟁의 마지막을 자폭으로 끝내서는 안된다. 자, 고등학생들은 먼저 나가라."[207]

시민군의 장엄한 최후

새벽 4시쯤 도청 앞은 탱크를 앞세운 계엄군에 의해 완전히 포위되었으며, 금남로를 중심으로 시가전이 벌어지기 시작했다. 계엄군의 장갑차

---

205) 임창용, 〈'폭동' 아닌 '민중항쟁' 자리매김 큰 몫 윤상원 5·18 시민군 대변인〉, 「서울신문」, 1998년 9월 10일, 6면.
206) 임창용, 위의 글.
207) 전남사회운동협의회 편·황석영 기록, 「죽음을 넘어 시대의 어둠을 넘어: 광주 5월 민중항쟁의 기록」(풀빛, 1985, 13쇄 1995), 241쪽.

위에 장착된 서치라이트가 도청을 비추는 가운데 계엄군은 항복을 권유하는 최후통첩을 방송했다. 그러나 도청 안은 아무런 반응이 없었고, 곧 총성이 울림과 함께 계엄군의 서치라이트가 박살났다. 다시 캄캄한 어둠이 내리깔렸고 계엄군의 일제사격이 개시되었다. 자동화기의 콩 볶는 소리가 일시에 들렸고 도청에 진입한 공수대원들이 시민군들에게 난사했다.

무수한 시민군들이 공수대원들과의 사격 대치중에 죽어갔다. 곧 총알이 떨어진 시민군들은 투항하면 살려줄지도 모른다는 생각으로 항복할 마음을 먹었다. 시청 정문 쪽으로 필사적으로 도망가던 시민군 1명이 공수대원의 사격에 의해 즉사당한 바로 그때 8명의 시민군이 항복하겠다고 두 손을 번쩍 들고 무장을 해제한 채 도청 앞 뜰로 걸어나왔으나, 달아나던 시민군을 살해했던 계엄군은 8명의 투항자들을 전원 사살하였다. 한 계엄군 병사는 한쪽 발을 시민군 포로의 등에 올려놓고 사격하면서 "어때, 영화구경하는 것 같지"라는 농담까지 던졌다.[208]

계엄군은 시민군을 섬멸해야 할 괴물로 보았는지 모르지만, 많은 시민군들은 차마 동족을 향해 총을 쏠 순 없었다. 최정운은 그 최후의 장면을 다음과 같이 묘사한다.

"시민군들이 모두 정면으로 응사하는 동안 뒷담을 넘어 들어온 3공수 특공대는 도청 건물로 잠입하여 보이는 대로 총을 난사하고 여기저기 수류탄을 까넣었다. 그리고는 확인사살까지 했다. 많은 시민군들은 특공대가 들어오는 것을 보았지만 차마 방아쇠를 당기지 못했다."[209]

그러나 공수 특공대는 손을 들고 항복하고 나오는 시민군들에게까지도 총격을 퍼부었다.[210]

---

208) 전남사회운동협의회 편, 황석영 기록, 〈항쟁의 완성〉, 『죽음을 넘어 시대의 어둠을 넘어』(풀빛, 1985, 13쇄 1995), 242~243쪽.
209) 최정운, 『오월의 사회과학』(풀빛, 1999), 230쪽.
210) 박남선, 『피고인에게 사형을 선고한다』(샘물, 1988, 제2판 1999), 141쪽.

얼마나 많은 시민군이 죽은 걸까? 그 정확한 숫자는 아무도 모른다. 시민군 상황실장 박남선은 500 내지 600명이 도청에 있었다고 하였고, 계엄분소장으로 진압작전을 지휘했던 소준열은 당시 도청에 360명이 있었다고 말했다. 새벽에 도청에서 계엄군에 잡혀간 시민군은 약 200명이 었으니, 사망자는 160명에서 400명 사이가 될 것이다.[211] 사망자 중에는 항쟁지도부의 핵심적인 역할을 했던 윤상원이 포함되어 있었다. 윤상원의 죽음을 옆에서 지켜봤던 이양현의 말대로 그는 "광주항쟁을 위해 태어난 사람"이었다.[212] 윤상원의 시체엔 가슴에 총구멍이 하나 나 있고 화염방사기로 까맣게 탄 상태였다.[213]

5월 27일, 그간 중재를 요청해온 광주시민들의 애절한 호소를 공식통로를 통해 접수된 요청이 아니라는 이유로 거부해온 미국은 "우리는 한 주요한 도시에서 전체적인 무질서와 혼란상태가 무한정하게 계속되는 것이 허용될 수 없음을 인식하고 있다"는 성명을 발표함으로써 미국이 사실상 신군부의 편에 서 있다는 걸 분명히 하였다.[214]

66개의 훈장과 김의기의 투신자살

5월 28일 KBS는 다음과 같이 보도하였다.

"어제(5월 27일) 새벽 세시에서 다섯시 사이 계엄군과 경찰은 광주를 탈환했다. 200명 이상의 학생들이 계엄군측에 항복했으며 두 명은 끝까지 저항하다 사살되었다."[215]

211) 최정운, 『오월의 사회과학』(풀빛, 1999), 230쪽.
212) 임창용, 〈'폭동' 아닌 '민중항쟁' 자리매김 큰 몫 윤상원 5·18 시민군 대변인〉, 『서울신문』, 1998년 9월 10일, 6면.
213) 한국현대사사료연구소 편, 『광주오월민중항쟁사료전집』(풀빛, 1990), 229쪽.
214) 박미경, 〈광주민중항쟁과 미국의 개입구조〉, 정해구 외, 『광주민중항쟁연구』(사계절, 1990), 247쪽.
215) 게브하르트 힐셔, 〈목가적 전원도시에서 펼쳐진 악몽〉, 한국기자협회 외, 『5·18 특파원리포트』(풀빛, 1997), 89쪽.

신부 김성용은 26일 광주를 탈출한 후, 광주의 진실을 알리기 위해 남긴 글에서 이렇게 말했다.

"27일 새벽 2시경에 작전을 개시한 계엄군이 6시경에야 도청을 접수했다고 하니, 얼마나 많은 피가 또 흘렀을까. …… 주님, 아벨의 피가 부르짖는 소리를 들어주신 주님, 광주시민이 흘린 피의 부르짖음도 들어주소서 ……. 80만 남도시민의 피맺힌 한과 응어리진 슬픔은 언제나 풀릴 것인가. 자꾸만 자꾸만 흐르는 눈물을, 답답한 가슴을 어이할 거나? 아, 분노보다 슬픔이 ……."[216]

그러나 신군부에겐 더할 나위 없는 기쁨이었다. 사상 유례없는 이 처절한 '피의 광란'에 2만여 명의 병력을 동원했던 신군부는 "주도면밀한 계획과 대담한 실시로 시민의 희생 없이 완수한 작전으로서 사상 유례없는 성공적인 작전이었다"는 평가를 내리고 공수특전부대 사령관 정호용 등 살인마 66명에게 훈장을 수여하였다.[217] 이들에겐 그야말로 '화려한 휴가'였던 셈이다.

광주학살의 참상을 목격한 후 서울로 올라왔던 서강대생 김의기는 충격을 견디지 못해 5월 30일 오후 5시 30분 서울 종로5가 기독교회관에서 〈동포에게 드리는 글〉이라는 글을 뿌리면서 투신자살했다.

"피를 부르는 미친 군화발 소리가 우리가 고요히 잠들려는 우리의 안방까지 스며들어 우리의 가슴팍과 머리를 짓이겨 놓으려고 하는 지금, 동포여 무엇을 하고 있는가? 동포여, 우리는 지금 무엇을 하고 있는가. 보이지 않는 공포가 우리를 짓눌러 우리의 숨통을 막아버리고 우리의 눈과 귀를 막아, 우리를 번득이는 총칼의 위협 아래 끌려다니는 노예로 만들고 있는 지금, 동포여 무엇을 하고 있는가?"[218]

---

216) 김정남, 〈동포여, 무엇을 하고 있는가〉, 『생활성서』, 2002년 12월, 47쪽에서 재인용.
217) 임철우, 〈5·18 정치폭력의 잔학성〉, 변주나·박원순 편, 『치유되지 않은 5월: 20년 후 광주민중항쟁 피해자 실상 및 대책』(다해, 2000), 95쪽.

144명, 832명, 2000명?

광주를 피로 물들이고 대한민국을 노예의 땅으로 전락시킨 신군부는 광주항쟁 관련 피해자들에게 보상금을 주는 '은전'을 베풀겠다고 나섰다. 이에 대해 『동아일보』 1980년 6월 6일자는 다음과 같이 보도하였다.

"정부는, 광주사태로 인한 사망자에게는 1인당 4백만 원씩, 반신불수가 된 부상자에게는 1인당 3백만 원씩 위로금을 지급키로 결정하는 한편, 부상자 치료와 영세민 생계구호를 위해 우선 35억 원을 전남도에 지급했다고 발표했다. 6일 경제기획원은, 사망자에게는 이미 발표했던 대로 20만 원씩 장례비를 지급하는 외에 그 가족에게 4백만 원씩 위로금을 주고, 부상자에게는 치료비를 국고에서 부담하며 치료가 끝난 후 도지사가 반신불수임을 확인하는 경우에 한해 1인당 3백만 원씩 위로금을 주기로 했다고 발표했다. ……"[219]

5·18의 사망자 수는 과연 몇명이었을까? 5월 31일 계엄사령부는 "광주 사태로 민간인 144명, 군인 22명, 경찰 4명 등 모두 170명이 사망했으며, 민간인 127명, 군인 109명, 경찰 144명 등 380명이 다쳤다"고 공식발표했다.[220]

그러나 이 발표를 그대로 믿는 광주시민은 아무도 없었다. 너무도 많은 사람들이 죽어나가 그걸 일일이 세는 것조차 힘겨웠다. '광주민주화운동의 대모'로 불리는 조아라는 다음과 같이 말한다.

"5·18 때 얼마나 많은 사람들이 죽었는지 관을 구할 수가 없었어. 학

---

218) 김정남, 〈동포여, 무엇을 하고 있는가〉, 『생활성서』, 2002년 12월, 48쪽에서 재인용. 서울대학교 경제학과 학생 김태훈도 전두환 신군부세력의 광주학살이 끝난 직후 도서관 난간에서 "살인마 전두환 물러가라"를 외치며 투신자살했다. 김형진, 〈대학가요제의 돌연변이 국풍 81〉, 『내일신문』, 1998년 5월 27일 35면.
219) 한국기독교교협의회 인권위원회, 〈광주민중항쟁 이후〉, 『1980년대 민주화운동(1)』(한국기독교교협의회 인권위원회, 1987), 252쪽 재인용.
220) 노재현, 『청와대 비서실 2』(중앙일보사, 1994), 310쪽에서 재인용.

생들이 두꺼운 베니어 판을 구해다가 잘라서 그것으로 관을 만들고, 미처 수의를 못 만드니까 당목으로 둘둘 감아서 태극기 한 장씩을 덮어 갖고 묶고 한 것이 도청 마당으로 하나 가득이여. 나중에는 돈 나올 데가 없으니 관 살 돈도 없제, 당목 살 돈도 없제, 그래 교회에서 우선 30만 원을 얻어서 감당하게 했제."[221]

후일, 오랫동안 집을 떠나 있어 신고가 접수되지 않은 사망자 수까지 합하면 전체 사망자 수는 2천 명에 이를 것이라는 주장도 제기되었지만 확인할 길은 없었다. 공수부대원들은 처음부터 사상자 수를 은폐하기 위해 사상자가 발생하는 대로 트럭에 싣고 아무도 모를 곳에 파묻었기 때문에 더욱 그랬다. 목사인 아놀드 A. 피터슨은 사망자 수를 8백여 명으로 추정하면서 다음과 같이 말한다.

"그와 내가 최근에 광주에서 일어났던 일에 대해 귓속말로 이야기를 나눌 때, 나는 얼마나 많은 사람들이 죽었는지를 물어보았다. 그는 그 항쟁 동안 광주에 거주했던 한국군에서 일했던 친구가 있었는데, 그 친구에 따르면 조사당국자들은 사망자 수를 832명으로 확인했다고 했다. 다시 회고해보면 그 수는 통계적으로도 내 추측과 일치한다. 1980년에 광주 인구는 약 75만명이었다. 그 인구 중 광주의 여러 침례교회에 출석하고 있는 교인들의 수는 대략 2천명이었다. 이들 2천명의 침례교인들 중에서 우리는 두 명의 사망자를 경험했는데, 그 비율은 1,000명 대 1명인 것이다. 만일 그 비율을 광주시 전체에 적용하면 약 750명의 사망자가 된다. 그러나 침례교도들은 일반적으로 정치적으로 활발한 사람들이 아니므로, 침례교도들은 일반인보다 더 적은 수의 사망자를 경험했으리라고 추정할 수 있다. 그렇다면 총 832명의 사망자 수는 - 혹은 대략 그 정

---

221) 여성신문사 편집부, 〈조아라: 나는 아직도 광주가 생생합니다-광주민주화운동의 대모〉, 『이야기 여성사: 한국 여성의 삶과 역사 1』(여성신문사, 2000), 209~210쪽.

도의 수는 - 통계적으로 타당한 결론인 것 같다.[222]

신군부의 발표에서조차 사망자 수는 시간이 갈수록 늘어났다. 그러나 진짜 문제는 사망자 수 이전에 학살 자체를 바라보는 신군부의 시각이었다. 그들은 별일 아니라는 듯 가볍게 생각했다.

계엄사령관이었던 이희성은 7월 22일, 외신기자 회견에서 광주에서 군인 23명, 경찰 4명, 민간인 162명 등 모두 189명이 사망했다고 밝히면서, "광주사태는 다른 나라에서 보면 자그마한 사건, 즉 '마이애미 폭동' 정도일 것이다. …… 일부 종교인들은 너무 편견에 사로잡혀 그들의 견해만이 옳다고 주장한다"고 말했다.[223]

호남인들의 한(恨)에 대한 모멸과 박해

5·18민주항쟁은 광주에서만 일어난 게 아니었다. 목포, 함평, 무안, 나주, 영산포, 영암, 강진, 장흥, 해남, 화순 등 전남 일대로까지 확산되었다. 전북은 비교적 조용하였지만, 5·18민주항쟁의 첫번째 희생자는 전주에서 나왔다. 당시 검열에 삭제돼 보도되지 못한 『동아일보』 80년 5월 19일자 기사는 이렇게 기록하였다.

"18일 오전 1시반경 전북 전주시 덕진동 전북대 학생회관 3층 옥상에서 농학과 2년 이세종군(20)이 13미터 아래 콘크리트 바닥으로 떨어져 숨졌다. 경찰에 따르면 이군은 이날 0시 비상계엄령이 전국으로 확대발표된 직후 계엄군이 학교에 진입, 학생회관 쪽으로 몰려들자 30여 명의 학생들과 함께 몸을 피해 옥상 밑에 부착된 철제 외등걸이를 붙잡고 매달렸다가 밑으로 떨어져 숨졌다는 것 ……"[224]

---

222) 아놀드 A. 피터슨, 정동섭 옮김, 〈글을 맺으면서〉, 『5·18 광주사태』(풀빛, 1995), 171쪽.
223) 김정남, 〈동포여, 무엇을 하고 있는가〉, 『생활성서』, 2002년 12월, 48쪽에서 재인용.
224) 윤상호, 〈80년 광주민주화운동 보도통제의 실상: 기사 10건 중 1건 '가위질' 당했다〉, 『동아일보』, 2000년 5월 11일, 29면.

5·18항쟁 이후, 광주의 진실과 한(恨)이 전북으로까지 확산되기에는 다소 시간이 걸리긴 했지만 '광주'가 '호남'과 동일시되는 데엔 긴 시간이 필요하지 않았다. 많은 전북인들은 비호남인들이 면전에서 전북을 '양반' 운운하면서 광주·전남과 비교하여 우대하는 발언을 태연히 하는 것에 대해 역겨움을 느끼게 되었고, 광주학살의 이면엔 박정희정권 이래로 자행되어온 영남정권의 노골적인 호남차별 심리와 음모가 자리잡고 있었다는 걸 이론이 아닌 온몸으로 깨닫게 되었다.

박현채는 1980년 서울의 봄 당시의 정치정세를 "보수 제세력간의 격렬한 정치투쟁에서 비록 확연한 우세를 견지하고는 있지 않았지만 군부에 강력히 저항하는 김대중계와 재야세력의 연합이 강력한 것"이었다고 보았다. 그리고 "역사적 반동에의 길은 광주에서가 아니었더라도 다른 곳 어디에서든지 일어나게 되어 있었"지만, "박정희체제의 후계를 노리는 군부의 작은 고양이들"은 정치권력을 장악하기 위한 승부처를 "끈덕진 저항의 역사를 가지면서 경제력에서 약하고 역사적 투쟁에서 싸움의 좌절과 좌절 속에서 처절함에 익숙해져 있을 뿐만 아니라 좌절 속에서 체념을 배운 전남에서 선택"하였다고 보았다.[225]

설마! 그러나 이후 운동권을 제외한 일부 비호남지역 사람들의 호남인들의 한(恨)에 대한 모진 모멸과 박해는 박현채의 주장이 타당함을 입증해주었다.[226] 광주시민들은 동료시민들이 공수부대의 대검과 총탄에

225) 정근식, 〈광주민주화운동과 지역문제〉, 김종철·최장집 외, 『지역감정 연구』(학민사, 1991), 141쪽에서 재인용.
226) 광주민주화운동 피해자에 대한 보상은 1990년 7월 제정된 '광주민주화운동보상법'에 의해 이루어졌는데, 1990년과 1993년 1998년, 그리고 2000년 등 네 번에 걸쳐 모두 7189명이 신청하여 5천 명이 피해자로 인정되었고 보상을 받았다. 94년 광주항쟁의 책임자들의 처벌을 요구하는 고소가 제기되었다. 96년 김영삼정부는 '5공화국 비리' 등의 책임을 물어 전두환과 노태우를 구속했는데, 이 때 진행된 수사를 통해 광주민주화운동의 진상이 새롭게 밝혀졌다. 97년 4월 29일 김영삼정부는 5월 18일을 '광주민주화운동기념일'로 제정했다. 그러나 '호남 고립'이라는 3당통합을 통해 집권한 김영삼은 사실상 호남을 살리기보다는 죽이는 쪽에 섰다.

무참히 쓰러져갈 때에 "전두환을 갈갈이 찢어 죽이자"고 외쳤지만, 내내 그의 털끝 하나 건드리지 않았다. "좌절 속에서 처절함에 익숙해져 있을 뿐만 아니라 좌절 속에서 체념을 배운" 호남인들이 아니라면 결코 상상하기 어려운 일이었다.

무력감에 빠진 호남인들은 오직 말 없이 김대중에 대한 지지를 통해 그 한(恨)을 풀고자 하였지만, 인정머리 없고 광주학살에 대해 눈물 한방울 흘린 적이 없는 일부 한국인들은 그들의 그런 평화적인 선택에 대해 서조차 경멸을 보내는 데에 주저하지 않았다. 일부 정신 나간 한국인들은 전두환 일당에게 뜨거운 지지를 보내는 것에도 주저하지 않았다. 이는 이후의 역사가 말해줄 것이다.

전남대 총학생회장 박관현

1980년 5월 14일부터 16일까지 전라남도 도청 앞에서는 '민족민주화성회'가 열렸는데, 첫날 1만여 명에 불과했던 시위대는 마지막날 야간의 횃불시위가 끝난 후에는 무려 5만여 명으로 늘어나 있었다. 이 시위를 이끈 인물이 당시 전남대 총학생회장이었던 박관현이었다.

박관현은 성회 마지막날 "민주화의 성스런 횃불이 꺼졌다 할지라도 그것은 영원히 꺼진 것이 아니라 우리 마음속에 활활 타오르고 있어야 할 것입니다"고 말한 뒤 "휴교령이 발동되면 정오에 도청 앞 광장에 모이자"고 말했다.[a]

그러나 광주항쟁 당시, 그는 광주에 있지 못했다. 5월 17일 오후, 전남대 총학생회실에는 서울로부터 "서울의 각 대학 학생회장단이 모두 계엄당국에 연행되었다"는 전화가 걸려왔는데,[b] 이 전화를 통해 신군부가 민주인사들 검거에 나섰다는 것을 감지한 총학생회 간부들은 18일 아침까지 진행된 회의에서 논쟁 끝에 박관현은 여수 앞바다의 돌산섬으로 피신시키기로 결정을 했기 때문이다. 이곳에서 광주의 소식을 듣고 몇번 광주 시내로 잠입을 시도했다가 실패했던 그는 광주학살이 끝난 후 서울로 상경했다.

82년 4월 서울의 한 공장에 취직했던 박관현은 현상금을 노린 동료 노동자의 밀고로 체포되어, 광주로 압송되어 광주교도소에 수감됐다. 그는 7월부터 교도소의 비인간적인 처우에 항의 표시로 단식에 들어갔는

---

a) 김재영, 〈시민 민주역량 결집한 '광주의 아들' 박관현 전전남대 총학생회장〉, 『서울신문』, 1998년 9월 17일, 6면.
b) 김정남, 〈광주민주화운동의 전야: 전두환 군부와 남도의 저항〉, 『생활성서』, 2002년 10월, 48쪽.

데, 그의 단식은 3개월 동안 3차례에 걸쳐 50일에 이르렀다.[c] 결국 급성 심근경색과 급성폐부종 증세로 인해 10월 12일 숨을 거두었는데, 이때 그의 나이 만 29세였다.

박관현이 죽기전 마지막으로 남긴 말은 "3천만 우리 민족을 위하는 길이라면 내 목숨을 바치겠다. 재소자 2천 명의 처우가 개선되도록 하였으니 내 할일은 다 했소. 어머니, 나는 죽어도 좋아요"였다.

10월 13일부터 11월초까지 전남대에선 수천명의 학생들이 참여한 가운데 대대적인 항의시위가 열렸으며, 서울대·이대·성대·숙대 등 여러 대학들에서 박관현의 사인규명을 요구하는 유인물들이 대거 살포되었다. 또 광주교도소에 수감중인 양심수 40여 명도 박관현의 죽음과 관련해 신군부의 폭력을 규탄하며 당국의 고문, 구타 중지를 위한 단식농성을 전개하였다.[d]

c) 김재영, 〈시민 민주역량 결집한 '광주의 아들' 박관현 전전남대 총학생회장〉, 『서울신문』, 1998년 9월 17일, 6면.

d) 한국기독교교회협의회 인권위원회, 『1980년대 민주화운동 (II): 광주 민중항쟁 자료집 및 상반기 일지』(한국기독교교회협의회, 1987), 920~923쪽.

'관객의 부재'를 넘어선 언론의 왜곡

투사회보와 민주시민회보

언론기능이 조금이라도 살아 있었더라면 광주학살이 가능했을까? 이는 결코 우문(愚問)은 아니다. 앞서 최정운이 잘 지적한대로, 광주학살극은 '관객의 부재'라고 하는 조건하에서만 가능한 것이었다. 아니 광주학살극은 '관객의 부재'를 넘어서 언론에 의해 엄청난 왜곡이 저질러졌기 때문에 광주시민들은 다른 지역 동족들의 도움을 기대하기 어려웠던 것이다. 그런 상황에서 광주시민들은 항쟁기간 동안 상호 커뮤니케이션을 어떻게 하였던가?

5월 18일부터 21일까지 선전조가 서로간의 연락 없이 각기 세 가지의 유인물 작업을 하였다. 전남대 『대학의 소리』 발행팀이 최초의 유인물을 제작, 배포하였고, 광천동 들불 야학팀이 윤상원을 중심으로 하여 유인물을 발행하였으며, 마지막으로 문화팀 '광대'가 박효선을 중심으로 하여 유인물을 발행하였다. 이들 세 유인물 제작팀들은 윤상원의 지도를

받아 합류해 『투사회보』로 통일해 편집방향과 작업분담을 조정하였다.[227]

이들은 3대의 등사기로 밤을 새워 쉬지 않고 등사를 하여 하루에 5천~6천 부씩 발간하였으며, 여성노동자들이 몸 속에 숨겨 시내에까지 나가 배포하는 역할을 맡았다. 이들은 25일 민중항쟁 지도부가 구성되면서 YWCA로 옮겨 본격적인 홍보부서를 편성하게 되었는데, 특히 YWCA에 있던 수동윤전기는 지금까지 발행부수의 제약을 받던 등사기에 비하여 하루에 4만여 장을 인쇄할 수 있었다.[228]

『투사회보』는 21일부터 시작되어 25일까지 8호를 발간하다가 다음 호부터는 『민주시민회보』로 제호를 변경하여 발간되었다(마지막 호였던 10호는 계엄군의 진입으로 인해 미처 배포하지 못했다). 이 매체에 대해 황석영은 다음과 같이 말한다.

"항쟁기간 동안에 진행된 민중언론의 창설과 선전조의 운영은 민중의 목소리를 반영하면서 시민들의 행동통일에 기여한 바가 많았다. 제도언론마저 완전히 차단된 상태에서 격문이나 플래카드, 가두방송이 지니는 일시적인 성격, 부분적인 약점을 극복한 활자로서의 지속성, 논리성, 변두리지역까지 보급될 수 있었던 전면성의 장점을 충분히 살린 선전활동이었다."[229]

그러나 『투사회보』의 활약이야말로 세상으로부터 고립된 광주의 비극을 웅변해주는 것이었다. 신군부는 광주학살극을 예상한 것처럼 오래 전부터 철저한 언론통제와 탄압에 착수하여 광주를 완전히 고립시켰던 것이다.

신군부의 언론 장악

신군부는 3월 17일부터 동아일보 기자들에 의해 주도된 '언론검열 철폐와 자유언론 실천운동'을 예의 주시했다. 이 운동이 5월에 들어서면서 기자협회, 기독교방송, 국제신문, 중앙일보, 동아방송, 경향신문, 현대경제, 한국일보, 충청일보, 문화방송 등으로 확산되자 신군부는 '일망타진'의 기회를 노렸으며, 5월 17일 비상계엄 전국확대와 함께 발동한 포고령 10호를 그 기회로 삼았다. 신군부는 진실한 보도와 언론의 자유를 주장하는 양심적 기자들을 유언비어 유포 및 내란 음모 등의 혐의로 구속·해직시켰으며, 5·18 이후 광주시민들을 폭도, 난동분자, 무장폭도 등으로 보도하라고 지시했다.[230]

대부분의 국내 언론은 5월 21일 계엄사 발표가 있기 전까지 광주사태를 보도하지 못했다. 계엄사 발표 이후 첫 보도가 나갔으나 그 내용은 계엄사 발표내용을 간략하게 보도하는 정도였다.

『동아일보』는 5월 19일부터 5일간 사설을 뺀 채 신문을 발행하였다. 이는 자기주장을 펼 수 없는 상황에서 행한 최소한의 양심과 저항의 표시로 볼 수 있는 것이었다.[231] 『동아일보』는 5월 21일자 1면 왼쪽 상단에 4단 기사로 〈광주사태 대책강구〉란 제목의 계엄사 발표내용을 간략하게 보도하였다. 기사내용은, "계엄사령부는 지난 18일부터 광주일원에서 발생한 소요사태가 아직 수습되지 않고 있다고 밝히고 조속한 시일 내에 평온을 회복하도록 모든 대책을 강구하겠다고 말했다"가 전부였다.[232]

『조선일보』『한국일보』『중앙일보』『경향신문』『서울신문』등은 이러한 계엄사 발표내용에 덧붙여 소위 〈광주지역에 유포된 유언비어의 유

---

230) 정운현, 〈언론 통폐합〉, 『호외, 백년의 기억들』(삼인, 1997), 215쪽.
231) 김삼웅, 〈제5공화국 출범 이전의 곡필사〉, 『곡필로 본 해방 50년』(한울, 1995), 371쪽.
232) 김삼웅, 위의 책, 366쪽.

형〉이라고 하여, 다음과 같은 내용을 크게 보도하였다.

△ 경상도 군인이 전라도에 와서 여자고 남자고 닥치는 대로 밟아 죽이기 때문에 사상자가 많이 난다. △ 18일에는 40명이 죽었고 시내 금남로는 피바다가 되었으며 군인들이 여학생들의 브래지어까지 찢어버린다. △ 공수부대 애들이 대검으로 아들딸들을 난자해버리고 브래지어와 팬티만 입게 한 후 장난질을 한다. △ 공수부대가 몽둥이로 데모군중의 머리를 무차별 구타, 눈알이 빠지고 머리가 깨졌다. △ 한신대 학생 1명이 죽었다. △ 학생들 50여 명이 맞아 피를 흘리며 끌려다니고 있다. △ 계엄군이 출동하여 장갑차로 사람을 깔아 죽였다. △ 계엄군이 점거하고 있는 가톨릭센터 건물에는 시체 6구가 있다. △ 데모군중이 휴가병을 때리자 공수부대가 군중을 대검으로 찔러 죽였다. △ 계엄군이 달아나는 시민들에게 대검을 던져 복부에 박혀 상을 입혔다.[233]

계엄사가 이와 같은 유언비어를 언론기관에 보도토록 한 것은 광주사태를 호도하기 위한 전략에서였지만, 이러한 유언비어는 대부분이 사실인 것으로 드러났다.[234]

양심적인 기자들의 증언

『경향신문』은 광주항쟁 초기에 6명의 기자가 광주보도와 관련하여 용공혐의로 구속되는 시련을 겪었다. 이 신문은 광주항쟁 초기에는 가장

---

233) 김삼웅, 〈제5공화국 출범 이전의 곡필사〉, 『곡필로 본 해방 50년』(한울, 1995), 366쪽.
234) 김삼웅, 위의 책, 366쪽.

용기있게 대처하는 모습을 보여주었다. 5월 22일자 1면에 〈광주일원 심각사태〉란 보도를 통하여 다른 신문들과의 차별성을 분명히 했고, 23일과 24일에는 계속 관련기사를 삭제당하는 바람에 급조된 광고로 대처하기도 했다. 그러나 사설과 논평을 쓴 간부 언론인들은 어느 신문에 못지 않게 곡필을 일삼았고 현지 취재기자들도 왜곡에 열을 올렸다.[235]

5 · 18 당시 일부 언론이 나름대로 진실을 보도하려고 전혀 노력하지 않은 건 아니었지만, 대체적으로 보아 언론은 신군부의 통제하에 놓인 상태에서 허위 · 왜곡 · 과장 보도로 신군부의 광주학살을 거드는 역할을 하였다. 당시 일부 양심적인 기자들의 증언을 들어보자.

당시 MBC 기자 오효진은 그때 상황을 다음과 같이 회고하였다.

"80년 5월 20일 처음 광주에 내려갔다. 한번은 기사를 송고하기 위해 광주역으로 갔다. 여기저기 많은 시체들이 있었다. …… 당시 방송사의 경우 일반기사는 전용선을 통해 송고했다. 이미 불타버린 광주 MBC에 가보니 벽 틈으로 전용선 두 줄이 흘러나와 있었다. 이를 자석식 전화로 연결해 10분간 기사를 송고했다. 당시 내 기사를 듣고 있던 본사 사원들이 모두 울고 있었다고 한다. 국내기자는 시민군에 접근하기 힘들었지만, 한 관계자를 만나 '제대로 안 나간다는 거 안다. 하지만 기록이라도 남기자'고 간절히 설득해 같이 어울릴 수 있었다. 시민군으로 합류한 학생, 시민들은 '형님, 쉬면서 하십쇼', '지금 나가면 위험하니 이따 나가요' 하며 나를 챙겨줬다. 그러나 20일 도청이 접수되자, 어제까지 그들과 함께 있었던 나는 계엄군 옆에서 그들이 굴비처럼 엮여 나가는 모습을 지켜보고 있었다. …… 광주항쟁을 거치면서 기자가 얼마나 무력한 존재인지 뼈저리게 느꼈다. 그 이후 사표를 냈다."[236]

235) 김삼웅, 〈제5공화국 출범 이전의 곡필사〉, 『곡필로 본 해방 50년』(한울, 1995), 369쪽.
236) 이는 2000년 5월 15일 광주에서 열린, 언론재단과 기자협회가 주최하고 광주전남기자협회가 주관한 제6회

전남매일 기자 박화강은 다음과 같이 회고하였다.

"그날 이후 늘상 사죄하는 심정으로 살고 있다. 전남매일 기자들은 80년 5월 20일 검열을 거부하고, 눈으로 보고 확인한 그대로 신문을 제작키로 결의했다. 최초 발포, 공수부대 잔학상, 시민들의 저항이 그 신문에 다 있었다. 그러나 두 장 정도 떴을 때 간부들이 달려와 활판을 헐어버렸고 기자들은 집단사표를 결의했다. 진실을 전하지 못하는 이상 우리는 더이상 기자가 아니라는 결의문을 작성했다. 화순까지 숨어 들어가 2만장을 인쇄, 금남로에 뿌렸다. 다시 몇사람이 모여 지하신문을 만들자고 결의했고 준비작업에 들어갔으나 시민들이 총을 들었다는 소식을 접하고 더이상 희생은 안된다고 판단해 활동을 접었다. 최소한 그 정도의 저항은 있었다고 자부한다. 하지만 이렇게 아무리 쓰고 싶고, 아무리 활자화하고 싶어도 할 수 없을 때 기자들은 어떻게 해야 하는지 묻고 싶다."[237]

『동아일보』 기자 김충근은 다음과 같이 회고하였다.

"광주항쟁을 취재하면서 내 자신이 기자로서 갖추어야 할 표현력의 부족을 얼마나 한탄했는지 모른다. 글이나 말로는 도저히 전달할 수 없는 상황이 있다는 사실도 그때 뼈저리게 체험했다. …… 기자로서는 이같은 행위를 적절히 표현할 단어를 찾을 수 없었다. 만행, 폭거, 무차별 공격 등의 단어는 너무 밋밋해 도저히 성에 차지 않았다. …… 그래서 궁여지책으로 떠올린 단어는 '인간사냥'이었다(이 용어는 당시 계엄사의 언론검열로 신문에 활자화되지 않았으나 광주사태의 참상을 전하는 표현 중에 쭉 인용되고 있다). 또 젊은 여자, 그것도 옷맵시가 제대로 갖추어져 있고 예쁘장한 여자일수록 가해지는 폭력은 더 심했고 옷을 찢어발긴다든지

기자포럼 〈5·18민중항쟁에 관한 왜곡보도와 그후 20년〉에서 나온 발언을 『기자협회보』(2000년 5월 22일)가 요약정리해 실은 것이다.
237) 위의 글.

가격하는 신체부위가 여체의 특정 부위들에 집중되었을 때, 그것은 어떻게 표현해야 되는가? 백주겁탈, 폭력난행, 성도착적 무력진압 등의 표현들이 얼핏 떠올랐으나 이것 역시 광주 상황을 전하기엔 적절치 못하였다."[238]

조선일보의 활약

일부 언론은 신군부의 통제에 소극적으로 응한 것이 아니라 매우 적극적인 자세로 신군부를 지지하기까지 했는데, 그 대표적인 신문이 바로 『조선일보』였다. 『조선일보』 주필 선우휘는 이미 80년 1월 30일 일본 『산케이신문』과의 회견에서 신군부를 간접적으로 지지하는 발언을 했으며, 이후 사설과 기사를 통해 전두환 찬양에 열을 올렸다. 『조선일보』는 12·12사건에 대해서도 "군의 이러한 입장(정치적 중립)과 결의가 새삼 천명되었다는 것은 전국민의 공감과 지지를 받아 마땅"(79년 12월 20일자 사설)하다고 주장했었다.

그러나 해도 너무 했다. 아무리 고마워도 그렇지, 그 무자비한 5·18 광주학살에 대해서까지 찬양을 하다니 해도 너무 했다는 말이다. 『조선일보』는 5월 25일자 사설에서 항쟁세력들을 '분별력을 상실한 군중'으로 몰아붙이고는 "…… 57년 전 일본 관동대지진 때 조선인 학살의 역사가 반교사적으로 우리에게 쓰라린 교훈을 주고 있다 ……"며 마치 광주시민들을 무자비한 일본인 폭도들에 비유하기도 했다.[239]

5·18 민중항쟁 서울·경기동지회 사무국장인 임종일은 "조선일보는 24일부터 보도태도가 동아, 중앙과는 달랐는데 이는 신군부에게 조기진

---

238) 최정운, 『오월의 사회과학』(풀빛, 1999), 96~97쪽에서 재인용.
239) 정운현, 〈'광주의 굴레' 못 벗은 한국언론〉, 『대한매일』, 2001년 5월 19일, 15면.

압 명분을 주려한 듯하다"고 지적했는데, 그의 말을 입증이라도 하듯, 27일 새벽 계엄군 투입으로 사태가 일단락되자 조선은 28일자 사설을 통해 다음과 같이 거짓말까지 동원한 찬양을 늘어놓았다.

"지금 오직 명백한 것은 광주시민 여러분은 이제 아무런 위협도, 공포도, 불안도 느끼지 않아도 될, 여러분의 생명과 재산을 포함한 모든 안전이 확고하게 보장되는 조건과 환경의 보호를 받게 됐고 받고 있다는 사실이다. …… 비상계엄군으로서의 군이 자제에 자제를 거듭했던 사실을 우리는 알고 있다. …… 때문에, 신중을 거듭했던 군의 노고를 우리는 잊지 않는다."

여론조작을 위한 촌지 살포

신군부가 단지 억압적인 언론통제만으로 여론을 조작한 건 아니었다. 신군부는 언론을 위협하는 동시에 포섭했다. 광주에서 무자비한 학살이 벌어지고 있던 5월 22일 전두환은 서울지역의 주요 언론사 사장들을 불러 다음과 같이 겁을 주었다.

"그동안 언론과 대학의 내막은 물론, 누가 선동하고 있는지도 샅샅이 알고 있다. 경영권자가 권한행사를 잘못하고 있기 때문이 아닌가. 이들을 선동한 사람들을 파악해서 체포할 것이다. 그러한 사태가 없도록 사장들이 수습하고 책임을 지기 바란다."[240]

그런 전두환을 우두머리로 삼고 있던 신군부는 심지어 광주학살에 대한 여론조작을 해달라고 두툼한 촌지까지 뿌렸다. 이와 관련, 윤덕한은 다음과 같이 말한다.

"광주에서 유혈극이 절정에 달하고 있던 5월 22일 전두환은 각 언론

---

240) 김주언, 〈80년대 언론탄압〉, 『사회비평』, 제2권 제3호(1989), 166~167쪽에서 재인용.

사 발행인을 불러 계엄확대조치의 배경과 불가피성을 설명하고 언론계의 협조를 요청했다. 이어 사태 보도의 실질적인 책임자인 사회부장들을 요정으로 불러내 똑같은 당부를 하고 1인당 1백만 원씩 촌지를 돌렸다. 당시 중앙 일간지의 부장급 월급이 45만 원 내외였으므로 1백만 원은 촌지의 수준을 넘는 거금이었다. 그래도 최소한의 양심이 있는 일부 사회부장들은 전두환으로부터 촌지를 받은 것이 부끄럽고 괴로워 부원들과 통음을 하는 것으로 그 돈을 다 써버렸다고 하지만 상당수는 입을 씻고 너스레를 떨어 기자들로부터 눈총과 손가락질을 받기도 했다."[241]

'3등 국가의 군부와 언론'

광주항쟁 기간 내내 광주에 머물면서 취재를 했던 『한국일보』 기자 채의석은 단 한 줄도 진실을 신문지상에 보도할 수 없었던 것에 대해 신음하면서 괴로워했다. 그가 서울에 돌아온 뒤에도 철통 같은 언론 검열은 여전했다. 그는 제정신 가진 언론인은 무조건 해직될 수밖에 없다는, 자신에게 곧 들이닥칠 운명을 감지한 것인지 다음과 같이 절규했다.

> 문공부, 중앙정보부, 보안사, 경제기획원, 서울시청과 육해공군에서 차출된 공무원 및 3군 장교 50여 명이 아래로 계단을 이루고 늘어앉아 있는 검열단. 그리고 OK 사인을 받기 위해 훈련소에 갓 입소한 이등병마냥 한껏 긴장된 표정으로 기사 교정쇄를 들고 줄을 지어 차례를 기다리는 기자라는 쟁이들의 모습. 기사의 어느 부분이 작살날지 모른다. 아니, 기사가 통째로 날아갈지도 모른다. 순전히 칼을 가진 자의 마음에 달려 있다. 신문을 특정집단의

---

241) 윤덕한, 〈전두환 정권하의 언론〉, 송건호 외, 『한국언론 바로보기』(다섯수레, 2000), 292~294쪽.

보 고 양 상

80년 5월 19일 월거?

구분	검열건수	삭제기수			검열누기
		전면	부분	가	
신문	103 / 37,968	31 / 2,421	18 / 4,706	49 / 7,127	—
통신	217 / 10,727	23 / 1,328	3 / 1,904	26 / 3,232	—
방송	107 / 10,842	25 / 1,339	5 / 2,965	30 / 4,104	—
잡지	59 / 11,849	2 / 149	1 / 461	3 / 610	—
문화홍보	39 / 3,422	/ 182	/ 169	/ 351	—
계	525 / 125,896	81 / 5,602	27 / 10,005	108 / 15,607	—

80년 5월 19일, 계엄사령부 보도검열단이 기사를 사전검열한 뒤 작성했던 보고양식. 이날 하루 525건의 기사를 검열, 그 중 81건을 전면삭제하고 27건을 부분삭제한 것으로 나타나 있다. 이런 상황에서 적극적인 자세로 신군부를 지지하기까지 했던 『조선일보』의 활약상은 돋보인다.

게시판쯤으로 전락시켜버리는 이 엉터리 국가의 진풍경.

"그래, 너희들은 3등 국가의 군인들이요, 나는 저항의 몸짓 한 번 제대로 지어 보이지 못하는 3등 국가의 쟁이. 유유상종이라고 했지. 지금 우리는 끼리끼리 모여 우리 수준에 딱 어울리는 게임을 하고 있는 것이다. 우리는 뭐 하등 이상할 것이 없는 게임을 하고 있는 것이다."

나는 입술을 씹으면서 시청 뒷문을 빠져나왔다. 광화문 미대사관 뒷길을 걷다가 대사관 뒷담을 따라 4~5백 미터를 늘어선 장사진을 목격한다.

우리는 미국 비자를 받으려고 늘어선 저 시민들 가운데 상당수가 이민 신청자들이라는 것을 알고 있었다. 우리 신문사는 이미 〈미국 이민 신청자 급증〉이라는 기사를 검열단에 넣어 보았으나 통째로 삭제당한 적이 있었다. 12·12 이후 서울 장안의 불안이 가중되자 중산층의 이민 희망자들이 놀라울 만큼 불어나 대사관 뒷길은 연일 새벽부터 북새통을 이루고 있었다.

"서울을, 이 추악한 도시를 탈출할 수는 없을 것인가."

나는 진정 서울을 버리고 싶었다. 아니, 살덩어리뿐인 내 자아까지 어디다 던져버리고 싶었다.[242]

그러나 채의석처럼 생각하는 사람은 많지 않았다. 오히려 살덩어리의 축제를 즐겨야겠다고 생각하는 사람들이 훨씬 더 많았다. 신군부는 그런 사람들을 위해 열심히 5·18의 진상을 은폐하고 왜곡하는 작업에 더욱 몰두하게 된다.

---

242) 채의석, 『99일간의 진실: 어느 해직기자의 뒤늦은 고백』(개마고원, 2000), 148~149쪽.

은폐된 5·18의 진실

저항의지의 무력화 시도

신군부는 광주에서 무자비한 학살극을 벌인 후에 그 진실을 은폐하기 위한 공작에 돌입했다. 가장 먼저 시도된 건 붙잡힌 광주시민군들을 '비열한 짐승'으로 만들어 그들의 저항의지, 아니 복수욕을 완전 무력화시키겠다는 것이었다. 최정운은 다음과 같이 말한다.

"계엄사는 27일 새벽, 투항한 시민군들을 체포하여 버스 4대에 실어 상무대 영창으로 끌고 갔다. 끌고 가는 과정이나 그곳에서 계엄사가 시도한 일은, 모진 구타와 고문 그리고 배고픔으로 시민들이 투사가 되어 인간으로서의 존엄성을 박탈하고 생명을 구걸하게 하는 비열한 짐승으로 만드는 일이었다. 엄청나게 적은 양의 식사로 그들로 하여금 자신은 먹이를 구하는 동물에 불과하다는 자기확신을 심으려 했고 살인적인 구타는 그들에게 생명을 연장하기 위해 모든 것을 배신하도록 강요했다."[243]

비단 시민군뿐만 아니라 붙잡혀온 시민들을 대상으로 신군부의 병사들이 저지른 만행은 바로 그런 음모와 연계돼 있는 것으로 보아야 할 것이다. 앞서 지적했듯이, 신군부가 연출한 '지상의 지옥'이야말로 광주의 진실을 은폐하기 위해 저지른 또다른 범죄행위였던 것이다.

미국의 역할은 무엇인가?

신군부가 저지른 광주학살극에서 미국의 역할도 그간 은폐의 대상이었다. 미국은 광주학살극에 대한 사전 인지에서부터 미국의 책임에 이르기까지 모두 부정해왔으며, 오직 '20사단의 광주투입 승인' 부분만을 인정했을 뿐이다. 그러나 그것도 정당했다는 변명과 함께.[244]

미국 『워싱턴포스트』지의 특파원 돈 오버도퍼는 "남한에서는 미국이 군병력을 동원한 광주진압을 묵인 또는 사전승인을 했다는 비난이 끊임없이 제기됐다"며 다음과 같이 말한다.

"5월 16일 계엄령이 선포되기 전 한국 군당국은 남한군 20사단 휘하의 2개 부대를 한·미 연합사령부의 작전통제권에서 제외시키겠다는 방침을 사전규정에 따라 연합사측에 통보했다. 또한 한국 군당국은 광주를 재탈환하기 위해 20사단을 광주에 파병하기 전 위컴에게 이를 승인해달라고 요청했다. 그러나 당시 이 20사단은 이미 미군의 작전통제권에서 벗어나 있었으므로 그런 승인은 불필요한 것이었다. 워싱턴 정가의 의사를 타진한 다음 위컴과 글라이스틴은 미군의 통제하에 놓였던 적이 없는 잔혹한 공수부대를 파견하느니, 20사단을 파견하는 것이 보다 바람직하다는 결론을 내렸다. 전두환의 정치 선전기구들은 이 사실을 십분활용해

---

243) 최정운, 『오월의 사회과학』(풀빛, 1999), 279쪽.
244) 박미경, 〈광주민중항쟁과 미국의 개입구조〉, 정해구 외, 『광주민중항쟁연구』(사계절, 1990), 245쪽.

미국이 광주항쟁의 무력 진압을 지지했다고 선전했다."[245]

그러나 아직 의문점이 많이 남아 있다. 『미국비밀문서로 본 한국현대사 35장면』의 편저자 이흥환은 광주학살과 관련해 이렇게 말한다.

"광주사태를 기록해놓은 미국방부의 비밀문서들은 20년이 지난 지금까지도 비밀분류에서 해제되지 않은 부분이 많다. 정보공개법에 따라 특정시기, 특정사건, 특정부처 문서의 비밀해제를 요청할 경우에도 광주사태 문건들은 여전히 엄밀한 비밀해제 작업을 거쳐 검정 띠로 여기저기가 가려진 채 공개된다. 특히 광주사태 문건의 경우 펜타곤의 국방정보국 (DIA) 자료는 앞뒤 문맥을 이어나갈 수 없을 만큼 '떡칠'이 되어 나온다. 광주현장에서 첩보활동을 했던 국방정보국 소속 보고자의 이름, 보고 날짜, 한국군 부대 이름은 물론, 국방정보국 내 접수처와 심지어 접수날짜 및 시간조차 가려져 있는 경우가 흔하다."[246]

광주의 진실 파묻기

광주학살에 대해 조금이라도 알리려는 시도는 무자비한 탄압의 대상이었다. 황지우의 증언이다.

1980년 5월, 광주의 참상은 계엄사의 보도관제로 일체 알려지지 않았습니다. 다만 '공수부대가 여학생 유방을 도려내고 임산부의 배를 갈랐다는 오열의 악성 유언비어에 현혹되지 말라'는 계엄당국의 역선전 속에서 그 참상의 실재성을 유추할 따름이었습니다. 아, 너무나 원시적인 이 해부학적 비극이 우리의 '현대'였던

---

245) 돈 오버도퍼, 이종길 역, 『두 개의 한국』(길산, 2002), 206쪽.
246) 이흥환 편저, 『미국비밀문서로 본 한국현대사 35장면』(삼인, 2002), 65쪽.

"아, 너무나 원시적인 이 해부학적 비극이 우리의 '현대'였던 것입니다." 광주학살은 이후의 한국 정치를 규정한 최대요인이었다. 극심한 지역주의 정치에서 호남의 생각과 선택은 과연 제대로 이해를 받았던가?

것입니다. …… 공포에 질려 침묵에 싸여 있는 서울의 한가운데 종로로 나는 유인물을 만들어가지고 나갔습니다. 체포되었고, 계엄합동수사본부가 지휘하는 밀실에서 그해 여름 '지옥의 계절'을 보냈습니다. …… 이 지옥의 체험은 나의 고문의 체험을 말합니다. 고문은 그 수단이 아무리 단순한 것일지라도 사람의 뇌피질에 영원히 지워지지 않는 트로마의 멍자국을 남깁니다. 나는 지금도 머리 감다가 물이 코로 조금만 들어와도 숨이 헉 하고 멈춰버리고, 금방 그 지긋지긋한 고문실에 거꾸로 매달려 있는 자신에게로 돌아갑니다.[247]

---

247) 황지우, 〈끔찍한 모더니티〉, 『황지우 문학앨범』(웅진출판, 1994), 157~158쪽.

광주학살 후, 전두환은 광주학살을 은폐하고 왜곡하기 위한 조치를 취했다. 미국 국방정보국이 작성한 1980년 6월 25일자 비밀문서는 다음과 같이 말한다.

"전두환은 정부조사관들에게 학생이나 민간인들이 군인을 구타하는 모습이 담긴 사진(필름)을 찾아낼 것을 명령했음. 이 사진을 구하려는 것은 『타임』, 『뉴스위크』 등 외신이, 저항하는 민간인에 대해 군인들(대부분 특전사 병력)이 잔혹하게 대처하는 모습을 보도한 것을 상쇄시키려는 의도임. 또한 그러한 물증은 반정부활동에 적극 가담하고 있는 사람들을 체포하는 데에는 활용될 수 있음. (그러나) 아무것도 발견된 것이 없음. 아마도 광주주민들이 정부대표자들에게 협조를 않기 때문일 것임. 친정부적으로 비춰지거나 광주시민에 호의적이지 않게 보이도록 편집이 된 필름을 구하는 노력과 관련해, 전두환은 주일 한국대사관에 일본 텔레비전에 방영된 필름의 VTR을 보내도록 지시했음."[248]

천주교 정의구현사제단이 광주의 진실을 알리려는 노력을 시도하자, 신군부는 7월 8일 정의구현사제단의 중심인물이었던 오태순, 양홍, 김택암, 안충석, 장덕필 신부 등을 계엄포고령 위반으로 연행했다. 죄목은 유언비어 유포였다.[249] 광주의 진실에 대해 티끌만큼이라도 말하는 건 모두 유언비어 유포로 체포되었고, 모든 사람은 오직 신군부의 발표만을 앵무새처럼 되뇌어야만 했다.

출판물 탄압은 80년대 내내 상시적으로 자행되었다. 5공은 분서갱유(焚書坑儒)라 해도 좋을 정도로 '표현의 자유'에 억압적인 족쇄를 채움으로써 국민이 광주의 진실에 접근하지 못하게끔 하였다.

---

248) 이흥환 편저, 『미국비밀문서로 본 한국현대사 35장면』(삼인, 2002), 67~68쪽에서 재인용.
249) 김정남, 〈동포여, 무엇을 하고 있는가〉, 『생활성서』, 2002년 12월, 48쪽.

신군부의 교과서 조작

전국민의 앵무새화는 어린 학생들의 교과서에까지 침투해들어갔다. 교과서는 5·18을 어떻게 기술하였던가? 1982년 고등학교 국사교과서는 아예 5·18을 다루지 않은 채 "그(10·26사태-인용자 주) 이후 한때 혼란 상태가 계속되고, 이러한 혼란 속에서 북한 공산군의 남침 위기에서 벗어나고 국내질서를 회복하기 위하여 정부는 국가보위비상대책위원회를 구성한 뒤, 각 부문에 걸쳐 과감한 개혁을 추진하였다"고만 적으면서 제5공화국 성립의 정당성과 개혁성만을 부각시켰다.

국가 공식기관인 국사편찬위원회가 발간한 『한국현대사』(1982)와 '고시용 국사교과서'로 통용되던 변태섭의 『한국사통론』(1986)에는 10·26 이후 사회혼란과 대학생 시위의 과격화로 인해 '광주사태'가 발생했으며, 정부는 비상계엄을 통해 이를 '수습'하고 국보위를 설치하여 '대규모적인 정치·사회·문화의 개혁'을 추진했다고 서술했다. 여기서 5·18은 정치사회적 불안정을 가중시킨, 그래서 '수습'되어야 할 '사태'로 규정되었으며, 이와 반대로 5공화국에 대해서는 사태를 수습하고 일대 개혁을 단행한 '새 지도층'으로 묘사되었다.[250]

'SF 영화스토리'로 전락한 광주학살극

그러나 은폐된 5·18의 진실은 그런 종류의 것만은 아니었다. 언론과 교과서가 유포시킨 왜곡된 5·18의 모습으로 인해 역사적 진실이 은폐되었다. 수년간 언론은 5·18을 "남파된 북괴간첩"과 불순분자들의 사주에 의한 '폭도'들의 '소요'라고까지 떠들어댔고 많은 국민들이 그런

---

250) 이용기, 〈5·18에 대한 역사서술의 변천〉, 『5·18은 끝났는가』(푸른숲, 1999), 395~397쪽.

악의적인 선전에 세뇌되었다. 다음은 광주출신의 22세 된 한 젊은이의 증언이다.

"제가 고1 때였는데요. 다니던 학교를 자퇴하고 경상도 구미시 구미 공단에서 대성전자라는 전자제품조립업체에 몇개월간 근무한 적이 있었습니다. 그곳에서 일을 함으로써 약간은 두려움 같은 것도 없지 않아 있었지요. 경상도 대 전라도. 그걸 의식한 거죠. 근데 생각과는 전혀 달랐답니다. 그곳 사람들은 오히려 더 잘 대해주시는 것 같았고 저 또한 두려움 따위 갖지 않았지요. 가끔 같이 일하는 형님과 5·18, 그리고 이 '경상도 대 전라도'라는 논제를 가지고 다투는 일이 있었지만요. 그곳 사람들은 정말 5·18 민주화운동을 모르더군요. 그런 일이 정말 있었느냐는 식이었죠. 그럼 전 일일이 설명하죠. 제가 아는 한 모든 지식을 총동원해서. 그럼 그 형님은 무슨 SF 영화스토리를 듣는 것처럼 아주 재미있어하죠."[251]

이 젊은이의 증언이 시사하듯이, 경상도 사람들이라고 해서 다 전라도 사람을 싫어하거나 미워하지는 않았다. 전라도 사람을 오히려 더 잘 대해주는 경상도 사람들도 많았다. 그런데 그런 사람들조차 5·18에 대해선 전혀 모르고 있었으며, 문제는 바로 여기에서 벌어지기 시작했다.

당연히 전라도 사람들은 5·18에 대해 한이 맺혔다. 그 한을 가끔 겉으로 드러낸다. 그건 후일 이른바 호남 몰표로 나타나기도 했고, 늘 '시끄럽게 구는 행동' 따위로 나타나기도 했다. 5·18에 대해 모르는 경상도 사람들은 그걸 이해하지 못했다. 처음엔 전라도 사람들에 대한 편견이 없다가도 그걸 자꾸 보게 되면 전라도 사람들을 좋게 생각할 수가 없게 되었다. 그러니 5·18의 진상규명이 지역감정 해소의 핵이 아니고 무엇이었겠는가.

---

251) 이 글은 1995년에 출간된 나의 『김대중 죽이기』를 읽고 보내준 독자의 편지다.

진상만 규명한다고 해서 문제가 해결되는 건 아니었다. 5·18을 폭도들의 내란음모로 선전했던 만큼의 방송시간과 신문지면을 할애해 진실을 널리 알렸어야 했다. 그러나 그건 5공시절 내내 불가능한 일이었으니 그 세월 동안 얼마나 많은 호남에 대한 편견과 차별이 잉태되고 실천되었을 것인가.

광주는 '격리된 고도(孤島)'가 아니다?

광주항쟁의 역사적 의미는 무엇일까? 당시 『뉴욕타임스』 서울주재기자로서 광주를 취재했던 심재훈은 후일 다음과 같이 말했다.

"박정희·전두환·노태우로 이어지는 군사독재시절 만약 광주항쟁이 없었다면 우리의 민주화운동은 세계에 깊은 인상을 남기지 못했을 것이라고 나는 확신한다. 그런 의미에서 광주는 우리 민족의 자존심이다. 실제로 나는 많은 외신기자나 외국의 고위직 인사들을 만날 때면 대한민국 현대사는 '광주항쟁'이 있었노라고 자랑스럽게 이야기하곤 한다. 대한민국의 민주화에 관심을 갖는 세계 여론은 지금 이순간에도 광주를 주목하고 있다. 광주는 세계현대사에서 민주화운동을 한차원 높이 끌어올린 것으로 평가받고 있다. 나는 광주사람들이 이 점을 충분히 인식했으면 좋겠다. 자신을 너무 자학적(Self Pity)으로 생각하지 않았으면 한다. 자기 역사에 대한 자긍심으로 역사적 의미를 승화시키는 데 진력해야 하지 않을까 싶다. 5·18광주민중항쟁을 완성시키는 일은 광주사람들만의 것이 아니라 전국민이 함께 지고 나가야 할 몫이다. 호남의 한(恨)일 뿐 아니라 우리 민족 전체의 한이다. 이제 광주는 격리된 고도(孤島)가 아니다. ……"252)

---

252) 심재훈, 〈광주사건은 폭동이 아니라 봉기였다〉, 『5·18특파원리포트』(풀빛, 1997), 78쪽.

실제로 1980년대 학번(요즘 소위 말하는 386세대들)의 많은 대학생들에게 80년 5월 광주가 전하는 의미는 실로 심대한 것이었다. 김진국과 정창현은 이렇게 말한다.

"1980년대를 산 청년학생은 광주의 아들이었다. 모든 사고의 기준점은 광주였다. 광주의 원흉 전두환과 조금이라도 타협하는 사람과 생각은 용납되지 않았다. 전두환과 대립하면 할수록 그것은 진리에 가까운 것으로 받아들여졌다. 물론 전두환의 배후로 낙인찍힌 미국의 운명도 다를 바 없었다."[253]

그러나 과연 그게 전부였을까? 그건 소수의 학생들과 운동가들에게만 국한된 게 아니었을까? 광주가 '격리된 고도'가 아니라는 건 일종의 당위론이 아닐까? 광주학살은 이후의 한국정치를 규정한 최대요인이었다. 극심한 지역주의 정치에서 호남의 생각과 선택은 과연 제대로 이해를 받았던가? 오히려 광주학살 이후에 견고해진 지역주의 구도가 군사독재자들의 피난처를 제공하진 않았던가?

광주의 진실은 악의적 모략뿐만 아니라 당위적 선언성 발언에 의해서도 계속 은폐되었다. 광주학살과 관련해 주목해야 할 것은 신군부가 노렸던 이른바 '적(敵)의 창출' 효과다. 호남을 악용한 '적의 창출' 효과와 관련된 최장집의 다음과 같은 발언은 많은 것을 시사해주고 있다.

"우리나라에서의 지역감정은 한마디로 호남배제 감정이라고 봐야 합니다. 전라도 감정, 충청도 감정, 경상도 감정이 아니라 호남지방 배제의 감정을 핵심으로 한다는 거지요. 배제당하는 호남지방과 배제하는 비호남지방의 감정의 대립이며, 지역감정이란 이 두 감정의 결합이라고 봅니다. …… 왜 호남을 배제하는가의 요인은 광주항쟁으로부터 심화되어왔는데 이런 차별적 감정을 조작함으로써 일종의 역효과를 누릴 수 있기

---

253) 김진국·정창현, 〈광주민중항쟁〉, 「www.한국현대사.com」(민연, 2000), 252쪽.

때문이라고 나는 봅니다. 즉 호남을 제외한 다른 지역 사람들에게 통합성을 부여하는 효과가 있는 겁니다. 통합은 그냥 생기는 것이 아니어서 지금까지는 반공을 동원해서 통합을 유지하려 했고 지금은 그것이 약화되고 있습니다. 그래서 또다른 통합의 기제가 필요하게 되는데, 국민 가운데 어떤 지역 또는 집단을 가상적 심리적인 적으로 상정할 때 반사적으로 나머지 사람들에게 통합성이 생기는 효과를 나타냅니다. 나치즘을 통해 독일인을 동원할 때도 반유태주의라는 보조적인 감정을 이용했던 것과 마찬가지라는 거죠."[254]

그렇다. 신군부는 그러한 '적의 창출' 효과로 비호남, 특히 영남을 결집시켰고 더 나아가 호남을 김대중과 등치시켜 호남을 제외한 모든 지역의 호남에 대한 반감을 자기들을 위한 안전판으로 활용하였다. 이후 한국사회는 내내 그런 악용의 후유증을 앓게 되었다.

---

[254] 〈좌담: 한국사회 지역문제, 어떻게 볼 것인가?〉, 정해구 외, 『광주민중항쟁연구』(사계절, 1990), 276~277쪽.

한 광주시민의 증언

다음은 5·18을 직접 겪은, 광주출신으로 서울에서 미용실을 경영하는 한 37세 여성의 증언이다.

그런데 내 가슴이 정작 진짜 찢어진 것은 광주항쟁의 그 며칠 동안이 아니었다. 모든 언론의 보도에 대해서는 새삼 말하면 무엇하겠는가. 문제는 다른 지방사람들과 맞닥뜨릴 때였다. 다른 지방사람들은 왜 전라도 사람들이 귀한 목숨을 내놓고 엄청나게 훈련받고 무시무시한 총으로 무장한 군인들에게 고물 칼빈총을 들고 덤볐는지 생각해보려고 하지 않는다. 그저 전라도 사람들은 당해도 싸다는 식이다. 졸지에 자식 잃고 형제 잃고 친구 잃은 심정에 대해서는 일말의 동정도 없다. 아프리카 난민들은 불쌍하다고 혀를 차면서도 자기 동족이 벌건 대낮에 떼죽음 당한 것에 대해서는 무관심하다.

나는 그들에게 묻고 싶다. 이 세상 무엇이 자기 목숨보다 귀한가를. 아무리 언론이 엉터리 보도를 할지라도 많은 사람이 피를 뿌렸으면 한 번쯤 눈을 돌려 생각해보아야 한다. 더 심한 사람들은 전라도 사람들은 빨갱이들이니까 다 죽여야 한다고 노골적으로 말하는데 정말 가슴속에서 빨간 피가 끓는다. 내가 지역차별에 대해 심각히 생각하게 된 것은 그해 오월을 겪고 난 후다.

내 친구가 경상도 포항으로 시집을 가서 나는 경상도에 갈 기회가 많아졌다. 포항에 사는 친구가 내게 화가 나서 울먹이며 말했다. TV에서 광주항쟁에 대해 보도가 되니까 남편 되는 이가 TV를 보다가 "전라도 놈들 다 죽여버려야 해"라고 말했다 한다. 내 친구는 남편이 어떻게나 정이 떨어졌는지 도저히 살 수 없다고 이혼을 생각했다고 했고, 결국은 이래저래 이혼하고 말았다. 내 친구 말이 자기 남편은 결혼해서 처갓집 간 것 빼고는 전라도에 간 적도 없고 전라도 사람한테 뺨 한 대 맞은 적도 없단다. 그런데 전라도 말만 나오면 습관적으로 욕을 해댄다는 것이다.

　내 친구를 비롯하여 선배 언니들이 경상도에 시집 가서 살고 있다. 그들의 공통된 말을 들어보면, 전라도 사람과 아무런 원한도 없는 사람들이 무조건 전라도를 싫어하고 욕을 한다고 한다. …… 자기 처신도 똑바로 못하는 사람일수록 전라도 말만 나오면 입에 게거품을 물고 욕을 한다고 한다. 내가 겪은 것만 해도 여러 번이다. 경상도에 시집 가서 사는 전라도 여자들은 "내가 잘못하면 우리 전라도 사람 욕먹인다"는 생각이 강박관념처럼 누르고 있다 한다. 그래서인지 전라도 여자들은 남자들에게 좋은 평가를 받는다.

　나는 경상도 사람들과 교류도 많이 해봤고 또 우리 미용실에 오는 손님들도 경상도 사람들이 많다. 인간 대 인간으로서는 아무런 문제도 없다. 정말 잘 지낸다. 그러나 어쩌다 지역 말만 나오면 전라도에 반감이 심하다. 그러다가도 우리들의 인간관계에는 아무런 이상이 없다. 이거야말로 부처님, 예수님, 공자님, 원효대사, 소크라테스가 다같이 모여서 머리를 맞대고 풀어야만 이 문제를 해결할는지? 나는 그래도 해결 못한다고 단언한다. 이미 편견과 아집으로 마음을 팔아버린 중생들을 어느 성인이 구한단 말인가. 이 나라 국민수준은 아직도 멀었다. 아니 아직도 멀었다고 말하기 보단 정신적 수준이 엄청나게 후퇴했다고 나는 생각한다. 밥술이나 먹고 산다고 선진국 대열에 들어선 것처럼 말하지만 이 나라 백성들 돼가는 꼴을 보면(물론 나도 포함해서) 부처님이 말씀하신 오탁악세(五濁惡世)의 타락한 중생들의 전형을 보여준다. ……

　마지막으로 뜻 있는 분들께 부탁드리고 싶은 게 있다. 대개 광주항쟁을 말할 때 과잉진압이니 하는 따위의 '진압'이라는 말을 쓴다. 현장에서 겪어본 나는 '진압'이라는 말의 허구를 지적한다. 그건 진압이 아니다. 무엇을 진압한다는 말인가. 오월의 햇살을? 한가로이 오가는 선남선녀를? 그들은 그냥 평화로운 광주에 쳐들어왔다. 그들은 사람이 있을 만한 곳이면 어디든 군화발을 들여놨다. 학원도, 독서실도, 가정집도. 그때 광주엔 진압을 할 만한 일이 없었다. 도청에서 구 노동청 사이에 학생 이삼백 명이 어깨동무를 하고 노래를 부르며 인도 쪽으로 바짝 붙어 걸어가고 있었다. 그런 광경이야 늘상 있었던 일이다. 아무도 신경쓰는 사람도 없고 평화롭기까지 했다. 적어도 공수군이 군용트럭에서 내리기 전까지는, 시민들은 살아남기 위해서 저항을 했을 뿐이다.

　모든 사람들이 '진압'이란 말을 아무 생각 없이 쓴다. 그들은 진압하러 온 게 아니다. 진압할 게 없었다. 평화로운 광주에 그냥 쳐들어와서 짓밟았다. 뜻 있는 사람들만이라도 어느 글 어느 말에서 '진압'이라는 말을 쓰지 말아주셨으면 한다. 옛 성인이 말씀하셨다. 욕심과 분노가 없어야만 자비롭고 화평한 얼굴을 가질 수 있다고. 그러나 나는 욕심은 어느 정도 다스리고 있으나 가슴속 깊은 곳의 분노와 절망이 간간히 괴롭힌다. 아! 김대중 선생님이나 나나 전라도에서 태어나지 않았더라면 얼마나 좋았을까? 그러나 태어난 이상 나는 전라도 사람이라는 것이 마냥 자랑스럽고 오늘도 고향사람 욕먹이지 않도록 처신 바르게 살려고 노력한다.[a]

---

a) 이는 1995년에 출간한 나의 『김대중 죽이기』를 읽고 보내준 독자의 편지다.

김재규 처형

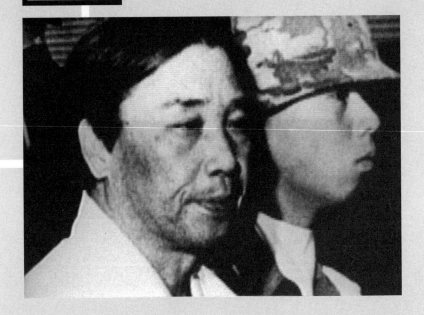

1980년 5월 20일 '10·26' 사건의 범인인 김재규 등에 대한 최종심판이 내려졌다. 김재규, 박선호, 이기주, 유성옥, 김태원 등은 사형, 김계원은 무기징역 선고를 받았다. 그리고 나흘 후인 24일 새벽, 김재규에 대한 사형이 집행되었다. 재심청구를 한 상태에서는 사형을 집행하지 않는 관례가 무시되었다. 3김 감금과 사실상의 국회해산, 그리고 김재규 처형은 모두가 정권인수기구와 다름없는 '국보위'를 탄생시키기 위한 사전정지작업이었던 것이다.[a]

대법원의 심리과정 중 형사3부의 판사 양병호와 서윤홍은 김재규의

---

a) 이도성, 〈대령들 대통령 밀어내다〉, 『남산의 부장들 3』(동아일보사, 1993), 195~196쪽.

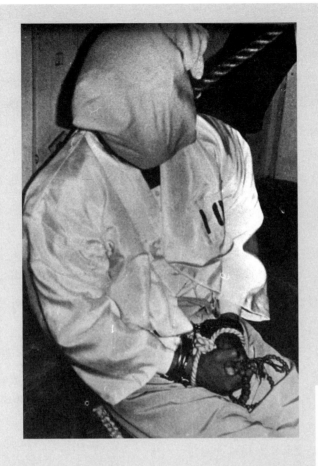

범행이 '내란목적 살인죄'가 아니라 단순살인이라는 소수의견을 냈고, 최종판결 때도 판사 민운기 등 6명의 판사가 내란죄 불성립 의견을 냈다. 이 6명의 판사는 신군부의 보복으로 모두 법복을 벗어야 했고 양병호의 경우엔 보안사에 끌려가 온갖 수모를 겪어야만 했다.[b]

---

b) 이상호, 〈강제사표 쓴 양병호 전 대법원판사 10년 만에 처음 밝히는 김재규 재판의 진실〉, 『세계와 나』, 1991년 2월, 140~145쪽.

김재규 일가의 시련은 김재규의 사형만으로 끝난 게 아니었다. 김재규의 동생 김항규와 부인 김영희는 엄청난 고문을 당했고 재산까지 다 빼앗겼다. '3족을 멸한다'는 말이 나올 정도로 주변 사람들도 갖은 고초를 겪어야 했다.[c]

김재규 처형 후 '김재규는 의사(義士)'라는 주장을 하는 사람들이 꽤 많았고 지금도 그 점에 대한 논란이 계속 되고 있다. 김재규가 거사 21일 전에 이를 윤보선에게 알렸다는 증언이 나오기도 했다.[d]

김재규는 처형되어 경기도 광주군 오포면 능평리 남한산성 공원묘지에 묻혔다. 김재규는 처형 직전에 유언으로 자신의 무덤 앞에 '의사 김재규 장군지 묘'라고 써주기를 원했지만, 신군부의 방해로 그 유언은 지켜지지 않았다. 1989년 1월에서야 광주·전남 송죽회가 세운 비석 윗면에는 다음과 같은 추모시가 새겨졌다.

"먹구름이 하늘을 덮고 광풍 몰아 덮칠 때/ 홀로 한줄기 정기를 뿜어 어두운 천지를 밝혔건만/ 눈부신 저 햇살을 다시 맞지 못하고/ 슬퍼라 만 사람 가슴을 찢는구나/ 아! 회천의 그 기상 칠색 무지개되어 이 땅위에 길이 이어지리"[e]

시인 정호승은 1992년 김재규 사형 전후를 배경으로 한 세 권짜리 장편소설 『서울에는 바다가 없다』(민음사)를 냈다.

---

c) 오성현, 〈3족을 멸하다〉, 『비운의 장군 김재규』(낙원사, 1995), 198~204쪽.
d) 송영철, 〈윤 전대통령 측근 이한두씨의 역사를 위한 증언: 김재규, 윤보선에 박정희 암살 21일 전 알렸다〉, 『일요신문』, 1996년 1월 21일, 2~3면.
e) 김삼웅, 〈김재규, 시해범인가 의사인가〉, 『한국현대사 뒷얘기』(가람기획, 1995), 229~230쪽.

국가보위비상대책위원회의 탄생

'얼굴마담'으로 전락한 최규하

1980년 5월 21일 광주항쟁에 대한 책임을 지고 국무총리 신현확을 비롯해 국무위원들 전원이 사직서를 제출하자 대통령 최규하는 당시 무역협회장이었던 박충훈을 국무총리 서리에 임명하는 등 개각을 단행했다. 개각 다음날, 전두환은 강압적으로 최규하에게 국가보위비상대책위원회(국보위)라는 비상대책기구가 필요하다고 건의해 최규하의 재가를 얻어냈다.[255]

---

255) 2002년 1월 9일 청와대가 역대 대통령관련 기록물을 정리하던 중 새롭게 발견된 통치사료들에 의해 밝혀진 바에 따르면, 비상계엄이 전국으로 확대된 17일부터 21일까지 5일간 최규하가 어떤 공식행사에 참석했다거나 정부, 또는 군 관계자나 민간인을 접견했다는 기록이 전혀 남아있지 않다. 다만 5월 22일에 이르러서야 최규하가 박충훈에게 총리서리 임명장을 수여한 것으로 기록되어 있다. 이는 당시 최규하가 신군부의 위세에 눌려 대통령으로서의 권한과 역할을 제대로 수행하지 못했거나 사실상 외부인사들과의 접촉이 철저히 차단됐음을 입증하는 자료라 할 수 있다. 〈80년 5·17 쿠데타 당시 최규하씨 아무것도 안 해〉, 「노동일보」, 2002년 1월 10일, 1면: 김대진, 〈최 전대통령 5·17 전후 국정서 격리된 듯〉, 「부산일보」, 2002년 1월 9일, 6면.

5월 31일, 국무회의 의결을 거쳐 국보위는 대통령자문 보좌기관으로 정식 발족되었다. 국보위의 의장은 최규하였지만, 그는 '얼굴마담'에 불과했을 뿐 실질적인 권한은 전두환이 쥐었다. 전두환이 최규하에 대해 높이 평가한 건 그의 '연설 솜씨' 뿐이었으니, '목소리 마담'이라고 불러야 하는 건 아닌지 모르겠다.

어찌 최규하만 그런 꼭두각시 노릇을 했겠는가? 모든 장관이 다 그랬다. 신군부는 각부 장관실에 별 한 개짜리들을 파견했다. 확실한 내각 장악을 위해서였다. 준장들은 그 역할을 충실히 수행하기 위해 각 부처에 파견되자마자 장관실 크기의 집무실부터 요구했고, 공무원들은 두 명의 장관을 모시기 위해 더욱 바빠졌다.[256]

전두환은 국보위의 위임을 받은 사항을 심의조정하기 위한 상임위원회를 설치했는데, 물론 위원장은 전두환의 몫이었고 위원들은 12·12를 주도한 전두환의 측근들로 채워졌다.[257] 이로써 전두환은 보안사령관과 중앙정보부장 서리에 이어 국보위 상임위원장까지 차지했다. 국보위의 출범은 5공의 탄생을 알리는 전조였다.

국보위가 발족된 바로 그날 미국 대통령 카터는 CNN의 인터뷰에서 다음과 같이 말했다.

"우리는 한국군과 민간지도자들에게 가능한 한 조속히 완전한 민주정부를 수립하도록 촉구하고 있다. 그런 한편 우리가 주력하는 것은 한국의 안보다. …… 나는 지구상의 모든 나라가 민주화되기를 바란다. …… 그러나 우리는 우방과 친구, 교역 상대방과의 관계를 단절해 그들을 소

---

256) 채의석, 『99일간의 진실: 어느 해직기자의 뒤늦은 고백』(개마고원, 2000), 153쪽.
257) "(실권을 장악한) 구성원은 전두환(육사 11기, 경남 합천, 상임위원장), 이희성(육사 8기, 경남 고성), 차규헌(육사 49년 졸, 경기 송탄), 노태우(육사 11기, 경북 달성), 정호용(육사 11기, 경북 대구)이었다. 여기서 주목해야 할 사실은 이 시기의 권력의 핵심부가 사실상 경북·대구를 중심으로 하는 전두환(대구공고), 노태우(경북고), 정호용(경북고)의 3명의 친구에 의해서 장악되었다는 점이며, 그 정상에 전두환이 자리 잡고 있었다." 진덕규, 『한국현대정치사서설』(지식산업사, 2000), 317쪽.

련의 영향권에 넘길 수는 없다. 그리고 그들 정권이 우리의 인권기준에 부합되지 않는다는 이유만으로 전복시킬 수도 없다.''[258]

카터의 이 발언 때문이었는지, 80년 6월부터 한국과 미국정부 간의 의견교류에서 최규하는 아무런 역할도 하지 못했다. 미국정부가 협상 파트너로 최규하가 아닌 전두환과 접촉했기 때문이었다.[259]

국보위의 눈치나 살핀 국무회의

국보위의 필요성을 처음으로 제안한 사람은 당시 보안사령관 정보처장 권정달이었다. 그는 최규하가 중동 순방에 나선 기간에 국내외 정세를 분석하는 '극비보고서'를 전두환에게 올렸는데, 이 보고서에는 계엄의 전국확대와 국보위의 필요성이 들어 있었다.[260]

당시 국보위의 한 분과위원은 "계엄사·보안사·중앙정보부에서 취합된 모든 정보는 국보위 운영위원회에서 다시 걸러진 다음 각 분과별로 하달되었다"면서 "국보위는 국가의 모든 업무·통제 기능을 담당할 만큼 국가권력의 핵심이었다"고 말했다.[261]

미국 『워싱턴포스트』지의 특파원 돈 오버도퍼는 전두환과 국보위 상임위원회 본부에서 만났을 당시를 이렇게 기록하고 있다.

"전두환은 당시 국보위 상임위원장직을 겸임하고 있었다. 경복궁 맞은편의 작은 건물 안에 조직된 상임위원회는 인근에 소재한 청와대보다 커다란 영향력을 행사했던 '보이지 않는 그림자 정부'였다. 상임위는 거

---

258) 윌리엄 글라이스틴, 황정일 역, 『알려지지 않은 역사』(중앙 M&B, 1999), 209~210쪽에서 재인용.
259) 윌리엄 글라이스틴, 황정일 역, 위의 책, 207쪽.
260) 김문, 〈이기백 장군〉, 『장군의 비망록: 격동의 현대사를 주도한 장군들의 이야기 II』(별방, 1998), 42쪽; 김충식, 『남산의 부장들 2』(동아일보사, 1992), 368쪽.
261) 김문, 위의 책, 44쪽에서 재인용.

전두환의 강압적 요청으로 만들어진 국가보위비상대책위원회는 '보이지 않는 그림자 정부'였다. '얼굴마담'으로 전락한 대통령이나 장관들은 국무회의 때 "동병상련격"으로 "서로 눈치나 살펴야 했"다.

의 매일 체포령과 각종 법령 등을 내리며 언론의 관심을 독점했다."[262]

80년 6월 어느날, 당시 부총리 겸 경제기획원장관 김원기는 전두환으로부터 전화 한 통을 받았는데, 그 당시의 상황을 이렇게 술회했다.

"전위원장이 나를 만나더니 이러더군요. '일을 하려다 보니 돈이 아주 부족합니다. 지금 예비비가 어느 정도 있습니까'라고요. 내가 '얼마나 필요합니까'고 되물었지요. '백억 원이면 되겠습니다'고 해요. 당시 예비비로 150억 원 정도가 있었던 것으로 기억됩니다. 그쪽에서도 예산 현황을 다 알아보고 요구한 것 아니겠습니까. 알겠다고 대답하고 물러나왔지요. 거역할 분위기가 도저히 아니었어요. 최규하 대통령께 보고를 드리니까 그냥 고개를 끄덕이더군요. '할 수 없지'라면서요. 그 다음날

262) 돈 오버도퍼, 이종길 역, 『두 개의 한국』(길산, 2002), 209쪽.

인가 바로 국무회의가 열려 요구한 액수대로 예비비 지출의 안건이 의결
됐지요. 나야 어차피 단명일 것을 알면서도 최대통령의 부름을 받아 부
총리가 됐지만 돌이켜보면 한스러운 일도 많았습니다. 국무회의 때는 장
관들이 서로 눈치나 살펴야 했고 …… 대통령이나 우리나 서로 동병상련
격이었다고나 할까요."[263]

마구잡이 숙청과 조선일보의 찬양

모든 게 적반하장(賊反荷杖) 그 자체였다. 신군부는 집권을 위해 마구
잡이로 부정을 저지르면서도 민심을 얻기 위해 온갖 공작을 추진해나갔
다.

6월 18일 신군부는 3공화국과 4공화국의 대표적 부정축재자로 지목
했던 10명의 부정축재액을 발표했다. 그 총액은 이후락 194억 원, 김진
만 103억 원 등 모두 853억 원이었다.

7월 9일 국보위는 장관과 차관급 인사 38명을 포함해 232명의 고위
급 공무원이 숙청당했다고 발표했다. 이어 계속된 숙청의 제물이 된 공
직자는 모두 8877명에 이르렀다. 공무원이 5699명, 정부투자기관 및 산
하단체 임직원이 3178명이었는데, 은행장 중에서도 일시에 제거된 두
명의 행장이 모두 호남출신인 데에서도 알 수 있듯이, 호남인맥이 큰 피
해를 입었다.[264]

모든 게 신군부 마음대로였다. 비리가 있건 없건 그건 중요하지 않았
다. 장차관이 몇명 들어간 것도 국보위 사회정화분과위원 전체회의에서
누군가가 "국장급만 넣을 것이 아니라 장차관도 몇사람 넣어야 하지 않

---

263) 노재현, 『청와대 비서실 2』(중앙일보사, 1994), 290~291쪽에서 재인용.
264) 주태산, 『경제 못 살리면 감방간대이: 한국의 경제부총리, 그 인물과 정책』(중앙 M&B, 1998), 178쪽.

느냐"고 제안했기 때문이었다. 당시 감사원장 신두영도 숙청 대상으로 지목되었으나, "감사원장을 숙청하려면 명확한 근거가 있어야 한다"는 의견이 많아 기사회생했다. 신군부의 숙청은 이런 식이었다.[265)

국보위의 이런 작업은 언론의 지원사격을 받았으며, 특히 『조선일보』의 활약이 두드러졌다. 『조선일보』는 일부 정치군인들이 헌법을 파괴하고 급조한 초헌법적 기구의 활동을 긍정적으로 평가하고 미화하는 데에 열을 올렸다. 『조선일보』는 1980년 6월 8일자에 〈국보위, 일대 사회개혁 단행방침〉이라고 제목을 뽑았고, 이어 8월 5일자 1면 머릿기사로 〈전국 불량배 일제 소탕〉을 올렸다. 또 이날자 사설 〈사회악 수술기대〉에선 "국보위의 이번 조치에 대한 기대는 바로 심층적이고 강력한 추진력에 대한 기대"라고 주장했다.[266)

『조선일보』는 공무원 숙청에 대해서도 "성실하게 일하는 공무원이 보장받고 잘사는 그런 공무원 사회를 건설하는 바탕이 마련되었다"며 "이러한 분위기는 상당한 여운을 남겨 최소한 수십년간 안에 공무원 부정이나 비위가 발붙일 수 없는 풍토를 조성할 수 있을 것으로 전망된다"고 주장했다.[267)

---

265) 이태희, 〈"신군부 85년 총선 직후 친위 쿠데타 모의했다"〉, 『한국일보』, 1996년 5월 17일, 37면.
266) 민주언론운동시민연합 신문모니터분과, 〈조선일보의 전두환 보도기사는 '현대판 용비어천가'〉, 『말』, 1998년 10월, 132쪽.
267) 한국기자협회·80년 해직언론인협의회 공편, 『80년 5월의 민주언론: 80년 언론인 해직백서』(나남, 1997), 87쪽에서 재인용.

윤형주의 '별 이야기'

전두환은 쇼를 유난히 좋아했다. 그래서 그는 보안사령관 시절부터 가끔 인기 연예인들을 초청하여 호화스러운 쇼를 벌이곤 했다. 국보위가 설치될 무렵, 신군부는 대대적인 조직개편을 하기 위해 장성들에 대한 인사작업을 극비리에 진행하고 있었기 때문에, 당시 보안사령관 전두환이 주최하는 파티에 참석한 많은 군장성들은 쇼를 즐기면서도 내심 그 문제로 몹시 불안해 하고 있었다.

전두환의 쇼에 출연한 가수들 가운데엔 당시 〈저 별은 나의 별〉이라는 노래를 불렀던 윤형주도 포함되어 있었다. 박창학은 다음과 같이 말한다.

"가뜩이나 불안해서 좌불안석하는 판인데 위문공연 나온 가수까지 하필이면 '저 별은 나의 별/저 별은 너의 별/별같이 까만 눈동자/이 밤이 지나면 꿈도 지고 별도 지고……' 운운하는 가사의 노래를 불러댔으니 오죽 화가 치밀었을까? 윤형주의 노래를 듣던 많은 장군들은 자신의 어깨에 붙어 있는 별들이 떨어지는 것을 비유하는 것과 같은 불길한 예감을 느꼈다는 것이다. 윤형주 역시, 노래를 다 부르고 무대 뒤로 들어가니 보안사 요원이 찾아와서, '야! XX 새끼야! 재수없게 장군님들 앞에서 별 떨어지는 노래를 불러?' 라고 소리치면서 구둣발로 정강이를 걷어차더라는 것이다."[a]

---

a) 박창학, 『방송PD수첩』(석향, 2001), 126쪽.

김대중 내란음모사건

고문에 의한 조작

언론을 완전히 장악한 신군부는 요술방망이를 가진 것과 같았다. 무엇이든 소설을 마음대로 쓰면 그게 사실로 둔갑하여 언론에 그대로 보도됐다. 1980년 7월 4일, 계엄사가 발표한 이른바 '김대중 일당의 내란음모사건'도 바로 그런 픽션이었다. 그러나 그 픽션은 잔인했다. 픽션을 사실로 둔갑시키기 위해 김대중을 비롯한 37명에게 인간적 모욕과 모진 고문이 가해졌기 때문이다. 구속자 가족들이 나중에 작성한 〈우리가 당했고, 당하고 있는 부당불법 잔혹한 처우〉라는 자료는 그 실상을 다음과 같이 적고 있다.

"김대중 — 한줄기 햇빛도 없는 지하실에서 하루 18시간씩 조사를 받았으며 몇차례나 옷을 발가젓힌 채 '고문하겠다'는 협박을 당했음. 문익환 — 날조된 혐의 사실을 시인하지 않자 '젊은 군인들에게 넘기겠다'며 옆방의 참혹한 고문 소리를 들려주었음. 이문영 — 군침대 각목으로 무수히 맞았으며 그 여파로 1심판결 때까지 왼쪽 팔을 들지 못했음. 예춘호 — 고문 때문에 음성이 변했음. 이신범 — 손톱 발톱을 구둣발로 밟았으며 다리 사이에 각목을 끼고 비틀었음. 조성우 — 연행되자마자 거꾸로 매달려 물 두 양동이를 마시고 몇차례나 졸도를 했으며 매달린 채 수없이 맞았음. 설훈 — 너무 많이 맞아 다리 전체에 피멍이 들었음. 수사관이 '다리가 끊어지겠다'고 걱정을 할 정도였음. 이해동 — 피멍을 빼기 위해 날쇠고기를 썰어 엉덩이에 붙인 채 사흘이나 인사불성이 돼 엎드려 있었음. 이호철 — 심한 고문에 정신이상을 일으켜 한동안 수사관에게 '엄마'라고 불렀음."

그건 영국의 작가 조지 오웰의 『1984년(*Nineteen Eighty Four, 1949*)』에 나오는 세뇌를 위한 고문과 비슷했음에 틀림없다.[268]

이해동과 설훈의 직접 증언을 더 들어보자.

"김대중씨로부터 돈 받은 것을 모두 대라고 해 진술을 거부하자 옷을 벗기고 두들겨 팼다. 너무 맞아 엎드려 자야 했다. 엉덩이에 든 피멍을 뺀다고 쇠고기를 붙였는데 더운 날씨 때문에 썩어들어갔다. 결국은 명절 때 아이들 선물값으로 5만 원을 받는 등 50만 원 정도를 받았다고 했다. 어쩔 수 없어 그들이 불러주는 대로 한 자 한 획 틀림없이 자술서를 썼지만 허위자백으로 김대중씨가 겪게 될 고초 때문에 고통스러웠다."(이해동)

"6월 18일 은신처인 반포의 친구 아파트에서 잡혔는데 그 자리에서 권총을 들이대며 욕조로 끌고가 물고문을 시작했다. 이어 성북경찰서에서 온몸을 묶고 팔과 다리 사이에 막대기를 끼워 매단 뒤 천장을 향한 얼굴에 수건을 덮고 주전자로 계속 물을 부어댔다. 너무 만신창이가 돼 치안본부 특수대에서 신병 인수를 거절할 정도였다. 심지어 5월 중순 서울

---

268) 즉, 육체적 고문을 가해 없는 사실을 있는 사실로 말하게 하고 그걸 그대로 믿게 하고자 했던, 그런 참극이었던 것이다.

역 앞 데모 때 남대문 부근에서 경찰을 버스로 깔아죽인 게 나라고 허위자백을 하기도 했는데 그들도 말이 안된다고 생각했는지 공소장에는 빠져 있었다."(설훈)[269]

김대중 내란음모사건은 당시 김대중이 계획한 국민연합 중심으로의 민주화추진 국민운동계획에 전두환이 내란음모라는 올가미를 씌운 사건이었다. 애초 발표문에서 거론된 혐의 내용이 대법원의 최종판결에서도 달라진 것이 하나도 없을 만큼 완벽하게 준비된 음모였다.

신군부가 연출한 '악마의 게임'

80년 9월 17일 1심 군사재판은 이미 짜여진 각본에 따라 김대중에게 사형을 구형했다. 미국은 김대중이 체포된 다음날 항의성명을 발표하는 등 김대중 문제에 큰 관심을 기울였다. 글라이스틴은 5월 17일 김대중의 체포 직후, 전두환과의 10여 차례 만남을 가졌는데 매번 김대중 문제는 "주요, 혹은 유일한 의제"였다.[270] 미국은 신군부에 계속된 압력을 행사했는데, 계엄사령관은 어쩔 수 없이 이날의 군법재판에 미국 외교관의 참관을 허용할 수밖에 없었다. 재판이 끝난 후, 미국무부는 공식적으로 김대중의 혐의는 "터무니없는 것"이라고 발표했다.[271]

재판진행은 철저하게 신군부의 권력장악 프로그램에 맞추어 통제되었다. 재판부, 아니 신군부가 내세운 내란음모의 과정과 내용은 완전히 날조된 픽션이었다.

"소위 국민연합을 전위세력으로 하여 대학의 복학생들을 행동대원으로 포섭, 학원소요사태를 폭력화하고 민중봉기를 꾀함으로써 유혈혁명

269) 김충식·이도성 공저, 『남산의 부장들 3』(동아일보사, 1993), 264~265쪽.
270) 윌리엄 글라이스틴, 황정일 역, 『알려지지 않은 역사』(중앙M&B, 1999), 241쪽.
271) 돈 오버도퍼, 이종길 역, 『두 개의 한국』(길산, 2002), 212쪽에서 재인용.

사태를 유발, 현정부를 타도한 후, 김대중을 수반으로 하는 과도정권을 수립하려 했음이 드러났다."

요컨대, 김대중은 학생선동→대중규합→민중봉기→정부전복을 목표로 수단과 방법을 가리지 않는 비합법적 투쟁을 추구했다는 것이었다. 신군부는 그 구체적인 사례로 복직교수와 복학생을 조종하여 학원사태의 과열과 악화를 꾀했으며, 전남대 복학생 정동년에게 5백만 원을 주어 계엄해제와 정치일정단축 등을 주장케 하여, 사실상 광주사태를 배후에서 조종하였으며, 또 광주사태 당시 무기반납을 방해하도록 지시하고, 제2의 광주사태를 준비했다는 등 황당한 내용을 열거하였다. 광주항쟁 이전에 이미 검거된 상태에서 광주항쟁을 배후에서 조종하고, '제2의 광주사태'를 준비했다는 것은 전혀 말이 되지 않는 억지였지만, 신군부는 그런 억지에 개의치 않았다.[272]

이건 신군부가 고문으로 모든 조작된 시나리오를 만들어내는 그야말로 '악마의 게임'이었다. 그런 '악마의 게임'에 따라, 김대중이 민주화운동의 근거로 삼고자 예춘호, 이문영 등과 함께 구상했던 '민주제도연구소'는 하루아침에 신군부에 의해 과도정부의 역할을 수행할 기구로 부상했다. '민주제도연구소'를 구상하고 있던 한 교수가 자신의 수첩에 연구소의 각 분야와 적임자를 메모해둔 명단의 주인공들은 졸지에 과도정부의 각료들로 둔갑했다.[273]

앞서 말한 바와 같이, 당시 중앙대 복학생이었던 송기원은 후일 열린 재심공판에서 당시 신군부가 혹독한 고문과 함께 "김대중으로부터 받은 일백만 원 중 고은(시인)이 50만 원을 가로챘다고 진술하라"고 강요해 견디지 못하고 "예"라고 답변할 수밖에 없었다고 증언했다.[274]

---

272) 김정남, 〈김대중 내란음모사건과 지식인 134인 선언〉, 『생활성서』, 2003년 2월, 45쪽.
273) 김정남, 위의 글, 46쪽.
274) 김정남, 위의 글, 46쪽에서 재인용.

"호랑이 꼬리를 잡고 있다가 놓치면 모두 잡아먹힌다." 광주에서의 상황이 예상 밖으로 악화되자 몹시 당황한 전두환은, 허삼수, 허화평, 허문도가 펼친 이와 같은 상황극복론에 따라 '김대중 내란음모 사건'이라는 '악마의 게임'을 펼쳤다.

신군부는 이 무렵에 발생한 거의 모든 사건들을 혹독한 고문을 통해 김대중 내란음모사건과 연결시키려고 했다. 동아투위 관련활동을 하던 해직기자들 중에서 위원장 이병주와 함께 동아투위 마지막 수배자 2명 중 한 명이었던 정연주의 경우, 그의 얼굴과 약력이 담긴 수배용지에는 '체포하면 1계급 특진, 2백만 원 포상'이라는 문구가 붙어 있었다. 정연주는 신군부가 왜 그렇게 자신을 잡기 위해 혈안이 되어 있었는지 이해하지 못하다가, 계엄령이 해제된 후에야 비로소 그 이유를 알 수 있었다면서 다음과 같이 말했다.

때는 5·17 근방이었다. 그 즈음 경북지역에서 학생시위가 있었으며, 거기서 성명서가 뿌려졌다. 경희대 본교생 일부와 분교생 일부가 성명서를 뿌리며 시위에 적극 가담했다. 성명서에는 신군부를 격렬하게 비난하는 문구가 들어 있었으며, 권력에 굴종하고 아부하는 당시 제도언론에 대한 비판도 담겨 있었다. 그런데 제도 언론을 비판하는 대목에서 성명서는 내가 경희대 학보에 기고한 '70년대 한국언론'의 일부를 그대로 인용했다. 시위를 주도했던 경희대생들이 잡혀갔으며, 이들은 계엄사 대구분실로 잡혀가 죽도록 얻어터졌다. 조사과정에서 당연히 성명서 작성문제가 나왔고, 제도언론 비판대목과 관련하여 내 이름과 동아일보 해직기자 출신이라는 전력도 드러났다. 계엄사 대구분실은 학생시위 배후 세력으로 나를 지목했으며, 나는 김대중씨로부터 돈을 받아 학생 시위 거사자금으로 사용했다는 '작품'을 만들었다. 그러니까 "경희대생 3명이 해직기자 출신인 정연주와 모월 모일 모시에 모처에서 만나, 김대중이 정연주에게 학생시위 거사자금으로 건네준 수십만 원을 전해받았으며, 이 자금으로 정부를 전복하기 위한 학생시위를 주도했다" …… 그런 얼개였다. …… 그제서야 계엄군과 경찰이 왜 그토록 지독하게 나를 잡으려 했는지 의문이 풀렸다. 김대중 내란음모사건의 한 부분으로 조작돼 있었던 것이다. 그랬기에 그들은 나를 절실하게 '필요'로 했다. 게다가 김대중씨가 해직기자인 정연주를 통해 학생들에게 시위자금을 댔다는 '자백서'까지 받아놓은 상태가 아니었던가? 나는 그 중간고리로 되어 있었다.[275]

광주학살을 정당화하기 위한 날조극

신군부는 왜 그런 무리한 날조극을 획책했던 걸까? 광주에서의 상황

---

275) 정연주, 『정연주의 워싱턴 비망록1: 서울-워싱턴-평양』(비봉출판사, 2002), 126~127쪽.

이 예상밖으로 악화되자 전두환은 몹시 당황했다. 그러자 소위 '3허'로 일컬어지는 허화평·허삼수·허문도가 전두환에게 "호랑이 꼬리를 잡고 있다가 놓치면 모두 잡아먹힌다"는 상황극복론을 펼쳤고 이에 따라 광주의 상황을 김대중과 연계시키려는 작전이 개시되었다.[276]

이 작전에는 보안사 수사총책인 대령 이학봉을 비롯하여 중정안전국장 김근, 검사 이종남, 정경식 등이 동원되었다. 이 작전의 첫번째 제물은 38세의 전남대 복학생 정동년이었다. 정동년은 계엄확대조치에 따른 예비검속 대상으로서 1980년 5월 17일에 광주보안사 지하실로 연행된 상태였고, 그의 이름이 그해 4월 13일에 동교동 김대중 자택을 방문했었다는 방명록에서 발견되자 신군부의 시나리오에 엮이게 된 것이었다.

정동년은 서울합동수사본부에서 광주까지 내려온 수사관들에게 혹독한 고문을 받다가 결국 5월 31일 수사관들이 짜준 시나리오대로 진술서를 작성하지 않을 수 없었다. 그 시나리오는 5월 5일 김상현의 안내로 김대중 집으로 가 3백만 원을 받았고, 5월 8일에는 김상현으로부터 2백만 원을 받았다는 내용이었는데, 이는 김대중이 정동년에게 거사자금으로 돈을 건네주어 광주에서 소요사태가 발생했다는 픽션이었다.

자신이 고문을 이기지 못했다는 자괴감으로 자살을 기도한 정동년은, 철제 숟가락을 뾰족하게 갈아 동맥을 끊고 배를 10여 군데나 찔렀으나 감시원에게 발각되어 자살은 미수에 그치고 말았다. 이 진술서를 들고 수사관들은 6월 3일부터 김상현에게도 혹독한 고문을 가해 6월 15일에 진술서 내용에 서명하게끔 만들었다.

같은 날 수사관들은 정동년과 김상현을 거친 진술서를 김대중에게 제시했다. 김대중의 옷을 군복으로 갈아입힌 후 욕설과 폭언까지 써가며 정신적인 고문을 가해 진술서를 수용하게끔 만들었다. 이때 중앙정보부

---

276) 이도성, 〈드디어 마각 드러내다〉, 김충식·이도성 공저, 『남산의 부장들 3』(동아일보사, 1993), 184~185쪽.

'공산주의자' '정치술수의 화신' '약속 잘 뒤집는 거짓말쟁이' '계략, 선동의 명수' '대통령병 환자' 등등. 언론은 '전두환 대통령 만들기'에 모든 열성을 다했듯이, '김대중 빨갱이 만들기'에 최선의 노력을 다했다.

지하실의 바로 위층에서 당시 전두환 중앙정보부장 서리가 모니터를 통해 이 광경을 모두 지켜보고 있었다.[277] 김대중은 후일 당시 받았던 고문에 대해 다음과 같이 말했다.

"며칠이고 잠을 안 재우고 질문하는 것은 매맞는 것보다 더 힘들었습니다. 정말 질식할 것도 같고 미칠 것 같은 심정이었지요. 저도 심신양면으로 인간의 한계에 이르렀고 법정에 가서 진실을 말하겠다는 생각을 하며 그들의 요구대로 응해주었습니다."[278]

---

277) 이도성, 〈드디어 마각 드러내다〉, 김충식 · 이도성 공저, 『남산의 부장들 3』(동아일보사, 1993), 185~188쪽.
278) 이도성, 위의 책, 188쪽.

사형선고를 받은 김대중은 최후진술에서 이렇게 말했다.

"나는 합동수사본부에서 60일간을 지하실에서 해도 하늘도 못 보면서 24시간 조사를 받았다. 이런 상황에서는 공산주의자가 아닐지라도 공산주의자로 만들 수 있을 것이다. 옆방에서 고문당하는 소리가 들리고 옷을 발가벗겨 공포 속에 조사를 받았다. 내란음모 부분에서 나는 엉뚱하게 몰린 느낌을 가지고 있다. 나는 10 · 26 이후 만난 몇만 명 중에 데모하라고 종용하거나 정부를 전복하자고 얘기한 사람은 하나도 없다. 학생데모가 절정에 달했던 5월 13, 14, 15일에 성명을 발표하여 데모자제를 호소했다. 내란음모도 상상할 수 없으며 내 개인으로 보아도 그러한 사태는 불리할 뿐이다. 마지막으로 여기 앉아 있는 피고들께 부탁을 드린다. 내가 죽더라도 다시는 이런 정치보복이 없어야 한다는 것을 유언으로 남기고 싶다."[279)

김대중 빨갱이 만들기

그런 각본에 의해 김대중에게 사형선고가 내려질 무렵 보안사 대공처장 이학봉은 중앙정보부 지하실로 김대중을 세 번이나 찾아와 김대중의 구명을 조건으로 신군부에 협조할 것을 요청했지만 김대중은 그걸 거절하고 죽음의 길을 택했다.

그러나 이 사건으로 인해 박정희정권이 조작해낸 김대중의 부정적 이미지는 완전한 뼈대를 갖게 되어 이후에도 수많은 국민들이 김대중에 대한 혐오와 증오감마저 갖게 되었다. 당시 언론이 권력의 탄압에 못 이겨 조작된 사실이나마 '사실' 보도에만 임했더라도 이야기는 달라졌을 것이다. 그러나 언론은 '전두환 대통령 만들기'에 모든 열성을 다했듯이,

---

279) 이경재, 〈민중의 승리: 5 · 17에서 6 · 29까지〉, 『신동아』, 1987년 8월, 174쪽에서 재인용.

김대중의 부정적 이미지 만들기에도 최선의 노력을 다하였다.

KBS는 8월 2일 『김대중과 한민통』이라는 특집 프로그램까지 내보냈는데, 이 프로그램은 김대중을 거의 간첩 수준으로 묘사했다. 차라리 간첩 수준이기만 했더라면 좋았겠지만(나중에 진실규명이 될 수 있으므로) 그것만도 아니었다. 원색적인 표현을 동원해 김대중이 정권을 장악하기 위해서는 수단과 방법을 가리지 않는 무서운 인간이며 이중인격자라는 인신공격까지 가하였다.[280]

방송에 뒤질 신문이 아니었다. 당시 『조선일보』와 더불어 '전두환 대통령 만들기'에 앞장섰던 『경향신문』의 9월 11일자 특집기사는 〈선동·권모술수로 얼룩진 변신의 화신 김대중을 벗긴다〉라는 제목과 〈공판과정에서 드러난 출생서 친북괴 활동까지〉라는 제목을 달아 다음과 같이 보도하였다.

"김대중, 그는 어떤 인물인가. 달변과 간교한 지략을 내세워 한국의 케네디라는 허상 속에 철저히 가려졌던 그의 참모습은 어떤 것일까. 목적을 위해서는 수단과 방법을 가리지 않는 '마키아벨리즘의 화신' 바로 그것이었다. 말과 행동이 다르고, 이중인격과 위선에 가득찬 그의 인생 경로는 급기야 자신을 환상적 사이비 지도자로 착각토록 하는 망상증에 사로잡히게 했던 것이다."

정도의 차이일 뿐 당시 모든 언론이 김대중의 부정적 이미지 조작에 혈안이 돼 있었다. 당시 김대중을 향해 쏟아진 별명은 무수히 많았다. '공산주의자' '불순사상자' '위험인물' '정치술수의 화신' '약속 잘 뒤집는 거짓말장이' '계략·선동의 명수' '무자비한 강경론자' '대통령병환자' '한의 정치인' 등등. 굳이 김대중을 들먹이지 않더라도 김대중에

---

280) KBS 노동조합, 『5공하 KBS 방송기록: 80~87년 KBS 특집에 나타난 권언유착의 실상』(KBS 노동조합, 1989), 66쪽.

게 그런 터무니없는 올가미를 씌운 전두환을 예찬하는 것이,' 곧 김대중의 부정적 이미지 조작의 효과를 냈을 것이다.

다른 지역사람들은 신군부의 무수히 많은 거짓말들을 그대로 믿었는지 모를 일이었지만, 적어도 광주학살을 겪은 호남인들은 신군부의 그런 일련의 조작에 결코 넘어갈 수 없었다. 이와 관련, 고려대 교수 최장집은 다음과 같이 말한다.

"호남 지방민의 심화된 집단적 소외의식과 김대중의 수난이 절연되기 어려운 감정의 끈으로 얽매이게 된 것은 차라리 양자의 필연적 유대의 형성이라기보다는 집권세력이 광주민중항쟁을 다루었던 방법과 직접적인 관계가 있다. 광주민중항쟁이 김대중에 의해 계획된 반국가적 폭동으로 규정되었을 때 호남지방민들에게 김대중이란 정치인은 그들의 집단적 수난을 상징하는 인물로 마음속 깊이 각인되었고, 그들의 수난과 그의 수난을 동일시하게 되었다."[281]

최장집의 견해는 이후 전라도 사람들이 선거 때마다 김대중과 그의 후광을 업은 후보들에게 몰표를 던질 수밖에 없는 이유를 잘 설명해주고 있지만, 그런 '감정의 끈' 이 없는 다른 지역사람들은 그걸 이해하지 못했다.

---

281) 최장집, 〈지역감정의 지배이데올로기적 기능〉, 김종철 · 최장집 외, 『지역감정 연구』(학민사, 1991), 34쪽.

언론인 해직과 언론 폐간 조치

민주언론인 제거작업

신군부는 실질적인 정권을 장악하자 단순한 언론통제에 그치지 않고 민주화 성향의 언론인들을 완전히 제거하는 방향으로 언론을 재편성하는 조치를 취했다. 신군부는 언론에 대해 자신감을 갖었는데, 여기엔 80년 6월 국보위 문공분과위 언론과가 작성한 〈언론계 부조리 유형 및 실태〉라는 문서가 적잖은 영향을 미쳤다. 알고 봤더니, 언론사주들이 썩을 대로 썩어 있어 다루기 쉽겠다는 것이었다. 이 문서에 따르면, 언론사를 설립해 공익과 언론창달보다는 사리 및 치부수단으로 악용하는 언론사주들이 많았고, 사리(私利)를 위한 의도적 보도로 정부 정책방향의 전환을 유도하거나 간접적 압력을 행사하는 경우가 많다는 것이었다.[282]

언론계에 대해 자신감을 갖게 된 신군부는 그런 부패한 사주들의 약

---

282) 채의석, 『99일간의 진실: 어느 해직기자의 뒤늦은 고백』(개마고원, 2000), 200~210쪽.

점을 악용하여 언론계에서 민주화 의식을 갖고 있는 언론인들을 제거하겠다는 야욕을 품게 되었고, 그 신호탄은 6월 9일에 쏘아졌다. 그날 계엄당국은 "악성 유언비어를 유포시켜 국론통일과 국민적 단합을 저해하고 있는 혐의가 농후하여 부득이 8명의 현직 언론인을 연행, 조사할 방침"이라면서 서동구(경향신문 조사국장), 이경일(외신부장), 노성대(문화방송 보도부국장), 홍수원·박우정·표완수(경향신문 외신부 기자), 오효진(문화방송 사회부 기자), 심송무(동아일보 사회부 기자) 등을 구속했다.[283] 노성대는 회의석상에서 광주시민을 폭도로 모는 것에 이의를 제기한 적이 있다는 이유만으로 구속되었다.[284]

신군부는 그런 탄압을 저지르는 한편으로 민심을 돌리기 위한 '건수'를 터뜨리곤 했다. 6월에 나온 '건수'는 해외여행 문호 대폭확대였다. 8월부터 친지초청 해외여행을 개방하고, 60세 이상에만 허용했던 부부동반 해외여행의 연령 제한을 폐지하겠다는 것이었다. 학생들의 어학연수용 해외여행의 길도 열어놓았다. 『조선일보』는 잽싸게 7월부터 해외의 명문대학을 소개하는 시리즈를 싣기 시작했다.[285]

'자율정화결의'를 빙자한 대숙청

해외여행에 한 맺힌 많은 한국인들이 그런 해외여행 개방에 관심을 보이는 동안, 신군부는 또 엄청난 음모를 꾸며 7월 30일에 터뜨렸다. 신군부가 신문협회에 강제한 '자율정화결의'가 바로 그것이다. 이에 따라 신군부는 수백명의 기자를 해직시켰고 7월 31일엔 일간지를 제외한 정

---

283) 김주언, 〈80년대 언론탄압〉, 『사회비평』, 제2권 제3호(1989), 167쪽.
284) 한국기자협회·80년 해직언론인협의회 공편, 『80년 5월의 민주언론: 80년 언론인 해직백서』(나남, 1997), 78쪽.
285) 조선일보사, 『조선일보 칠십년사 제2권』(조선일보사, 1990), 1481~1482쪽.

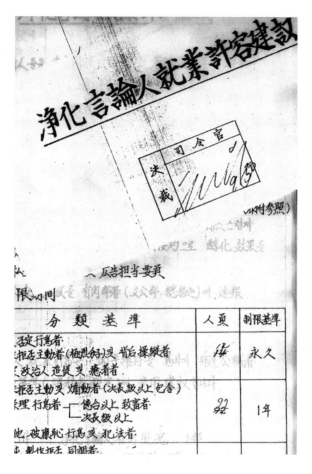

1980년 언론인 해직 관련, 해직사유가 명기된 당시 보안사 내부문건. 썩을 대로 썩은 언론사주의 부패상을 알고서 자신감을 얻은 신군부는, 사주들의 약점을 악용하여 민주 언론인들을 숙청하고 172종의 정기간행물을 폐간시켰다.

기간행물 172종을 폐간시켰다. 이는 전체 정기간행물의 12%에 달하는 것이었다. 신군부는 '사회정화'라는 명분을 내세웠지만 이 가운데엔 『기자협회보』, 『월간중앙』, 『창작과비평』, 『뿌리깊은 나무』, 『씨알의 소리』 등 당시 큰 영향력을 갖고 있던 정론성 잡지들이 대거 포함돼 있었다.[286]

언론인 대량해직은 국보위의 지시에 따라 보안사 준위 이상재가 보도검열단에 가담해 만든 '언론대책반' 이 '언론계 자체정화 계획서' 를 작성해 이루어진 것이었다.[287] 이 문건에 따르면, 해직대상은 "언론계의 반체제 인사, 용공 또는 불순한 자, 이들과 직간접적으로 동조한 자, 편집제작 및 검열주동 또는 동조자, 부조리 및 부정축재한 자, 특정정치인과 유착되어 국민을 오도한 자" 등이었다.

이 기준에 따라 보안사는 언론사에 출입중인 언론대책반 요원들을 통해 해직대상자를 선정했으며, 치안본부, 중앙정보부 등과 합동으로 작성한 명단은 모두 336명이었고 이 가운데 해직된 사람은 모두 298명이었다. 그런데 언론사에서 실제 해직된 사람은 933명이나 됐다. 무려 635명(업무직 포함)이 언론사 자체의 '끼워넣기' 에 의해 해직된 것이다. 언론사들의 '끼워넣기' 에 의한 해직자들은 대개 언론사 내 파벌싸움의 희생자들이거나 고령자들이었다.[288]

또 하나 주목할 만한 사실은 지역적으로 호남출신이 큰 피해를 보았다는 점이다.[289] 신군부는 이미 K공작을 실행에 옮기면서 만든 '언론저항의 현황과 대책' 이라는 문건에서 '호남출신 기자와 입사경력이 적은 기자들이 주동역할을 하고 있다' 는 점을 지적하였고,[290] 이는 이후 벌어진 언론대학살에서 호남출신을 대거 해직시키는 근거가 되었던 것이다.

286) 주동황·김해식·박용규, 『한국언론사의 이해』(전국언론노동조합연맹, 1997), 173쪽.
287) 김진룡, 〈언론통폐합의 전모 진상!: 80년 '언론대책반' 김기철씨의 증언〉, 『월간중앙』, 1990년 12월, 233쪽.
288) 김해식, 『한국언론의 사회학』(나남, 1994), 155쪽; 주태산, 『경제 못 살리면 감방간대이: 한국의 경제부총리, 그 인물과 정책』(중앙 M&B, 1998), 178쪽; 최창봉·강현두, 〈언론 통폐합과 공영 방송의 제도화〉, 『우리방송 100년』(현암사, 2001), 257~258쪽; 김주언, 〈80년대 언론탄압〉, 『사회비평』, 제2권 제3호(1989), 168쪽.
289) 김해식, 위의 책, 155쪽; 주태산, 위의 책, 178쪽; 김승수, 〈한국자본주의 언론생산의 본질〉, 『사회비평』, 제2권 제3호(1989), 132쪽.
290) 정연수, 〈국보위 주도 보안사·중정·문공부 실행: 80년 언론인 강제해직 관련자료 완전입수〉, 『윈』, 1996년 11월, 88쪽.

언론정신을 부패시킨 말살책

해직은 최소한의 격식조차 갖추지 않은 채 이루어졌다. 예컨대, 『조선 일보』 사회부에 근무하고 있던 기자 신원철은 80년 8월 12일, 출입처에 서 김모부장의 전화를 받고 해직됐다. 전화내용은 "내일부터 신문사 나 오지 마시오. 내 뜻이 아니오. 묻지 마시오"였다.[291]

해직 언론인들은 극심한 이중고(二重苦)를 당해야만 했다. 해직으로 인해 우선 당장 먹고사는 문제도 심각했지만 그것보다 더 괴로운 건 주 변의 따가운 시선이었다. 심지어 해직기자의 가족까지도 때묻은 돈이라 도 받아먹었다가 일을 당한 것이 아니냐며 수상히 여겼으니 그 고통을 어찌 말로 다 표현할 수 있었으랴.

신군부는 언론인을 숙정하면서 일부 언론인에 대해선 본인이 뉘우치 고 협조하겠다는 '각서'를 제출하고 해당 언론사의 책임자가 보증하면 재고하는 식으로 33명의 언론인을 구제하였다.[292] 이들이 이후 신군부를 위해 충성을 다하리라는 계산하에 그런 조치를 취했을 것이다.

그 누구도 감히 보안사의 지시를 거부할 수는 없었다. 아니 딱 한 사 람 있었다. 당시 충주 MBC 사장이었던 유호다. 그는 당시 계엄당국의 보도검열을 수차례 거부해온데다 정화대상자 해직지시도 이행하지 않았 다. 유호는 곧 삼청교육대에 끌려가 모진 고초를 겪고 조작된 누명까지 쓰는 수난을 감수해야 했다.[293]

신군부는 전체 기자의 30%를 해직시키고, 나머지 기자들은 '공포 분

---

291) 신미희, 〈"신문사 나오지 마시오…내 뜻이 아니오"〉, 『민주언론운동』, 1993년 10~12월호, 40쪽에서 재 인용.

292) 정연수, 〈국보위 주도 보안사·중정·문공부 실행: 80년 언론인 강제해직 관련자료 완전입수〉, 『윈』, 1996년 11월, 92쪽.

293) 변형섭, 〈"삼청교육 생각하면 요즘도 소름이…": '공권력피해가족협' 추진 전 충주MBC 사장 유호씨〉, 『한국일보』, 1993년 6월 23일, 22면.

위기'라고 하는 채찍으로 통제하면서 나중엔 각종 혜택으로 포섭하는 당근 전략을 썼으니, 신군부가 저지른 건 언론의 정신을 썩게 만드는 언론 말살이었다고 해도 과언이 아니다.

과외 금지와 졸업정원제

7·30 교육개혁안

신군부는 무자비하게 총칼만 휘두를 줄 아는 건 아니었다. 신군부는 집권을 위해 민심의 가려운 곳을 긁어주려는 시도도 병행했다. 과외금지 및 대학의 졸업정원제를 주축으로 하는 7·30 교육개혁안도 많은 문제를 안고 있긴 했지만 기본적으론 그런 취지에서 단행된 것이었다.

7월 30일 국보위는 대학입시 본고사를 폐지하고 졸업정원제를 실시하는 '대학입시제도 개혁안'과 과외를 금지하는 '교육정상화 및 과열과외 해소방안'을 발표했다. 언론은 '해방 후 최대의 교육개혁' '망국과외 철폐' 등으로 이 내용을 대서특필했는데, 교육학자나 교육평론가들은 7·30 교육조치를 '교육쿠데타' 혹은 '교육테러'라고 혹평하기도 했다.[294]

---

294) 한준상, 〈7·30 교육조치와 이규호 교육정책논쟁〉, 『80년대 한국사회 대논쟁집』(중앙일보사, 월간중앙 1990년 신년별책부록), 126쪽.

7·30 교육조치는 '이규호 교육정책'이라고 불리기도 했는데, 이는 그가 7·30 교육조치가 발표되기 2개월 전인 80년 5월 24일 전두환에 의해 제25대 문교부장관으로 임명되어 7·30 교육조치를 비롯한 일련의 교육정책을 입안하고 집행한 핵심인물이었기 때문이다.

당시 국보위가 단행한 교육조치는 ① 본고사 폐지와 고교내신성적 반영을 통한 대학입시 개혁 ② 졸업정원제 실시 ③ 대학입학정원 확대 ④ 전일수업대학 운영 ⑤ 교육대학 4년제 개편 ⑥ 교육방송 실시 ⑦ 방송통신대학 확충 ⑧ 초·중등교육과정 축소 ⑨ 과열과외 추방 등이었다.[295]

주요한 구체적 방안들을 살펴보면, △ 재학생의 과외 및 대학생, 현직교사의 과외지도를 금지하고 △ 8월 1일부터 문교부, 내무부, 국세청으로 과외단속반을 편성하여 단속에 나서며 △ 81학년도부터 대입본고사를 폐지하고 고교 내신성적과 예비고사 성적만으로 신입생을 선발토록 했으며 △ 81학년도 신입생부터 졸업정원제를 실시, 대학입학 인원을 최고 130%로 늘리도록 했다.[296]

환영받은 과외폐지조치

과외비 부담으로 인해 고통받는 가정이 많아 과외폐지조치는 국민들로부터 좋은 호응을 얻었다. 당시 과외문제는 심각했다. 과외 열기로 인해 어린 학생들의 육체적, 정신적인 피폐함이 극심한 것도 문제였지만, 막대한 돈이 과외에 사용돼 저축이 줄고 생산부문 투자가 줄어 경제에 악영향을 미칠 뿐만 아니라 서민들의 생계를 어렵게 만들었던 것이다.

당시 문교부 관련 교육연구기관에 의해 발표된 과외경비 내역에 의하

---

295) 한준상, 『한국교육의 민주화』(연세대학교 출판부, 1992), 21쪽.
296) 김문, 〈이기백 장군〉, 『장군의 비망록: 격동의 현대사를 주도한 장군들의 이야기 II』(별방, 1998), 46쪽.

면, 개인 및 집단과외 비용으로 연간 2조1천억 원이 지출되었고, 학원비로는 1조1천억 원이 지출되었다고 하는데, 이것은 당시 정부예산의 6%를 차지하는 금액이었으며, 교육예산의 30%에 해당하는 액수였다.[297]

8월 7일부터 과외단속 지침이 시행되었는데, 개인 및 집단과외·학원과외금지와 학교 보충수업폐지가 주요 내용이었다. 8월 27일, 학교내예·체능계 집단 실기지도는 허용되었으며, 이후 여러 차례에 걸쳐 완화조치들이 취해졌다.

불법과외에 대한 응징은 단호했다. 단속을 통해 과외를 받은 사실이 적발된 재학생은 정학 혹은 퇴학조치를 받았으며, 그 학부모를 직장에서 면직시키는 한편 가르친 대학생을 구속하기까지 했다.[298] 그와 같은 가혹한 대응마저도 과외 열기를 잠재울 수는 없었다. 대학입시는 '계급전쟁'이었기 때문이다. 그래서 80년대 내내 과외 단속을 피하며 행하는 비밀과외가 성행하여 '몰래바이트'라는 신조어가 생겨났다.[299]

신군부는 기존 과외를 TV과외로 대체시키고자 했다. KBS 1TV는 80년 6월부터 텔레비전으로 『가정고교방송』을 시작했었는데, 강의는 주로 입시전문학원에서 이름을 얻은 강사들에 의해 진행되었다. 『가정고교방송』은 당시 KBS TV에서 인기리에 방영되고 있던 대하드라마 『토지』와 견줄 만한 시청률을 기록할 만큼 수험생들로부터 선풍적인 인기를 끌었다. 이 점에 주목해 신군부는 과외금지를 선언한 이듬해인 81년 2월 2일 교육전문채널인 KBS 제3TV를 탄생시켰다. 이 방송은 전체방송 시간의 40% 이상을 고교 교육방송에 할애했다.[300]

---

297) 한준상, 〈7·30 교육조치와 이규호 교육정책논쟁〉, 『80년대 한국사회 대논쟁집』(중앙일보사, 월간중앙 1990년 신년별책부록), 129쪽; 강만길, 〈분단시대의 사회와 문화〉, 『고쳐 쓴 한국현대사』(창작과비평사, 1994), 362~363쪽.
298) 〈7·30 과외전면금지조치〉, 『신동아』, 1997년 8월.
299) 〈7·30 과외전면금지조치〉, 위의 글.
300) 그러나 과외금지조치는 89년부터 대학생들에게 과외지도가 허용됨으로써 폐지되었고, 본고사 폐지안은

졸업정원제의 음모

7·30 교육조치 가운데 가장 큰 논란을 불러일으킨 것은 졸업정원제였다. 졸업정원제 실시로 정부는 세 마리의 토끼를 한번에 잡고자 했다. 이는 경제가 성장함에 따라 기업이 지속적으로 요구해왔던 고급인력을 양성하고, 대학정원보다 입학생 수를 많이 늘림으로써 고등교육에 대한 국민들의 욕구를 충족시키고자 했으며, 마지막으로 입학 후 경쟁을 통해 대학교육의 질적 향상을 이루겠다는 것이었다.

명분은 그럴듯했지만 신군부가 정작 노린 목적은 다른 데 있었다. 신군부는 졸업정원제를 통해 대학생들의 정치적 저항을 무력화시키고자 했다. 학생들이 대학을 졸업하려면 무서운 학점경쟁에 돌입해야만 했으니, 시위에 참여할 시간이 어디 있겠는가. 그런 불순한 뜻을 갖고 도입한 제도인지라 졸업정원제는 처음부터 지켜질 수 없는 것이었고 또 이를 강행할 수 없는 여러 문제들이 도사리고 있었다. 그래서 졸업정원제는 후일 폐지되고 말았다.

그로 인한 부작용이 만만치 않았다. 제반여건이 갖춰지지 않은 상황에서 졸업정원을 전제로 한 대학의 팽창은 교육의 질적 저하와 졸업생 취업난을 유발시켰으며, 취업의 불이익은 주로 비명문대와 지방대, 그리고 여성들이 받았다.[301] 또한 대학 졸업자들의 공급과잉은 고졸 이하 노동자들을 저임금 상태에 묶어놓는 결과까지 초래하였다.[302]

신군부의 교육정책은 그 어떤 화려한 수사를 내걸었건 기본목표는 시종일관 저항의 무력화와 더불어 체제 순응적인 인간을 길러내는 것이었

86년 논술고사 도입으로 수정되더니 88년부터는 대학입시에 부분적으로 본고사가 다시 허용되어 사실상 백지화되었다.

301) 김혜영, 〈과잉교육화 문제〉, 임희섭·박길성 공편, 『오늘의 한국사회』(사회비평사, 1995년 3판), 402쪽.
302) 김혜영, 위의 책, 397~399쪽.

다. 문교부장관 이규호의 주도로 전국 4년제 대학에서 '국민윤리'를 필수과목으로 하여 이데올로기 비판교육을 강화하고, 초·중·고등학교에서는 '국민정신교육 9대 덕목'을 설정하여 집중적으로 주입교육을 시킨 것도 바로 그런 이유 때문이었다. 그것만으론 모자랐는지 1980년도 2학기부터는 어용학생회 조직인 학도호국단[303]이 부활되었다.

---

303) 학도호국단은 이승만정권이 출범시킨 것으로서 4·19 이후 폐지되었으나, 1975년 베트남의 공산화를 빌미삼아 박정희정권이 부활시켰다. 이는 다시 1980년 1학기에 학생들의 자율적 조직체인 총학생회로 대체되었다가 1980년도 2학기에 새로 부활하게 되었는데, 1983년말 학원자율화조치 이후에 완전히 폐지되었다.

한국인은 들쥐떼인가?

전두환의 뒤에 줄을 선 들쥐떼?

광주를 피로 물들이고 실질적인 권력을 장악한 전두환은 80년 8월 7일 스스로 육군대장으로 진급했는데, 바로 다음날 『LA 타임스』의 샘 제임슨과 『AP통신』의 테리 앤더슨 기자와 가진 인터뷰에서 주한미군사령관인 존 위컴은 전두환이 곧 한국의 대통령이 될지도 모른다면서 "각계각층의 사람들이 마치 들쥐(레밍)떼처럼 그의 뒤에 줄을 서고 그를 추종하고 있다"고 말했다.[304]

또 위컴은 만약 전두환이 합법적인 방법으로 정권을 장악해 국민적 지지기반이 있음을 증명하고 한반도의 안보상황을 유지할 수 있다면, 미국은 전두환의 대통령 취임을 지지할 것이라면서 "정치 자유화보다는 국가안보와 내부안정이 우선이다. 나는 한국인들이 내가 아는 바대로의 민

---

304) 돈 오버도퍼, 이종길 역, 『두 개의 한국』(길산, 2002), 210쪽에서 재인용.

주주의를 실시할 준비가 돼 있는지 잘 모르겠다"고 말했다.[305]

원래 이 인터뷰 기사는 위컴의 신분을 '고위급 미군장성' 이라고만 보도했지만, 전두환 덕분에 그 미군장성이 위컴이라는 게 널리 알려지게 되었다. 이에 대해 글라이스틴은 다음과 같이 밝힌다.

"문제를 한층 복잡하게 만든 것은 전두환이 8월 8일 『뉴욕타임스』의 헨리 스코트 스톡스 기자와 가진 인터뷰에서 '미군 고위관계자'를 위컴이라고 밝혀 위컴 발언의 익명성을 제거한 점이다. 서울발 기사는 미국 언론에 크게 보도됐다. 그것이 한국언론에 다시 보도되면서 기사내용은 뻔뻔스럽게 검열, 왜곡돼 미국정부가 전두환에 대해 무조건적인 지지를 보내는 것으로 둔갑해 물의를 더했다. 전두환은 환호했다. 위컴은 자신의 견해가 잘못 전해졌다는 사실에 분노하면서 워싱턴과 서울에서 일고 있는 파장에 가장 당황했다."[306]

미국무부는 위컴의 발언을 공식적으론 부인했지만, 이는 곧 미국정부의 뜻이기도 했다.[307] 위컴의 이런 발언에 대해 당시 미국 대통령선거에 무소속으로 출마했던 존 앤더슨은 민주당 대통령 후보로 나선 카터가 위컴의 발언을 시정하지 않고 있다고 비판했다. 그러나 카터 역시 "한국인들은 그들 자신의 판단에 의하더라도 …… 민주주의를 할 준비가 되어 있지 않다"고 주장해 미국이 전두환을 사실상 지지하고 있음을 내비쳤다.[308]

한국인은 들쥐떼인가? 오히려 신군부에게 기회주의적인 태도를 보인 미국인들을 들쥐떼로 봐야 하지 않을까? 후일 한국사회에선 이에 대한 논쟁이 일어나기도 했지만, 많은 사회 지도층 인사들이 전두환의 뒤에

---

305) 『The New York Times』, 13 Aug. 1980; 김명섭, 〈한·미 관계에 있어서의 1980년대〉, 이해영 편, 『1980년대 혁명의 시대』(새로운세상, 1999), 296쪽에서 재인용.
306) 윌리엄 글라이스틴, 황정일 역, 『알려지지 않은 역사』(중앙 M&B, 1999), 228쪽.
307) 돈 오버도퍼, 이종길 역, 『두 개의 한국』(길산, 2002), 210~211쪽.
308) 『The New York Times』, 18 Sept. 1980; 김명섭, 위의 책, 296쪽에서 재인용.

줄을 서거나 그의 집권을 당연시한 건 분명한 사실이었다. 위컴의 발언이 나오기 이틀 전인 1980년 8월 6일 아침, 서울 롯데호텔에선 기독교계의 원로지도자들이 전두환을 위한 기도를 올렸다. 목사 한경직, 강신명, 조향록, 정진경 등이 참석한 이 기도회에서는 "전 사령관을 위하여"라는 제목의 기도가 하느님께 바쳐졌다.

"이 어려운 시기에 막중한 직책을 맡아서 사회 구석구석에 존재하는 악을 제거하고 정화할 수 있게 해준 데 대해 감사하게 생각합니다."[309]

이진희의 '전두환 대통령 만들기'

그로부터 며칠 후인 8월 11일 MBC는 전두환이 국정 전반에 걸쳐 자신의 소신을 밝히는 회견을 특집으로 방영했다. 대담자는 문화방송, 경향신문 사장 이진희였다. 이진희는 유정회 국회의원을 지낸 유신언론인으로서 대단히 권력지향적인 인물이었다. 신군부는 7월 5일 서울신문 주필이었던 그를 문화방송 사장자리에 앉혔는데 바로 이와 같은 이벤트를 연출하라는 의도였을 것이다. 당시 국보위 상임위원장 전두환의 언론담당 자문위원이기도 했던 이진희의 '짜고 치는 고스톱' 식의 질문을 들어보자.

"국보위가 발족된 이후 괄목할 만한 사회개혁 작업의 전개로 새로운 시대의 개막이 순조롭게 진행중입니다. 그동안 국보위를 만들고 맡으셔서 노고가 크신 전위원장께서는 새 시대를 영도해야 할 역사적 책무를 좋든 싫든 맡으셔야 할 위치에 있는 것 같습니다. …… 새 시대로 이어질 80년대에 예상되는 국내외 정세를 말씀해주시고 우리들에게 떠맡겨질 과제는 어떤 것인지요."[310]

---

309) 김진국·정창현, 〈광주민중항쟁〉, 「www.한국현대사.com」(민연, 2000), 262쪽.

이진희는 서울신문 주필로 있을 때부터 신군부에게 집요하게 추파를 던졌었다. 『서울신문』 1980년 2월 19일자에 쓴 시론의 제목만 보자. 〈대통령중심제는 현명한가 – 문민우위의 교조적 신봉은 비현실적〉이다. 또 1980년 4월 14일자에 쓴 시론 〈역사의 무대가 바뀌고 있다〉는 80년대 이후 시대를 주도할 '새 엘리트층(군부 세력) 등장'의 당위성을 역설하는 한편 '3김씨의 퇴장'이 역사적 순리라고 주장했다. 그는 그 덕분에 전두환을 만나게 되고 육사 11기 동기라는 인연으로 친숙해진다(이진희는 육사 11기로 자퇴하고 서울대로 진학했다). 또 그의 동생 이상희는 전두환의 심복이었던 허삼수의 부산고 동창이었으니 이진희로선 날개를 단 셈이었을 게다. 그는 문화방송, 경향신문 사장으로 영전한 다음 '전두환 대통령 만들기'를 위한 돌격대 노릇을 자임했던 것이다.[311]

이진희가 서울신문에서 문화방송, 경향신문으로 옮긴 다음, 여권매체의 주도권은 당연히 문화방송, 경향신문으로 넘어갔다. 이에 대해 『기자협회보』는 다음과 같이 언급한다.

"말하자면 최고의 정보통이 차지했던 당시의 비중이 얼마나 컸던가를 입증해주는 사례다. 아울러 이것은 이후 언론은 물론 온 민족이 겪어야 할 대시련을 예고하고 있었다. 이씨의 경향신문사 사장 취임 이전인 6월 9일 계엄검열을 거부했던 6명의 『경향신문』 기자를 용공혐의를 씌워 전격 연행했던 것이 언론학살의 구체적 실체의 시작이요 이(李)사장 취임의 사전포석이었다면, 5공체제 구축을 위한 일련의 사건들도 언론이 앞서 정지작업을 벌였고 이에 따라 주도면밀히 진행됐음도 부인할 수 없는 사실이다. …… 『경향신문』의 경우 이씨가 사장으로 취임하자마자 자치 숙청을 공인하고 7월 10일자 사설('사회개혁의 거창한 첫걸음')에서

---

310) 김충식·이도성 공저, 『남산의 부장들 3』(동아일보사, 1993), 337~338쪽.
311) 한국기자협회·80년 해직언론인협의회 공편, 『80년 5월의 민주언론: 80년 언론인 해직백서』(나남, 1997), 93~94쪽; 경향신문사, 『경향신문50년사』(경향신문사, 1996), 380쪽.

'국보위의 공무원 숙청은 참으로 속시원한 일'이라고 극구 칭찬했으며, 뒤이은 제2, 제3의 숙청이 대폭 뒤따를 것임을 예견하고 있었다. 그리고 이를 뒷받침하듯 현실적 과제와 외국의 사례를 들춰가며 〈숙청에서 사회개혁까지를〉이라는 시리즈를 엮어내기 시작했다."[312]

이진희는 문화방송, 경향신문 취임사에서 "언론인은 국가관이 투철해야 하며 체제의 수호자가 되어야 한다"고 선언하더니, 이어 7월 15일 간부직원 177명의 사표를 제출받아 자기 입맛대로 41명을 쫓아내고, 7월 19일 차장 이하 전직원의 사표를 받아 56명을 쫓아냄으로써 곧 닥칠 이른바 '언론계 자율정화'의 시범을 보였다.[313]

순식간에 MBC는 상호불신이 감도는 살벌한 공간으로 변했다. 보도편집회의에서의 발언이나 동료간의 얘기가 외부기관에 밀고된 경우도 많았는데, 해직된 기자 김상균과 김택곤은 울먹이며 따라나온 후배 기자들에게 다음과 같이 말했다.

"밀고자를 반드시 잡아내고 방송민주화 운동을 계속하기 바란다."[314]

KBS의 충성 추격전

최규하는 대통령 취임 9개월 만인 1980년 8월 16일에 하야했다. 그는 그날 오전 10시에 청와대 영빈관에서 특별성명을 통해 "대통령직을 사임하고 권한대행자에게 정부를 이양한다"고 밝히면서 그 이유로 "지난 봄 학생들의 소요와 광주사태에 대해 국정의 최고책임자로서 정치도의상의 책임을 통감해왔고, 시대적 요청에 따른 안정과 도의와 번영의

---

312) 「기자협회보」, 1988년 12월 2일~89년 1월 1일; 김종찬, 「6공화국 언론조작」(아침, 1991), 446~447쪽에서 재인용.
313) 채의석, 「99일간의 진실: 어느 해직기자의 뒤늦은 고백」(개마고원, 2000), 155쪽.
314) 김재홍, 「문민시대의 군부와 권력」(나남, 1992, 개정판 1993), 244쪽.

226___한국 현대사 산책 · 1980년대편 ①

밝고 새로운 사회를 건설하는 역사적 전환기를 마련하기 위해 대국적 견지에서 임기 전에라도 사임함으로써 평화적 정권이양의 선례를 남기며, 이것이 우리 정치발전에 기여할 수 있다고 믿어왔기 때문"이라고 말했다.[315)

전두환에겐 아직 마무리지어야 할 단계가 남아 있었기 때문에 국무총리서리 박충훈이 대통령권한대행으로 취임했다. 미국무부는 그런 사정을 잘 알고 있다는 듯 8월 18일에 공식성명을 내 "한국지도자의 선택과 채택될 헌법의 성격은 한국민들이 해결해야 할 과제"라고 선언함으로써 사실상 전두환의 집권을 인정하였다.[316)

최규하가 대통령직에서 물러나기 전부터 대학가에서는 "새 시대의 지도자는 이마가 벗겨져야 하고" 운운하는 블랙유머가 떠돌아다녔는데,[317) 그 유언비어는 사실임이 곧 밝혀지게 되었다.

언론은 전두환의 집권을 인정하는 선을 넘어 노골적인 전두환 찬가를 불러대기 시작했다. 이미 MBC에게 선두를 빼앗긴 KBS가 가만 있을 리 없었다. 일종의 추격전인 셈이었다. KBS가 8월 22일 밤 9시 45분부터 60분간에 걸쳐 내보낸 『전두환 장군의 이모저모』는 북한의 김일성 우상화 작업을 능가하는 수준이었다.

89년 KBS 노동조합이 펴낸 『5공하 KBS 방송기록』은 이 프로그램이 "전장군을 민족의 태양과 동일시하려는 상징조작"이며 "신이 그를 한국의 국가보위와 한국민족의 영도자로 예비했다면서 우상화, 신격화"했다고 평가했다.[318)

---

315) 그렇게 책임을 통감한다는 최규하가 81년 4월 20일에 발족한 국정자문회의 의장을 맡은 건 무슨 이유였을까? '최주사'라는 그의 별명이 실감나는 대목이 아닐 수 없겠다.
316) 김영명, 〈유신체제의 붕괴와 군부의 재집권〉, 『한국현대정치사』(을유문화사, 1992), 354~355쪽.
317) 노재현, 『청와대 비서실 2』(중앙일보사, 1994), 311~312쪽에서 재인용.
318) KBS 노동조합, 『5공하 KBS 방송기록: 80~87년 KBS특집에 나타난 권언유착의 실상』(KBS 노동조합, 1989), 52쪽.

이진희가 주도한 '옷벗기 경쟁'

그러나 이진희에겐 MBC 이외에 『경향신문』이라는 또 하나의 충성도
구가 있었다. 이진희가 이끄는 『경향신문』은 8월 19일부터 4회에 걸쳐
〈새로운 창조의 선두자 전두환 장군〉(김길홍 기자)이라는 제하의 시리즈
를 전단기사로 게재하였다.[319] 이 기사는 전두환의 "서릿발 같은 판단력
뒤에는 훈훈한 인정을 느낄 수 있는 서민풍이" 있으며 "편견 없는 성품
은 항상 약자편"이라고 주장했다.[320]

이때의 '전두환 찬가'의 선두기수는 당연 이진희의 『경향신문』이었
다. 당시 『한국일보』 기자였던 채의석은 '전두환 찬가'의 기사를 두고 이
렇게 말한다.

> 이 시리즈가 '사생관(死生觀)을 뚜렷이 확립한 의리와 정의의
> 영도자'라고 선창하면 여타 신문은 24시간 뒤 합창을 거부하지
> 못했다. 이 시리즈가 '새 시대의 영도자'를 선창하면 여타 신문은
> 24시간 뒤 '새 시대의 영도자'를 후렴처럼 되뇌어야 했다.
>
> 그러나 이러한 후창에는 후한 점수가 주어질 리 없었다. 적극
> 적으로 앞장서서 발가벗어야 고득점을 얻을 수 있었다. '벗다 만'
> 자들은 오히려 장군들로부터 차가운 웃음을 샀을 뿐이다. 창조
> 적·선도적 찬양자에게만 떡고물이나마 몰아오리라는 것을 준재

---

319) 한국기자협회·80년 해직언론인협의회 공편, 『80년 5월의 민주언론』(나남, 1997), 93~94쪽. "김길홍씨
는 당시 청와대 최대실세 권정달 정보처장과 동향(안동)이라는 인연에다가 『신아일보』 청와대 출입기자에
서 『신아일보』 폐간정보를 재빨리 입수, 7월 22일 『경향신문』 정치부장대우로 옮겨 5공 언론창출의 새주
역이 됐다. 이후 전(全)씨 찬양열전으로 일약 신군부의 실세로 부각, 82년 허화평 정무수석 밑에서 언론담
당 2급비서관(당시 1급은 이수정)을 지냈고, 84년 허문도씨가 문공차관에서 정무수석으로 옮김과 동시에
1급으로 승진, 이어 6공에서는 민정당 전국구로 국회의원이 돼 화려한 변신의 대표격이 됐다." 『기자협회
보』, 1988년 12월 2일~89년 1월 1일; 김종찬, 『6공화국 언론조작』(아침, 1991), 445~446쪽에서 재인용.
320) 김삼웅, 〈전두환 5공시대의 곡필〉, 『곡필로 본 해방 50년』(한울, 1995), 377쪽.

(俊才)들이 어찌 모르고 지나칠 수 있었겠는가 ……

그 결과 벗기 경쟁이 벌어진다. 난장판이 되어버린 서울의 신문지상에 돌연 희대의 영웅, 민족구원의 메시아가 탄생한다.

신문은 어느 정도까지 추해질 수 있을까. 민족지임을 자칭하는 『조선일보』가 『경향신문』의 뺨을 치고 나온다. 『조선일보』의 〈인간 전두환〉을 읽고 우리는 충격을 받았다. 우리는 『조선일보』가 전회사 차원에서 말을 갈아탄 것이라고 보았다.

경향, 서울, MBC, KBS 등 정부소유의 주식이 운영을 좌우하는 언론기관이야 어쩔 수 없을 것이라고 체념을 해버리고, 그 외의 언론사만은 최소한 몸부림치는 시늉이나마 해보려고 애는 태우겠지, 했던 우리의 기대와 상상을 너무나 멀리 초월하는 『조선일보』의 기사를 읽으면서 우리는 분노했다.[321]

조선일보의 활약

그러나 『조선일보』에 대해 새삼 그렇게 분노할 일은 아니었다. 왜냐하면 『조선일보』는 이미 박정희정권 시절부터 그 어떤 관영매체보다 더 '옷을 벗고' 뛴 신문이었기 때문이다. 정말 그랬다. 결코 『경향신문』에 뒤질 『조선일보』가 아니었다. 8월 21일 전군지회관회의가 전두환을 차기 대통령으로 추대하자, 『조선일보』는 8월 23일자 사설을 통해 "국민일반은 크게 안도와 고무를 간직했을 것으로 우리는 믿는다"며 다음과 같이 주장했다.

"'8·21 군결의'는 이러한 국민의 기대와 신뢰를 한층 더 공고히 뒷받침하고 보장하는, 일찍이 없었던 국가간성들의 담보의 표징이다. 건국

---

321) 채의석, 『99일간의 진실: 어느 해직기자의 뒤늦은 고백』(개마고원, 2000), 164~165쪽.

이래 모든 군이 한 지도자를 전군적 총의로 일사불란하게 지지하고 추대한 예는 일찍이 없었다. 그러한 점에서 '8 · 21 군결의'는 또한 역사적으로 깊은 함축을 간직하는 것이 되기도 한다."

『조선일보』 8월 23일자 3면 톱기사는 아예 '소설'을 써대기까지 했다.

"그러나 그의 국가관과 불굴의 의지, 비리를 보고선 참지 못하는 불같은 성품과 책임감, 그러면서도 아랫사람에겐 한없이 자상한 오늘의 '지도자적 자질'은 수도생활보다도 엄격하고 규칙적인 육군사관학교 4년 생활에서 갈고 닦아 더욱 살찌운 것인 듯하다. …… 그는 모든 사람의 판단기준을 이처럼 정의의 대국에 놓을 뿐 세세한 이해관계에 얽매이지 않는다. …… 그의 밑을 거쳐간 부하장교는 그의 통솔방법을 3분의 1만 흉내내면 모범적 지휘관이란 평을 얻을 수 있다는 게 군내의 통설로 되어 있다."

지도자가 한없이 자상하기만 해선 안될 일이었다. 그게 염려됐는지 『조선일보』기사는 "동기생일지라도 어쩌다 그를 대할 때면 감히 범접할 수 없는 거대한 암벽을 대하는 느낌이 들 때가" 있다고 주장했다.[322]

조선일보의 '전두환 찬가'

위와 같은 명문(?)은 좀더 자세히 감상하는 것이 옳을 게다. 채의석은 "우리는 (이런) 추악한 글을 읽으면서 침을 뱉지 않을 수 없다"고 했지만, 역사의 기록은 엄중히 남겨야 할 것이다. 『조선일보』가 부른 '전두환 찬가'의 기사내용은 다음과 같다.

---

322) 김삼웅, 〈전두환 5공시대의 곡필〉, 『곡필로 본 해방 50년』(한울, 1995), 377쪽.

육사의 혼이 키워낸 신념과 의지의 행동 – 인간 전두환. 그가 육사를 지망한 것은 적의 군화에 짓밟힌 나라를 위하는 길은 내 한 몸 나라에 던져 총칼을 들고 싸우는 길밖에 없다는 일념 때문이었다.

불의를 보고 참지 못하는 천성적인 결단은 그를 군의 지도자가 아니라 온 국민의 지도자상으로 클로즈업시키기에 부족함이 없다. 12·12 사건만 해도 그렇다. 정승화 육군참모총장 쪽에 서면 개인의 영달은 물론 위험부담이 전혀 없다는 걸 그도 잘 알았으리라.

이미 고인이 된 대통령의 억울함을 규명한다고 하여 누가 알아줄 리도 없는 일이었다. 그러나 그가 배워오고 익혀온 양식으로선 참모총장이 아니라 그보다 더 높은 상관일지라도 국가원수의 시해에 직간접적인 혐의가 있는 사람이면 누구든지 그 혐의가 규명되어야 바른 일이었다. ……

그가 보여준 일련의 행위는 육사에서 익히고 오랜 군대생활에서 다져진 애국심을 바탕으로 한 도덕적 행위라는 게 주위의 얘기다. …… 변화는 고통이다. 그러나 그것은 어느때 어느 사회에서나 필요한 것일지도 모른다. 나라를 만들기 위해 잠시의 고통을 참고 견디는 길만이 우리 모두가 승리하는 길이다. ……

어떠한 국민도 정치에 참여할 수 있다면서 어떠한 일이 일어나더라도 군인만은 절대로 중립을 지키고, 오로지 군사적인 임무에만 전념해야 한다고 생각한 데는 분명히 사고와 인식의 맹점이 있다. …… 군의 정치적 중립의 원칙은 정치, 사회가 군으로 하여금 중립을 지킬 수 있도록 순리에 의하여 이루어져서 사회의 안정이 유지될 때에만 가능한 것이지 …… 군이 진일보하여 나라의 강력한 구심체를 형성하고 지도력을 발휘하는 것 또한 이 나라에서 현실을 사는 논리의 필연적인 귀결인 것이다.

육사생도들의 프라이드는 높았다. 그러나 한줌의 국력까지도 전선으로 보내야 했던 시절이므로 이들에 대한 처우는 사실상 초라한 것이 …… 그러나 전장군에게 이 쓰라린 역경들은 오히려 견인불발의 인내심, 물욕에 대한 초탈, 체질화된 서민의식, 도덕적 겸허주의, 남의 고통에 대한 연민 등의 덕성을 길러낼 수 있는 토양이 되었을 것 …… 양담배 한 갑 정도의 부조리도 참아 넘기지 못하고 바로잡았던 원칙장교로서의 용명을 날렸다고 한다. 청년장교의 우국의 울분 속에 이미 개혁과 숙정의 의지는 자리잡고 있었던 것이다.[323]

그때나 지금이나 제정신을 갖고 이 글을 차분하게 음미하기는 어려울 것이다. 채의석은 다음과 같이 말한다.

"이 교언영색(巧言令色)의 극치를 읽고, 이 극치의 견강부회(牽強附會)를 읽고 우리는 혀를 빼물지 않을 수 없었다. 서울 · 경향 두 정부기관지 외에 신문이 거사적으로 신군부 지지로 선회하자면 사주의 지시에 의해서만 가능한 것이라고 우리 젊은 기자들은 생각하고 있었다. 그렇지 않고서야 최소한의 양식을 가진 쟁이들이라면 저렇게까지 육탄을 던져가며 구애할 수는 없을 것이다. 한마디로 사람이라면 그럴 수가 없다고 우리는 믿었다. 우리 젊은 기자들은 저 글들을 읽고 『조선일보』를 얼마나 혐오했는지 모른다. 쟁이라는 직업에 대해 얼마나 회의했는지 모른다. 『조선일보』가 우리에게 안겨준 좌절은 차마 말로는 다 표현할 수 없는 것이었다."[324]

323) 채의석, 『99일간의 진실: 어느 해직기자의 뒤늦은 고백』(개마고원, 2000), 165~167쪽에서 재인용.
324) 채의석, 위의 책, 167~168쪽.

그러나 그 정도로 만족할 『조선일보』는 아니었다. 이후 『조선일보』는 두고두고 계속해서 전두환과 5공에 대한 '용비어천가'를 불러대는 데에 전혀 주저하지 않았다.

전두환의 대통령 취임

1980년 8월 27일, 통일주체국민회의는 전두환 단일후보를 총투표자 2525명 중 2524표의 찬성과 1명의 무효표로 제11대 대통령에 당선시켰다.[325] 시인 조병화의 주장에 따르자면, "청렴결백한 통치자, 참신과감한 통치자, 이념투철한 통치자, 정의부동한 통치자, 두뇌명석한 통치자, 인품온유한 통치자"가 탄생한 것이었다.[326]

그런 위대한 통치자에 대해 어찌 찬양을 아끼랴. 『조선일보』는 8월 28일자 사설 〈새 시대의 개막 - 전두환 장군의 대통령 당선에 대하여〉를 통해 "우리는 우선 전두환 대통령의 당선을 온 국민과 더불어 축하하며 그 전도에 영광이 있기를 희원해 마지않는다. …… 전 대통령의 취임으로 바야흐로 새 시대 새 역사는 개막되고 있으며 국민들은 전대통령 정부에 새로운 소망과 기대를 걸고 ……" 운운하는 찬사를 바쳤다.[327]

그런가 하면 『중앙일보』는 8월 27일자 사설에서 "전대통령체제의 출현은 80년대의 새로운 발전에 필요한 새로운 활력을 얻기 위한 필연적 선택"이라고 주장했다. 『중앙일보』는 이런 비슷한 종류의 사설시리즈를 〈합천에서 청와대까지〉라는 제목으로 4회에 걸쳐 게재하면서 전두환이 "이른 새벽 관측소 초병에게 커피 끓여주며 격려"하는 자상함과 "씨름도

325) 정운현, 〈최규하 대통령 사임〉, 『호외, 백년의 기억들』(삼인, 1997), 211~212쪽.
326) 이영미, 〈전두환씨에게 바친 문인들의 찬사〉, 『샘이깊은물』, 1996년 3월; 김종철, 『마침내 하나됨을 위하여: 김종철 사회문화에세이』(개마고원, 1999), 103쪽에서 재인용.
327) 민주언론운동시민연합 신문모니터분과, 〈조선일보의 전두환 보도기사는 '현대판 용비어천가'〉, 『말』, 1998년 10월, 133쪽.

지면 이길 때까지 계속"하는 투지를 갖고 있다고 주장했다.[328]

『동아일보』는 신군부체제의 등장을 비교적 비판적 시각으로 보도해왔음에도 불구하고, 전두환의 대통령 당선 다음날인 8월 28일자 1면 해설기사에선 "전대통령이 등장한 것은 한국정치의 고질이었으며 종래 구정권들이 바로잡지 못했던 정권차원만의 정치성, 관료성, 사대성, 허위의식에 대한 실천적인 반론"이라는 말로 전두환체제를 비호하였다. 또한 8월 30일자 전면 특집은 〈새 시대의 기수 전두환 대통령, 우국충정 30년 …… 평범 속의 비범실천〉이라는 제목 아래 "외제 물건을 전혀 모를 정도로 청렴결백한 생활로 일관해왔다"고 주장했다.[329]

진짜 들쥐떼는 바로 이런 언론이 아니었을까? 9월 1일 전두환이 대통령에 취임하자 언론의 들쥐떼 근성은 또 한번 유감없이 발휘되었다. 이를 두고 『경향신문50년사』는 다음과 같이 기록한다.

"한국언론은 정도의 차이는 있을지 모르나 거의 천편일률적으로 '전두환 영웅만들기'에 몰두했다. 기획특집기사·사설·연재물 등 가능한 모든 수단을 동원해 전두환과 신군부를 미화하고 그를 국민적 영웅으로 탈바꿈시켜놓았다. 신군부의 위압에 눌린 탓으로 보는 시각도 있지만 권력의 향방에 촉각을 곤두세우고 있던 언론사들이 앞다투어 신군부에 충성경쟁을 벌였던 것이 사실이다."[330]

그러나 그 정도의 차이는 결코 무시할 만한 것은 아니었다. 이후의 역사가 입증하지만, 『조선일보』의 공격적인 '전두환 영웅만들기'는 남다른 데가 있었다. 또 앞서 지적했듯이, 『서울신문』과 『경향신문』은 당시 관영매체의 성격이 강했던 반면, 『조선일보』는 그렇지 않았기 때문에 그 차이도 무시할 수 없는 것이었다.

---

328) 김삼웅, 〈전두환 5공시대의 곡필〉, 『곡필로 본 해방 50년』(한울, 1995), 377쪽.
329) 김삼웅, 위의 책, 378쪽.
330) 경향신문사, 『경향신문50년사』(경향신문사, 1996), 389쪽.

'세계에서 가장 오래 걸린 쿠데타'

전두환은 9월 1일 대통령 취임과 함께 청와대에 입성하였는데, 이는 12·12 쿠데타 이후 164일 만의 일이었다. "세계에서 가장 오래 걸린 쿠데타"였던 것이다.[331] 대통령 전두환은 9월 29일 개헌심사위원회를 통해 선거인단에 의한 대통령 간선제와 대통령의 7년 단임제를 핵심으로 하는 헌법개정안을 만들어 공고했고, 10월 22일 국민투표를 통해 확정했다. 새 헌법안은 한국 투표사상 최고인 95.5%의 투표율과 91.6%의 찬성률을 기록하면서 10월 27일 공포되었다.

개헌작업 당시 가장 핵심적인 사안은 대통령의 임기였다. 당시 위원회에 참여했던 헌법학자 문홍주는 이렇게 증언한다.

"당초 13인이던 소위원회는 전봉덕위원장이 병으로 입원하는 바람에 12명으로 줄었지요. 내가 전씨 대신 위원장 역할을 맡게 됐습니다. 그전에 국회가 마련중이던 헌법안을 기초로 각 조항을 하나씩 검토하는 식으로 작업을 했지요. 쟁점이던 대통령 임기조항에서 국회안은 4년에 1차 중임을 허용하고 있으나 우리 소위원회에서는 단임제안이 우세했습니다. 단임제를 전제로 4~8년의 임기를 검토했어요. 4년은 너무 짧고, 8년은 너무 길어 5년·6년·7년안이 중점 논의됐는데, 솔직히 말해 5~6년으로 할 경우 이 사람들(신군부)이 또 욕심을 낼 것 같다는 우려가 많았어요. 작고한 권중돈씨(전국방부장관)가 제의하더군요. '7년으로 합시다. 그러면 4년 임기에 1차 연임을 한 기간(8년)과 비슷해지니 한번 더 하려 하지는 않을 것 아닙니까' 라고요. 다른 위원들의 의견을 물었더니 대부분 권위원의 말에 동의하더군요. 그래서 7년으로 낙착된 것입니다."[332]

---

331) 이계성, 『지는 별 뜨는 별: 청와대 실록』(한국문원, 1993), 322쪽.
332) 그러나 신군부측의 한 인사는 "핵심세력 내부에서 80년 8월 초순 '6년 단임'이 합의됐으나 며칠 사이에 7년으로 1년이 연장됐다"며 "누군가가 전두환 장군에게 강력히 건의해 전장군이 이를 수용, 밀어붙인 것

10월 27일부터 발효된 제8차 개정헌법에 따라 전두환은 국회를 해산했고 국가보위입법회의로 그 기능을 대신하도록 했다. 국가보위입법회의의 의원 81명은 모두 전두환이 임명했다. 국가보위입법회의는 제11대 국회가 개원하기까지 156일 동안 215건의 안건을 접수하여 100% 가결했다.[333)]

입법회의와 조선일보의 예지력

입법의원들은 신군부의 허수아비에 지나지 않았지만 그래도 그걸 하고 싶어 안달했던 사람들이 많았다. 이에 대해 『한국일보』는 다음과 같이 밝힌다.

"갖가지 인연을 동원하거나 신군부 실세들에게 줄을 놓아 입법의원에 지명되는 영광을 획득한 인사들도 적지 않았다. …… 변호사인 Y씨와 기업가인 L씨는 아들이 전대통령의 장남과 과외공부를 같이 한 인연이 작용됐다는 설이 파다했다. …… 또 유력 일간지의 사장은 본인이 입법의원 지명을 따내기 위해 애를 많이 썼으며, 연설원고는 그 신문사 편집국장이 직접 작성해주었다는 얘기도 있다."[334)]

초기 혼란기가 지난 후 이 당시 가장 화려한 활약상을 보인 신문은 단연 『조선일보』였다. 김종찬은 다음과 같이 말한다.

"『조선일보』가 입법의원 발표 10일 전에 전 송지영 문화예술진흥원장을 급작스레 등장시켜 '목민의 도'를 끄집어냈던 순발력은 평작 정도다. 신헌법 신임을 묻는 10월 23일자 사회면 기사 중 〈윤길중씨도 한 표〉라

으로 안다"고 밝힌 뒤, "합의사항을 변경하기 위해 전두환·노태우·정호용 장군을 포함해 극히 핵심에 속하는 이들 수명이 따로 모임을 갖고 임기를 1년 연장키로 결정했다"고 말했다. 노재현, 『청와대 비서실 2』(중앙일보사, 1994년 초판 6쇄), 321쪽.

333) 류승렬, 『뿌리 깊은 한국사 샘이 깊은 이야기 7』(솔, 2003), 426쪽.
334) 한국일보 정치부, 『빼앗긴 서울의 봄: 청와대 실록』(한국일보사, 1994), 190~191쪽.

는 제하기사는 완전 압권이다. 윤씨는 4일 후 입법의원 명단에 끼어들었음은 물론, 신군부 내에 주요 실세로 부각됐다. 이를 가장 먼저 알았던 것은 역시 『조선일보』다. 여타 신문에서 윤씨 이름은 찾아볼 수조차 없다. 이 날자 『조선일보』는 윤씨를 아예 제목에다 올려놓고 투표정황은 물론, 인터뷰 내용까지 자세히 싣고 있다. …… 이즈음 『조선일보』가 신문주간을 맞이한 '주간살롱' 좌담에서 '언론과 재벌의 분리'를 주장했던 것이 이후 언론통폐합의 서막이라는 정도는 익히 알려진 사실이다."[335]

신군부는 이 입법회의를 통해 80년 11월 군인사법을 개정해 8년과 7년으로 되어 있던 준장과 소장의 정년을 5년씩으로 단축했으며, 이 개정인사법을 소급적용해 또 한번 군장성의 물갈이를 단행해 군을 완벽하게 장악하였다. 반면 12·12 주동자들은 자기들 마음대로 별을 한두 개씩 더 다는 이른바 '별잔치'를 실컷 벌였으며 그 가운데 일부는 정권실세로 참여하기 위해 군을 떠났다.[336]

이 입법회의가 12월에 내놓은 또 하나의 작품은 기존의 국가보안법과 반공법을 통합하여 만든 국가보안법이었다. 불고지죄도 통합하고 전체적인 형량도 높였다.[337]

그런데 바로 이 입법회의 의원으로 조선일보 사주(방우영)와 간부들(송지영, 김윤환, 남재희)이 활약하였으니, 이는 과연 무얼 말하는 것이었을까?

---

335) 김종찬, 『6공화국 언론조작』(아침, 1991), 468~469쪽.
336) 이계성, 『지는 별 뜨는 별: 청와대 실록』(한국문원, 1993), 282~283쪽.
337) 이 법의 기본골격은 지금 현재까지 그대로 유지되고 있다. 차병직, 〈국가보안법과 공안정권의 폭력〉, 이병천·이광일 편, 『20세기 한국의 야만 2』(일빛, 2001), 277쪽.

삼청교육대

한국인은 잔인한 민족인가?

80년대에 저질러진 야만적 행위 가운데 광주학살 다음으로 잔인했던 건 아마도 삼청교육대에 의한 인권유린이었을 것이다. 그 참상을 알게 되면 "한국인은 잔인한 민족인가?"라는 의문을 갖지 않을 수 없다. 신군부의 병사들은 광주학살만으론 피에 대한 갈증을 채울 수 없었던 걸까?

그러나 많은 사람들이 그 야만성과 잔인성을 이해하지 못한 채 훗날에도 "삼청교육대, 그거 하나는 전두환이가 잘한 거야"라는 말을 내뱉는 사람들이 많았다.[338] 그러나 그건 큰일날 소리다. 그런 발언은 하지 않는 게 좋을 것이다.

후일(95년 12월 21일) 술자리에서 "전두환 노태우 만세"를 부르자 함

---

338) 문부식, 〈누구도 미안하다고 말하지 않았다: 죽음과 희생에 대한 예의〉, 『당대비평』, 제16호(2001년 가을), 203쪽.

께 술을 마시던 사람이 주먹과 발로 마구 때려 숨지게 하는 사건이 발생했는데, 가해자는 "5공시절 삼청교육대에 끌려가 고생한 생각을 하면 지금도 분이 풀리지 않는데, 황씨가 두 사람을 찬양해 홧김에 일을 저질렀다"고 말했다.[339]

단지 진상을 제대로 이해하지 못했기 때문이었을까? 아니면 한국인들이 그만큼 군사독재의 야만에 길들여진 나머지 인권유린에 대해 무감각하기 때문이었을까? 삼청교육대의 진상을 제대로 안다면, "삼청교육대, 그거 하나는 전두환이가 잘한 거야"라는 말은 결코 내뱉을 수 없을 것이다.

물론 동네에서 정말로 악질로 굴던 폭력배가 잡혀가 속시원하게 생각한 사람이 전혀 없진 않았을 것이다. 그러나 그런 폭력배보다는 억울하게 잡혀간 사람들이 훨씬 더 많았고, 자신이 그렇게 억울한 사람들 중 하나일 수도 있었다고 생각한다면, 또 그 어떤 악질 폭력배라도 법을 초월해 함부로 죽여도 좋다는 게 아니라면, 그런 망언(妄言)을 해선 안된다는 걸 깨달을 수 있지 않을까? 함부로 말하기 전에 조금만 더 생각해볼 일이다.

6만여 명에 대한 인권유린

삼청교육은 80년 8월 4일에 발표된 계엄포고 제13호(불량배 일제 검거)를 근거로 한 것이었는데, 이는 국보위 사회정화분과위원회 간사 허삼수의 제안에서 비롯되었다.[340] 삼청교육이라는 이름은 사회악 일소 특별조치를 주관한 국보위 사회정화분과위원회가 삼청동에 위치해 '삼청

---

339) 조덕현, 〈삼청교육대 경험 40대 전·노씨 찬양 60대 치사〉, 『서울신문』, 1995년 12월 22일, 22면.
340) 김문, 〈이기백 장군〉, 『장군의 비망록: 격동의 현대사를 주도한 장군들의 이야기 Ⅱ』(별방, 1998), 45쪽.

80년 8월, 신군부는 확실한 정권 장악을 위한 '공포 분위기' 조성과 정치적 보복을 목적으로 '삼청계획 5호'를 세웠다. 이에 따라 설치된 삼청교육대에서의 무자비한 인권유린은 언론의 공범행위가 더해져 더 잔인했다. 여전히 입을 닫고 있는 언론에, 역사는 진실을 목말라하고 있다.

계획 5호'라는 이름을 붙인 데서 연유되었다.

그러나 실제 국보위가 조직폭력배, 상습폭력배 등의 이른바 불량배들을 소탕하기 시작한 것은 계엄포고 제13호를 발표하기 사흘 전의 일이었다. 국보위는 8월 1일부터 11월 27일까지 네 번의 단속을 벌여 6만여 명을 연행했다. 이들은 검사 및 경찰서장이나 간부, 보안부대요원, 헌병대요원, 중앙정보부직원, 지역정화위원 등 6~7명으로 구성된 심사위원회의 분류작업을 통해 구속, 훈방, 그리고 삼청교육 대상으로 분류되었다. 이런 방식을 통해 3천여 명이 구속되어 군사재판을 받았고, 1만7천여 명은 훈방되었다. 그리고 삼청교육대로 넘겨진 사람은 3만9천여 명에 이르렀다.[341]

삼청교육대는 3사단(사단장 박세직), 26사단(사단장 박희도), 33사단(사단장 안필준), 특전사, 여군교육대 등 전방과 후방을 가리지 않고 약 20개 사단에서 무장군인의 혹독한 탄압과 감시 아래 81년 1월까지 계속되었다. 이들 가운데 7578명은 80년 12월 제정된 사회보호법에 의해 보호감호처분을 받고 계속 군부대에 수용되기도 했다.[342]

경찰서별 강제 할당제

국보위는 표면적으론 '사회악 일소'를 내세웠지만, 확실한 정권장악을 위한 '공포분위기' 조성과 정치적 보복의 목적이 더 컸다. 무엇보다도 가장 큰 문제는 경찰서별 강제할당제였다. 서울의 경우 경찰서당 일률적으로 200~300명씩 검거하라는 지시가 떨어졌으니 서장의 목이 달아나지 않기 위해선 무슨 수를 써서라도 그 인원을 채워야만 했다.[343] 그래서 동네 사람들의 평판과 사적 감정에 따른 고발에 의존하거나 단지 외모가 불량하거나 술을 많이 먹었다는 이유로 멀쩡한 시민들을 잡아들여 삼청교육대로 보내는 어이없는 일이 숱하게 벌어졌다.

삼청계획 5호는 삼청교육을 받을 대상을 전과자나 '개전의 정 없이 주민의 지탄을 받는 자' 등으로 두루뭉실하게 규정했기 때문에 심지어 직접 검거에 나선 군이나 경찰 관계자들로부터 즉석에서 미움을 받은 사람들까지 끌려가는 일이 비일비재했다. 당시 삼청교육과 관련된 한 군인사는 이렇게 증언했다.

341) 김문, 〈이기백 장군〉, 『장군의 비망록: 격동의 현대사를 주도한 장군들의 이야기 II』(별방, 1998), 45쪽; 김진국 · 정창현, 〈광주민중항쟁〉, 『www.한국현대사.com』(민연, 2000), 262쪽.
342) 성홍식 · 김남성, 〈삼청교육대 인권실천연합회 전영순 회장: "대통령부터 약속 지키세요"〉, 『내일신문』, 2003년 1월 27일, 22면.
343) KBS 노동조합, 『5공하 KBS 방송기록: 80~87년 KBS 특집에 나타난 권언유착의 실상』(KBS 노동조합, 1989), 75쪽.

"처음에는 5백 명 정도가 부대에 입소했다. 경찰이 엉터리로 잡아다 인계해 정말 기가 막혔다. 내무부장관에게 보고해야겠다고 생각할 정도였다. …… 40명 정도가 전북에서 버스를 타고 왔는데, 경찰에 뒷돈을 쥐어주고 중간에 내렸다는 말도 들었다."[344]

애초 여자 삼청교육대의 대상은 윤락여성과 포주, 그리고 계주들이었다. 그러나 지역별로 할당받은 인원을 채우라는 명령과 실적을 올리려는 몇몇 관계자들의 '충성전쟁'으로 인해 평범한 가정주부들도 끌려갔다. 이불 외판을 하던 한 파월장병의 아내는 자장면 내기 화투판을 구경하다 도박죄 명목으로 잡혀갔고, 패싸움을 하는 것을 지켜보다 잡혀가는 사람도 있었다.

부산에 사는 어떤 한 여성은 8월초 집에서 자다가 갑자기 경찰에 잡혀갔다. 밤새 경찰에서 조사를 받은 이 여성은 경찰이 작성한 서류에 손도장 찍기를 거부하다 "이 XX년, 너 하나 죽이는 건 개 죽이기보다 쉽다"는 말을 들은 채 폭행을 당했다.[345]

충남 서산에서 염전문제로 마을 주민과 분쟁상태에 있던 한 여인은 서산 경찰서에 연행된 직후, "인원이 부족하니 새마을교육(삼청교육) 받으러 가야겠다"는 말을 듣고 제대로 된 항변조차 하지 못한 채 끌려갔다.[346] 이 여인의 증언이다.

"새벽 6시부터 구보하고 포복 훈련을 했다. 땅바닥에 머리를 박는 기합을 받았다. 행동이 늦으면 고무 양동이에 물을 퍼다가 머리를 집어넣었고, 반항하면 몽둥이로 때리고 여군 여러 명이 몰려와 짓밟는 것을 보았다."[347]

---

344) 차형석, 〈여자 삼청교육대는 끔찍했다〉, 『시사저널』, 2002년 10월 24일, 54면.
345) 차형석, 위의 글, 55면.
346) 차형석, 위의 글, 54면.
347) 차형석, 위의 글, 54면.

노동운동 탄압에 고교생까지

신군부는 삼청교육대 입소를 정치적 보복과 노동운동 탄압용으로 이용하기도 했다. 1970년대 말에 파업을 이끌었던 원풍모방, 반도상사, 대한전선, 콘트롤데이타, 청계피복 등의 노조 지도자들을 포함한 191명이 강제정화를 당했는데, 이들 중 70여 명은 계엄사 합동수사본부에 끌려가 고문수사를 당했으며 19명은 삼청교육대에 끌려가 순화교육이라는 명목하에 모진 고초를 겪어야 했다.[348]

노조지부장을 하다가 삼청교육대에 끌려가 이른바 순화교육을 받은 노동운동가는 자신의 체험을 이렇게 말한다.

"내무반 생활은 욕설과 구타, 원산폭격, 쥐잡기(내무반 마루 밑으로 빨리 기어들어갔다 나오기), 한강철교(내무반 이쪽 마루와 저쪽 마루 끝을 엎드려 짚고 견디기), 손가락을 깍지 끼게 하고 손을 중심으로 돌게 하면서 울지 말고 웃기 등 인간이 인간을 괴롭히는 것을 취미로 하는 모든 짓들이 되풀이되었다. 기합을 받다가 얼마나 맞았는지 장출혈로 죽어 실려 나가는 사람도 있었다 ……."[349]

심지어 고교생까지 삼청교육대에 끌려갔다. 서대전 고등학교 1학년생 안희정은 교장 선생님을 찾아가 다음과 같이 항의하는 바람에 학교에서 제적당하고 말았다. "불량학생을 학교가 교화시킬 생각은 안하고 삼청교육대로 보내는 게 말이 됩니까? 이게 학교입니까."[350]

학교도 이미 학교가 아니었지만 사회도 이미 사회가 아니었다. 삼청교육대는 교육대상자들을 인간으로 다루지 않았다. 삼청교육대 생활수

---

348) 신광영, 〈생산의 정치와 노동조합운동〉, 『계급과 노동운동의 사회학』(나남, 1994), 202쪽; 강수돌, 〈1980년대 한국의 경제성장과 노사관계〉, 이해영 편, 『1980년대 혁명의 시대』(새로운세상, 1999), 127쪽.
349) 한국민주노동자연합 엮음, 『한국노동운동사』(동녘, 1994), 110쪽; 강수돌, 위의 책, 127~128쪽에서 재인용.
350) 이연홍, 〈노무현정권의 이론가〉, 『중앙일보』, 2003년 3월 17일, 5면.

칙 제1조는 "선동 및 도망치는 자는 사살한다"였으니, 더 말해 무엇하랴.[351] 이런 야만적 탄압의 공범은 언론이었다. '삼청교육대'에 관한 언론의 왜곡보도가 극심했다는 뜻이다.

언론의 여론조작

80년 8월 13일을 전후하여 각 신문, 방송사들은 육군 모 부대의 삼청교육장을 집단방문한 기자들의 현장르뽀를 일제히 보도하였다.

『경향신문』은 "이곳에 들어온 후 뉘우침의 눈물이 값비싼 것임을 느꼈다. 악으로 얼룩진 과거를 씻고 새 사람이 되어 돌아가 부모에 효도하련다"라는 요지의 기사를 실었다.[352]

『중앙일보』는 "낮에는 고행하는 승려처럼 육체적 훈련을 받고 밤에는 자아발견의 시간을 갖게 돼 정말 다행이다"라고 기사를 썼다.[353]

『동아일보』는 "도시의 뒷골목에서 선량한 시민들을 못살게 군 흔적을 온몸의 문신과 칼자국에서 찾아볼 수 있었지만 이제는 참회의 눈물과 땀방울에서 이 같은 흉터는 조금씩 씻겨져나가는 것 같다. …… 특히 4백여 명의 지도요원들이 자신들의 개과천선을 돕고 있는 데 대해 미안함과 고마움을 느끼면서"라고 삼청교육대의 실상을 왜곡하였다.[354]

『동아일보』는 또한 이 무렵에 한 사설을 통해 "이 조치는 그동안 온 국민이 극구 바라던 바였다"면서 "소기의 성과를 거둘 수 있도록 온 국민의 적극적인 참여를 다시 한번 강조한다"라고 주장했다.[355]

---

351) 전국역사교사모임 지음, 『자료와 함께하는 역사탐구 심마니 한국사 Ⅱ: 개항에서 현대까지』(역사넷, 2002), 313쪽.
352) 김삼웅, 〈전두환 5공시대의 곡필〉, 『곡필로 본 해방 50년』(한울, 1995), 378쪽.
353) 김삼웅, 위의 책, 378쪽.
354) 김삼웅, 위의 책, 379쪽.
355) 김삼웅, 위의 책, 379쪽.

『조선일보』는 8월 13일자에 〈머리 깎고 금연, 금주 검은 과거를 씻는다〉라는 제목 아래 "17세 고교생부터 59세까지 '이웃사랑' 외치며 봉체조! '새마을 성공사례' 듣자 연병장 '울음바다'"라는 소제목으로 기사를 실었다. 기사의 일부를 보면, "산기슭에 자리한 넓은 연병장은 몸에 밴 악의 응어리를 삭여 내뿜는 땀과 열기로 가득 차 있었다. 얼마전까지만 해도 도시의 뒷골목을 주름잡던 주먹들과 서민을 울리던 공갈배들이 머리를 **빡빡** 깎고, 전봇대 크기의 육중한 멸공봉을 들고 비지땀을 흘리며 훈련받는 모습은 기자의 눈에 차라리 희극적이었을지는 몰라도 당사자들은 그렇게 진지할 수가 없었다. …… 대부분이 20세 전후 앳된 얼굴들, 그 얼굴에서 과거의 '악'은 어느 틈엔가 찾아볼 수 없었다."[356]

텔레비전은 신문들이 한 짓을 똑같이 반복해 여론조작을 꾀했는데, 텔레비전의 경우엔 신문에 비해 조작하기가 쉽지 않은 게 하나 있었다. 그건 바로 인터뷰였다. 입소자와의 인터뷰를 통해 삼청교육을 정당화했지만, 입소자가 자신의 심경을 말하는 게 아니라 강요된 대사를 외우고 있다는 걸 쉽게 알아차릴 수 있었던 것이다.[357] 그러나 신문과 방송이 합세해 폭포수처럼 퍼부어대는 여론조작 공세에서 그렇게 섬세하게 따져볼 시청자들이 얼마나 있었을지는 의문이 아닐 수 없었다.

삼청교육의 후유증

삼청교육의 후유증은 심각했다. 육체적 고통은 말할 것도 없었고 삼청교육을 받은 이들에게는 '삼청교육 이수자'라는 낙인이 따라다녔다. 심지어 1990년대 초반까지 삼청교육을 받은 이들의 주민등록 등·초본

---

356) 김삼웅, 〈전두환 5공시대의 곡필〉, 『곡필로 본 해방 50년』(한울, 1995), 379쪽.
357) KBS노동조합, 『5공하 KBS 방송기록: 80~87년 KBS특집에 나타난 권언유착의 실상』(KBS 노동조합, 1989), 75쪽.

상단에는 '삼청교육 순화교육 이수자'라는 문구가 적혀 있어 취업을 하는 것은 물론이고 이사를 할 때마다 동사무소의 조사를 받아야 했다.

1988년 11월 26일 대통령 노태우는 삼청교육과 관련한 희생자에 대한 명예회복과 함께 신고하는 사람에게는 그 피해를 보상하겠다는 특별 담화를 발표했다. 이 발표가 나간 후, 당시 국방부장관이었던 오자복은 삼청교육과 관련해 2026명이 보상을 신청했다고 밝혔다.[358] 1989년까지 피해 신고자 3221명 중 후유증으로 인한 사망자가 무려 200명에 달했으며, 나머지 2800명은 장애자 아니면 상해자들로 신고되었다.[359]

그러나 노태우가 특별담화에서 보장한 보상과 명예회복은 새빨간 거짓말이었다. 예산부족을 핑계로 보상을 해주지 못하겠다고 말한 이후, 오늘날까지 어떠한 보상도 이루어지지 않았다. 노태우의 말만 믿고 보상을 신청한 사람들에겐 오히려 더 깊은 상처만 남겼다. 심지어 삼청교육을 받은 사람의 신원보증을 서준 사람들마저 경찰에게 '왜 쓸데없는 일에 끼어드느냐'는 시달림을 당하는 일도 발생했다.[360]

그 이후로도 13, 14, 15대 국회에 삼청교육 피해자들에 대한 보상에 관한 특별법률안이 제출되었지만, 그때마다 번번히 상임위의 심의조차 받지 못하고 자동폐기되었다. 피해자들은 피해배상을 요구하며 소송을 제기하기도 했지만, 96년 법원은 '손해배상 시효 만료'를 이유로 패소판결을 내렸다. 2001년 7월 대법원은 정부가 보상을 한다고 했다가 약속을 어긴 사실을 감안해 정신적 위자료를 지급하라고 판결, 이로써 개인당 1천만 원에서 1천3백만 원의 피해 보상금을 받았다.

---

358) 차형석, 〈여자 삼청교육대는 끔찍했다〉, 『시사저널』, 2002년 10월 24일, 55면.
359) 채환규, 〈충격과 절망의 버림받은 역사, 삼청교육대〉, 한국언론정보학회 편, 『이제는 말할 수 있다』(커뮤니케이션북스, 2002), 349~350쪽.
360) 차형석, 〈여자 삼청교육대는 끔찍했다〉, 『시사저널』, 2002년 10월 24일, 55면.

'이제는 말할 수 있다'

문화방송 다큐멘터리 『이제는 말할 수 있다』는 2002년 1월 27일에 「버림받은 희생, 삼청교육대」, 4월 7일에 「'정화작전, 삼청계획 5호'의 진실」을 방영하였다. 『이제는 말할 수 있다』팀이 전하는 피해자들의 사례를 살펴보자.

"피해자들의 고통의 아픔을 가장 먼저 느끼게 해준 사람은 인천에 사는 박춘화씨였다. 그녀는 카메라 세팅이 채 끝나기도 전에 눈물부터 펑펑 쏟았다. 미리 울어버리면 정작 인터뷰 때 맛밋해지기 십상이다. 그러나 그녀의 눈물은 걱정할 필요가 없었다. 20년 동안 그녀의 눈물은 마른 적이 없었다. 얌전했던 아들이 경찰의 강압적 조사에 의해 삼청교육대에 끌려갔던 유의식씨 역시 마찬가지였다. 이미 일흔을 넘긴 그녀의 눈물은 한없이 마른 눈물이었다. 그 눈물 속에는 10년을 넘게 방 밖으로 나오지 않고 있는 아들과 자신의 고통이 고스란히 남아 있었다. 광주에서 만난 정만석씨는 뼈 마디마디에서 배어나오는 시린 눈물을 끝내 감추지 못했다. 아버지가 돌아가셨을 때조차 눈물을 흘리지 않았다는 그였다. 예순이 가까운 최상월씨는 북받치는 눈물을 끝내 서러운 흐느낌으로 터뜨리고 말았다. ……"[361]

제보자 중 심영선은 수십 명의 삼청교육생들이 5사단에서 총격으로 사망했으며, 자신의 눈으로 직접 수십 구의 시체들을 보았다고 증언했다.

이 사건은 또다른 피해자의 증언을 통해서도 확인되었다. 어느 제보자는 삼청교육대 사망자 수가 최소한 1천 명 이상이라는 사실을 구체적

---

[361] 채환규, 〈충격과 절망의 버림받은 역사, 삼청교육대〉, 한국언론정보학회 편, 『이제는 말할 수 있다』(커뮤니케이션북스, 2002), 347~348쪽.

으로 전했지만 직접적인 인터뷰는 사절해 이 사건의 진상규명이 아직도 어렵다는 걸 실감케 했다.[362] 진상 규명의 어려움에 대해 취재팀은 다음과 같이 말한다.

"국회와 정부는 철저한 모르쇠로 일관해왔고, 더욱이 정부의 직접관련 부서는 조직적인 은폐와 사건의 폐기를 꾀했다. 불과 20년 만에 그 방대한 흔적들이 깨끗이 지워지고 없었다. 취재팀이 직접 확인한 정부기록보존소의 기록은 전무하다시피 했다. 특히 핵심부서인 국방부의 삼청교육 실시 직접관련 문서는 전혀 없었다. 방송을 통해 객관적 근거로 제시할 수 있는 문서는 그 어디에도 없었던 것이다. 오로지 관련 당사자들의 피눈물어린 증언만이 진실의 전부였던 것이다. 무관심과 적극적인 회피는 정부만이 아니었다. 국회, 시민단체, 지식인, 언론 등 평소에 목소리 큰 그 어느 누구도 삼청교육대 문제에 대해서만은 어떠한 목소리도 내지 않았다. 완벽한 사회적 무관심의 카르텔이 삼청교육대를 우리 현대사에서 지워버렸던 것이다. 언론의 이중성은 극치를 보였다. 1980년 삼청교육대에 대한 열광적인 찬양에서, 1988년 청문회 국면에서의 반지빠른 비판은 극적인 대조를 보여주고 있다. 그리고 그후 우리 언론은 단 한마디도 하지 않았다. 삼청교육대의 문제는 철저히 소외된 피해자 자신들의 죄악과 업보로만 남겨졌다. 2002년 두 번의 방송 후 시청자들은 다그쳤다. 문제가 있다고 떠들지만 말고, 끝까지 책임을 다하라고 말이다. 아무도 책임지지 않는 지금, 과연 누가 나서서 20년 전의 그 야만적인 인간과 법의 파괴행위에 대해 책임 있는 목소리를 낼 것인가? 여전히 역사는 진실에 목말라하고 있었다."[363]

362) 채환규, 〈충격과 절망의 버림받은 역사, 삼청교육대〉, 한국언론정보학회 편, 『이제는 말할 수 있다』(커뮤니케이션북스, 2002), 356쪽.
363) 채환규, 위의 책, 358~359쪽.

사망 339명, 불구 2천7백 명

2002년 9월 30일 연희동 전두환의 집 앞에서 열린 집회에서 삼청교육대 인권실천연합회 회장 전영순은 "정부는 예산타령만 하지 말고 전두환·노태우 재산을 환수해 그 돈으로 삼청교육 수련생들에게 피해를 보상하라"며 피맺힌 절규를 토해냈다.[364]

여전히 진상규명엔 미흡한 것이었지만 2002년 10월 1일 의문사진상규명위원회가 발표한 삼청교육대에 대한 통계에 따르면, 모두 합해 6만 755명이 검거되었고, 이 중 4만 347명이 군사훈련을 받았다. 삼청교육과 그로 인한 후유증으로 발생한 사망자는 339명이었고 나중에 불구가 된 부상자는 2천7백 명이었다. 삼청교육 과정에서 구금, 강제노역, 구타 등으로 사망한 사람이 52명에 이를 뿐이라는 국방부 발표와는 천양지차였다.

2003년 1월 23일 '삼청교육대 인권운동연합'이 주최한 집회는 차선 하나를 막고 시위를 벌이던 도중 삼청교육으로 인해 장애자가 된 양동학이 명예회복과 국가보상을 요구하며 갑자기 웃옷을 벗고 허리 안쪽에 찬 칼을 꺼내들어 할복자살을 시도하는 사건이 발생하기도 했다. 할복자살 시도로 억울함을 호소하지 않으면 안될 정도로 이 나라는 삼청교육대가 저지른 야만에 대해 귀를 닫은 것이다. 삼청교육대를 미화하기에 바빴던 언론도 굳게 침묵했다.

---

364) 차형석, 〈"전·노 재산환수해 피해보상하라"〉, 『시사저널』, 2002년 10월 24일, 55면.

박노해의 〈삼청교육대〉

얼굴 없는 노동자 시인 박노해가 84년 9월에 낸 시집 『노동의 새벽』 (풀빛)에는 〈삼청교육대〉라는 시가 실려 있다. 그 일부만 소개한다.

......

김형은 체불임금 요구하며 농성중에
사장놈 멱살 흔들다 고발되어 잡혀오고
열다섯 난 송군은 노가다 일나간
어머니 마중길에 불량배로 몰려 끌려오고
딸라빚 밀려 잡혀온 놈
시장 좌판터에서 말다툼하다 잡혀온 놈
술 한잔 하고 고함치다 잡혀온 놈
춤추던 파트너가 고관부인이라 잡혀온 놈
우리는 피로와 아픔 속에서도
미칠 듯한 외로움과 공포를 휘저으며
살아야 한다고 꼭 다시
살아 나가야 한다고
얼어터진 손과 손을 힘없이 맞잡는다

......

민주노조를 몸부림치다
개처럼 끌려온 불순분자 이군은
퉁퉁 부은 다리를 절뚝이며
아버지뻘의 노약한 문노인을 돌봐주다

야전삽에 찍혀 나가떨어지고
너무한다며 대들던 제강공장 김형도
개머리판에 작살나 앰뷸런스에 실려나간다
잔업 끝난 퇴근길에 팔뚝에 새겨진 문신 하나로 잡혀와
가슴 조이며 기다릴 눈매 선선한 동거하던 약혼녀를 자랑하며
꼭 살아 나가야 한다고 울먹이던 심형은
끝내 차디차게 식어버리고
일제시절 징용도 이보단 덜했다며
손주 같은 군인들에게 얻어맞던 육십고개 송노인도
횟통에 부들부들 뻗어버리고
아무 죄도 없이 전과자라는 이유로 끌려왔다며
고래고래 악쓰던 사십줄 최씨는
끝내 탈영하여 백골봉에 올라
포위한 군인들과 대치하다가
분노의 폭발음으로 터져 날아가버린다
                ……
동상에 잘려나간 발가락의 허전함보다
철야 한번 하고 나면 온통 쥐어뜯는
폐차 직전의 내 육신보다 더 뼈저린 지난 세월 속에
진실로 진실로
순화되어야 할 자들은
우리가 아닌 바로 저들임을,
푸르게
퍼렇게

시퍼런 원한으로
깊이깊이 못박혀
화려한 조명으로
똑똑히 밝혀 오는
피투성이 폭력의 천지
힘없는 자의 철천지 원한
되살아나
부들부들 치떨리는
80년 그 겨울
삼청교육대

— 박노해의 〈삼청교육대〉

흉년과 쌀 수입

1980년에는 대흉년이 들었다. 80년 당시 평년작(지난 5년간의 작황을 근거로 한 예상수확량)은 3천8백만섬이었는데, 실제수확량은 2천466만섬에 지나지 않아 무려 1천3백만섬이 모자랐다. 당시 한 관련 인사의 증언이다.

"신군부 입장에서는 초비상이었지요. 새 '군주' 등장하는 마당에 찬란한 서기가 뻗치지는 못할망정 대흉년이 들었으니 얼마나 긴장했겠습니까. 이해 10월 농수산부의 관계자 B씨에게 김재익 수석의 지시가 떨어졌어요. 외국쌀 도입계획을 세워 보고하라는 것이었습니다. B씨는 1천160만섬을 도입하겠다는 계획서를 만들어 김수석에게 보고했으나 기각당했어요. '1천5백만섬으로 늘려 잡으라' 는 이유였습니다. 당시 청와대의 기류는 수단·방법 가리지 말고 쌀을 들여와 국민을 굶기지 말자는 식이었습니다."[a]

이와 관련, 전두환은 87년에 다음과 같이 말했다.

"80년도에 흉작이 들어 쌀을 외국에서 사오느라 애를 먹었는데 내가 농수산부에 지시해 심리전을 썼습니다. 외국에서 들여오는 쌀을 하역하는 장면을 매일 찍어 텔레비전에 내보내도록 하고 열차로 지방에 내려보내는 것을 소비자들에게 보여주라고 했어요. 광주에 가는 쌀을 송정리에 내려놓으니 사람들이 못 보는데, 쌀을 광주까지 싣고 가서 광주시내를 뱅뱅 돌아가지고 송정리에 가게 하라고 했습니다. 왜관에서 내리는 것은 대구시내를 돌게 하라고 지시했습니다."[b]

---

a) 노재현, 『청와대 비서실 2』(중앙일보사, 1994), 358쪽에서 재인용.
b) 노재현, 위의 책, 359쪽에서 재인용.

10·27 법난

한국불교사에 유례없는 치욕

신군부의 무자비한 총칼 앞엔 종교도 예외는 아니었다. 신군부는 '사회정화'라는 미명을 앞세워 80년 10월 27일 새벽 무장한 계엄군을 전국 사찰에 투입했다. 그리고 스님들의 재산축적과 축첩에 관한 비리를 조사한다는 미명 아래 무려 155명의 스님을 연행, 폭행했는데, 이 가운데 18명이 구속되고 32명이 제적 또는 승적 박탈을 당했다. 이 사건은 불교의 '권력의 시녀화'를 꾀하기 위한 만행으로 1600년 한국불교사에 유례없는 치욕으로 기록되었다.[365]

80년 4월 조계종 총무원장으로 선출됐던 송월주는 10·27 법난으로 계엄사 요원들에 의해 23일간 갖은 수모를 당한 끝에 총무원장직을 내놓았다. 법난 당시 제주교구본사 관음사 주지였던 지선 역시 수사관들에

---

365) 〈불교는 왜 자주화·민주화를 요구하나?〉, 『말』, 1986년 12월 31일, 26~27쪽.

의해 새벽에 제주보안대 지하실에 끌려가 3일 밤낮을 쉬지 않고 취조를 받았다. 말을 듣지 않으면 "두들겨 패서 승복을 벗기고 속복을 입혀 쫓아 내겠다"거나 "바닷가에 빠뜨려 쥐도 새도 모르게 죽여버리겠다"는 협박과 함께 "여기는 죄를 만드는 곳"이라며 무조건 죄를 불라고 다그쳤다고 한다.[366]

신군부는 신도회장 등 사찰 간부들까지 잡아들여 사건을 조작하려고 광분했지만, 나올 게 없었다. 겨우 풀려난 지선은 사건 직후 계엄하에서 해체된 총무원 대신 만들어진 비상종단의 정화위원으로 위촉됐다. 『말』은 다음과 같이 말한다.

> 울분을 안고 서울에 올라와 대면한 조계종의 현실은 그를 더욱 분노하게 만들었다. 회의가 열리자 사복을 입은 군인이 나와 말 한마디로 승려들을 제적시키거나 치탈도첩시켰다. 참다못한 그는 "수십년간 승려생활을 해온 스님들을 어떻게 해명 한마디 듣지 않고 그렇게 할 수 있느냐"고 항변했다. 그런데 더욱 가관인 것은 옆에 앉아 있던 스님이 "잔소리하지 말고 듣기나 하지"라며 말을 막고 나선 것이다. 그가 참을쏜가. "당신이야말로 정화대상인데 왜 여기 와 있냐"며 시비가 벌어졌고 그는 결국 자리를 박차고 나와버렸다.[367]

'중놈들, 나쁜 XX들'

이 사건을 계기로 80년대 민주화운동에 헌신했던 지선은 당시 정부의

---

366) 안영배, 〈불교개혁 외길 지선스님의 사바세계 사랑법〉, 『말』, 1994년 5월, 168쪽에서 재인용.
367) 안영배, 위의 글, 168쪽.

불교탄압 이유를 이렇게 말한다.

"80년 당시는 78년부터 일어난 조계사와 개운사 간의 종단분규가 원만히 수습된 때였습니다. 그 해 4월 어렵게 출범한 송월주 스님의 총무원체제는 사회전반의 민주화 분위기 속에서 불교 자주화와 개혁조치를 준비하고 있었습니다. 그러한 불교계의 움직임을 저지하고 또 정권의 정통성 결여를 위장할 수 있는 희생양으로 불교를 선택한 것이지요."[368]

이처럼 야만적인 폭력에 의해 점령당한 불교는 이후 신군부를 위한 '어용불교'로 전락하고 말았다. 지선은 81년부터 광주의 문빈정사에 내려갔는데, 제대로 칩거하기가 힘들었다고 한다. 문빈정사가 무등산에 위치해 있었던 까닭이다. 광주항쟁 이후, 무등산을 오르내리면서 광주시민들은 "중놈들, 나쁜 XX들. 무고한 시민들이 무참히 죽어갔는데도 살인마를 위해 조찬기도회나 열고"라며 욕설을 하거나, 심지어는 문에 대고 발길질을 하는 경우가 많았기 때문이다.[369]

'10·27 법난 기획 가담자 야젠 말하라'

그런 항의에도 불구하고 불교계는 깊은 잠에 빠져들었는지 내내 침묵했다. 그러다가 85년 5월 불교계 최초의 재야단체인 '민중불교운동연합'(민불련)이 진보적 소장 불교인들에 의해 발족되면서 불교계 일각이나마 반독재민주화투쟁의 목소리를 내기 시작했다.[370]

85년 9월 7일 대한불교 조계종은 경남 합천 해인사에서 전국 승려대회를 갖고 '불교관계 악법의 철폐'와 10·27 법난에 대한 책임과 해명

368) 권형술, 〈불교혁명, 30년을 기다려왔다〉, 『사회평론 길』, 1994년 5월, 86~87쪽에서 재인용.
369) 안영배, 〈불교개혁 외길 지선스님의 사바세계 사랑법〉, 『말』, 1994년 5월, 168쪽.
370) 홍사성, 〈민중불교 논쟁〉, 『80년대 한국사회 대논쟁집: 월간중앙 1990년 신년호 별책부록』(중앙일보사, 1990), 175쪽.

등을 요구하는 내용을 담은 19개항의 결의문을 채택하기도 했다.[371]

민불련 의장을 역임했던 서동석은 『법보신문』 2000년 10월 25일자에 쓴 〈10·27 법난기획 가담자 이젠 말하라〉라는 글에서 다음과 같이 말한다.

"법란 이후 불교계는 폐허에서 다시 일어서기 위한 노력과 함께 지난 한 민중불교운동의 투쟁성과로 88년 12월 30일 당시 국무총리 강영훈 명의의 약간의 사과가 담긴 '10·27 불교계 수사사건에 관한 국무총리 담화'를 이끌어냈다. 그리고 불교계의 현안 가운데 불교방송국의 설립과 승가대학의 정규대학 인가를 받아냈다. 그것으로 외형상 일단락을 지은 셈이다. 하지만 법란의 상흔이 완전히 씻긴 것은 아니다. 무엇보다 아직도 '5공청문회'에서 던진 심문사항에 대해 어느것 하나 확실하게 규명되지 않았음을 상기할 필요가 있다. 또한 누구보다 법란의 내막을 잘 알고 있을 당시의 실무대책반에 몸 담았던 관계자들이 여전히 입을 다물고 있다는 점 또한 유감이다. …… 무상한 것이 세월이라지만 지난 역사가 가벼운 것은 아니다. 이제 20년을 넘기는 시점에서 그들이 입을 열어야 한다."[372]

---

371) 김준엽, 『장정(長征) 4: 나의 무직시절』(나남, 1990, 2쇄 1991), 72~73쪽.
372) http://www.pubpo.com/news/581/sub1/581a04.htm

언론통폐합

보안사에 끌려간 언론사 사주들

1980년 11월 12일 오후 6시경, 서울 보안사령부에는 언론사 대표들을 태운 검은색 승용차들이 몰려들었다. 왜 그랬을까? 『한국일보』는 이렇게 말한다.

"보안사 정보처 요원들의 안내를 받은 이들은 특별히 경비가 삼엄해진 보안사 건물로 들어서며 잔뜩 긴장하는 모습이었다. 잠시 후 어둠침침한 보안사 건물 2층의 각방에서는 크진 않지만 무언가 실랑이를 벌이는 듯한 소리가 곳곳에서 들리기 시작한다. 이따금 누구의 목소리인지 고성이 새어나오기도 했다. 신군부의 권력장악 뒤에도 계속되고 있는 살벌한 계엄 아래서 기습적으로 자행된 언론통폐합조치는 이렇게 시작된다. 우리나라 주요 언론사의 경영주들은 이날 보안사령관과의 면담이나 간담회가 있다는 말을 듣고 보안사 요원들의 안내로 보안사 문을 들어섰다가 생애 최대의 치욕과 수난을 겪는다. …… 서울지역 13개 언론사의 발행인과 경영주 17명에 대해 포기각서를 받는 작업은 이날 중 '어렵지 않게' 끝났다. 지방언론사에 대해서도 같은 시각 보안사 지방부대가 각서를 받았다.…… 일부 지방사 언론 경영주들은 순순히 각서를 쓰지 않아 가혹행위와 인격적 모욕까지 받았던 것으로 뒤늦게 밝혀지기도 했다."373)

보안사는 모두 45개 언론사 사주들로부터 52장의 각서를 받았다.374) 보안사 요원들이 구술해주는 각서의 내용은 조건 없이 언론사를 포기한다는 것이었고 향후 이 일에 대해서는 발설하거나 이의를 달지 않는다는 것이었다.

이와 관련, 김광휘는 다음과 같이 말한다.

"80년말 그 음습한 보안사 2층 조사실에서 '노'라고 외치며 뛰어내린 언론사 사주는 단 한 명도 없었다. 그들은 언론사 하나를 살리기 위해 자기 목숨을 던져버리기에는 너무 많은 것을 가졌거나, 또는 그 언론사를 포기하고 나서도 살아나갈 방법이 얼마든지 있었던 기업총수들이었거나 고용사장들이었다. 서울의 이런 사정과는 달리 각 지방의 보안사분실에 끌려갔던 영세 언론사주들은 보안사 요원들의 어이없는 강요에 목숨을 걸고 반항하다가 인간적인 치욕과 함께 곤혹을 치른 사주들도 많았다. 모욕적인 언사와 함께 얻어맞고 채이고 본격적인 고문을 하겠다는 위협에 질려 지방 영세사장들도 각서에 피를 토하듯 엄지손가락에 인주를 묻혀 지장을 찍고 자신의 분신보다 더 소중한 언론사를 포기할 수밖에 없었다."375)

373) 한국일보 정치부, 『빼앗긴 서울의 봄: 청와대 실록』(한국일보사, 1994), 223~226쪽. 『신아일보』 사장 장기봉은 "버티기를 4, 5시간 했으나 '서빙고로 모셔라' 등 위압적인 얘기가 들려 도장을 찍지 않고는 나갈 수 없었다"고 말한다. 〈통폐합 언론 '부활' 몸부림〉, 『동아일보』, 1988년 11월 29일.
374) 김기철, 『합수부사람들과 오리발 각서: 80년 신군부의 언론사 통폐합 진상』(중앙일보사, 1993), 182쪽.
375) 김광휘, 〈80년의 언론대학살〉, 『일요서울』, 1997년 6월 22일, 32면.

'건전언론 육성과 창달'?

그로부터 이틀 후인 1980년 11월 14일 신군부는 신문협회와 방송협회에 강요한 '건전언론 육성과 창달을 위한 결의문'[376]을 빙자하여 언론통폐합을 단행하였다. 허문도가 전두환을 설득시켜 단행된 것으로 알려진[377] 언론통폐합의 주요 내용은 방송공영화, 신문과 방송의 겸영금지, 신문통폐합, 중앙지의 지방주재기자 철수, 지방지의 1도 1사제, 통신사 통폐합으로 대형 단일 통신사(연합통신) 설립 등이었다.

언론통폐합의 결과 KBS는 TBC-TV, TBC 라디오, DBS, 전일방송, 서해방송, 대구 FM 등을 흡수하였다. TBC-TV는 KBS-2 TV가 되었다. MBC의 경우, 당시 별도 법인으로 운영되고 있던 지방의 제휴사 21개사의 주식 51%를 인수하여 그들을 계열사화했으며, 이 때 5·16장학회(나중에 정수장학회로 개명)가 가지고 있던 서울 MBC 주식 30%를 제외한 민간 주식은 주주들이 국가에 '헌납'하였다.[378] 기독교방송(CBS)은

---

376) 결의문 내용은 다음과 같았다. 1. 언론은 나라와 국민 모두의 이익을 증진하는 사회의 공기로서 민족성원의 번영 및 국가의 성장발전에 기여하여야 한다. 우리는 조속한 시일 안에 언론의 공익성에 명백히 배치되는 언론구조를 자율적으로 개편하여 민주언론 창달, 국민언론 흥륭(興隆)의 바탕을 굳건히 한다. 2. 우리나라에는 구미 각국과 비교해도 많은 신문·방송·통신사가 난립하여 왔으며 이로 인하여 언론이 각계 국민에게 본의 아닌 누를 끼쳐왔고, 사회적 적폐 또한 적지 않았음을 자성하며, 근대적 공론기관으로서의 언론기업의 발전과 체질 강화를 기한다. 3. 언론의 막중한 사회적 영향력과 책임에 비추어 언론기관의 독점화는 공익에 배치되므로, 어느 개인이나 영리를 추구하는 특정법인이 신문과 방송을 함께 소유함으로써 민주적 여론조성을 저해하는 언론구조는 개선되어야 한다. 4. 신문·방송·통신 등 각 사가 서울과 지방에 저마다 주재기자를 두고 있는 전근대적 취재방식을 개선, 언론비리와 품위손상의 소지를 과감히 일소한나. 중앙시, 방송과 지방지가 각각 지방과 서울에 두고 있는 주재기자를 철수하여 구미 각국의 예와 같이 통상적인 지역뉴스는 통신으로부터 공급받도록 한다. 5. 기존 통신사와 우리 신문·방송협회 회원 전원이 참여하여 국내외 취재와 뉴스 공급기능을 대폭 강화할 영향력 있는 통신을 조속한 시일 안에 설립한다. 6. 1981년 1월부터 신문지면을 증면하여 산업사회의 정보수요에 대응하고 언론인의 처우를 동시에 개선한다. 언론인의 직업전문교육을 제도화하여 언론인의 자질과 전문성을 높인다. 7. 민족독립·민족자주의 길잡이로서의 사명을 자임해온 한국언론의 윤리성을 재확인하고, 민족성원의 권리와 명예를 존중보호키 위해 윤리심의 기능을 활성화한다. 최창봉·강현두, 〈언론통폐합과 공영방송의 제도화〉, 『우리방송 100년』(현암사, 2001), 257~258쪽에서 재인용.

377) 특별취재반, 〈언론통폐합 입안의 내막: 허문도, '5·17 직후부터 전씨 설득〉, 『한국일보』, 1991년 8월 5일, 7면; 노재현, 『청와대 비서실 2』(중앙일보사, 1994), 325쪽.

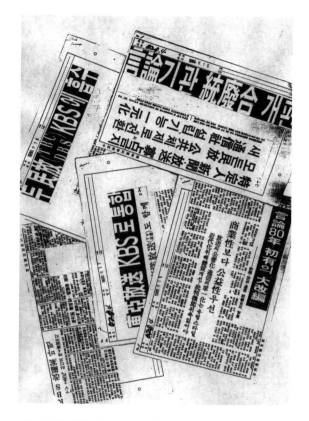

언론 통폐합이 한국 언론과 사회에 끼친 가장 큰 영향은, 전두환에 대한 충성심이 가장 강한 『조선일보』가 판매부수 1등 신문이 되는 데 결정적 계기가 되었다는 점일 것이다. '전두환적(?)인 행태와 가치관과 이념은 『조선일보』를 통해 현재에도 끊임없이 부활하고 있기 때문이다.

보도기능이 박탈되고 선교방송만 전담케 되었다. 기독교방송의 보도요원은 모두 KBS에 통합되었다.

『조선일보』는 신군부가 들어서면서 『월간조선』(80년 3월 15일)을 창

---

378) 정부는 이를 1981년 12월 10일 다시 KBS에 맡겨 KBS가 문화방송의 대주주가 되었다. KBS가 갖고 있던 MBC 주식은 88년 12월 방송문화진흥회에 이관되었다. 현재 방송문화진흥회는 MBC의 주식 70%를 보유하고 있으며 나머지 30%는 5·16장학회의 후신인 정수장학회가 소유하고 있다.

간할 수 있었던 반면, 경쟁지들은 언론통폐합으로 큰 타격을 입었다. 『동아일보』는 동아방송(DBS)을, 『중앙일보』는 이미 7월 31일에 『월간중앙』이 등록 취소당한 데 이어 TBC-TV와 라디오를, 『한국일보』는 『서울경제신문』을 빼앗겼던 것이다. 또 7개 중앙종합지 중 『신아일보』가 『경향신문』에, 『내외경제』가 『코리아헤럴드』에 흡수 통합되었다. '1도(道)1지(紙) 원칙' 하에 대구의 『영남일보』가 『대구매일신문』에, 부산의 『국제신문』이 『부산일보』에, 경남 진주의 『경남일보』가 마산에서 발행되던 『경남매일신문』에 (후에 『경남신문』으로 개제), 광주의 『전남매일신문』이 『전남일보』에(후에 『광주일보』로 개제) 흡수통합되었다.

신군부는 내부적으론 신문통폐합의 근거로 일본의 요미우리, 아사히, 마이니찌 신문 등 3대 신문이 각각 발행부수 1천만부 안팎으로 세계적인 신문의 지위를 확보해 국익수호에 이바지한다는 해괴한 예증을 들어 합리화시켰다. 통폐합의 구체적인 내용도 엉망진창이었다.

부산의 경우 자본이나 수익 면에서 훨씬 규모가 큰 국제신문을 5·16 장학회 소유인 부산일보가 흡수하도록 했으며, 경남에서도 럭키그룹 소유인 『경남일보』가 훨씬 영세한 박종규 소유의 『경남매일신문』에 흡수되도록 했다. 그런가 하면 『전남매일』이 『전남일보』를 흡수하도록 해놓고도 그 사이 무슨 일이 일어났는지는 몰라도 집행과정에서는 거꾸로 『전남매일』이 『전남일보』에 흡수되었다.[379]

통신은 합동통신과 동양통신이 합병해 연합통신으로 발족하였으며, 기타 시사·경제·산업 등 군소 통신사는 문을 닫았다. 또 언론통폐합에 앞서 7월 31일 172개 정기간행물에 대해 등록취소를 단행한 데 이어 11월 29일에도 66개의 정기간행물이 추가로 등록취소되었다.

---

379) 김주언, 〈80년대 언론탄압〉, 『사회비평』, 제2권 제3호(1989), 171쪽.

언론인 해직과 세뇌교육

신군부의 입장에서 언론통폐합은 여러 효과가 있었겠지만, 가장 중요한 건 잠시 '서울의 봄'을 맞아 자유화의 기대에 부풀었던 언론의 기를 꺾어놓음으로써 언론의 자발적인 충성을 유도해내는 것이었다. 정통성이 전혀 없는 신군부로서는 언론이 단지 굴종하는 것만으론 모자랐다. 언론의 적극적인 정권홍보가 필요했던 것이다. 언론통폐합 자체를 떠나 이전부터 나돌던 언론통폐합 소문도 언론의 자발적인 충성을 유도하는 데에 크게 기여하였다. 이에 관해, 『기자협회보』 기자 김일은 다음과 같이 말한다.

"80년 5월 전두환-노태우 중심의 쿠데타가 일어나자 한국신문들은 경쟁적으로 미국정부가 전두환 집권에 호의적이라는 기사를 내보냈다. 당시 한 신문의 워싱턴 특파원은 『한겨레 21』과의 인터뷰에서 비화를 공개했다. '신군부측이 사주의 개인비리를 들먹이며 회사를 언론통폐합 대상에 포함시킬 것을 검토하고 있으니 미국내 친한파 인사와 긴급 인터뷰해 기사를 보내달라고 서울본사에서 요청했다'며 '고민 끝에 인터뷰 기사를 전송했다'고 이 기자는 말했다. '이는 다른 신문사들도 마찬가지였다'는 말도 덧붙였다."[380]

언론인 강제해직은 언론통폐합에 의해서 또다시 이루어졌다. 1980년 방송통폐합으로 민간방송에서 KBS로 간 인원은 TBC 681명, DBS 139명, CBS 106명 등 모두 1105명에 이르렀고 이들 중 2백여 명이 새로운 방송 목적에 적응하지 못해 직장을 포기하였다. 김해식은 언론통폐합 실시 이전인 1980년 1월의 언론종사자 수는 1만8천730명이었던 반면 탄압 후인 1981년에는 1만6천786명이었다는 점을 지적하면서 1900명 이상이 한꺼

---

380) 김일, 〈신문, 재벌·족벌의 독점소유부터 깨야〉, 『참여사회』, 1998년 10월, 21~22쪽.

번에 해직되었을 것으로 보고 있다.[381]

살아남은 언론인이라고 해서 '합격품'이라는 뜻은 아니었다. 그들은 '세뇌'의 대상이 되었다. 그 세뇌수법이 어찌나 치졸했는지 신군부와 내내 밀월관계를 누렸던 조선일보 사주 방우영마저 그 수법에 대해 다음과 같이 비판했다.

"통폐합을 단행한 전정권은 기자들을 세뇌 교육한다는 어처구니없는 발상으로 전국 1900명 언론인들을 새마을연수원에 입소시켰다. 우리 사도 나를 비롯하여 120명이 11회에 걸쳐 수원에 있는 연수원에 들어가 2박 3일 동안 곤욕을 치렀다. 악명 높은 '삼청교육'의 축소판이라 할 수 있는 언론인 집단교육은 전두환을 비롯한 신군부의 생각과 인식이 얼마나 전근대적인가를 여실히 보여준 사건이었다."[382]

고별방송의 비극

1980년 11월 25일 통폐합 대상 신문들은 이 날자로 종간호를 냈고 보도기능이 박탈된 CBS도 마지막 뉴스를 내보냈는데, 여자 아나운서가 뉴스원고를 읽다가 그만 울어버리는 '사건'이 발생했다. 이에 깜짝 놀란 신군부는 11월 30일 고별방송을 하게 돼 있던 DBS와 TBC에 '고별 방송에 관한 지침'이라는 희한한 걸 보내 단순한 고별인사만 하고 감상적 내용을 배제할 것을 요구했다.

그 지침에 따라 고별방송 원고는 사전검열되었으며 그것마저도 낮에 녹음하도록 강요되었다. 어디 그뿐인가. 행여 서러워하는 감정이 섞일세라 원고의 낭독마저도 입사한 지 1년 된 여자 아나운서로 읽게끔 했다.

---

381) 김해식, 『한국언론의 사회학』(나남, 1994), 156쪽.
382) 방우영, 『조선일보와 45년: 권력과 언론 사이에서』(조선일보사, 1998), 199쪽.

18년여의 DBS 역사를 마감하는 방송인들의 회한은 11월 30일 오전 8시부터 한 시간 동안 진행된 DBS의 간판 프로그램이었던 『DBS 뉴스쇼』의 고별방송으로 집약되었다. 이 고별방송의 진행을 맡은 정경부장 최종철은 끝부분에서 눈물을 삼키는 음성으로 다음과 같이 방송했다.

"동아방송의 보도의 공과 과는 후세의 평가에 맡기려 합니다. 그러나 후세에 동아방송의 기자들이 무엇을 했느냐고 묻는다면 우리는 격동의 한 시대를 정의의 편에 서서 열심히 성실하게 뛰었다고 말하려 합니다. 동아방송의 18년사는 분명히 한국언론사에 비록 짧지만 굵게 기록된 것이라고 우리는 확신합니다. 이 순간 동아방송 기자들은 손때 묻은 취재수첩에 여백을 남긴 채 일단 덮으면서 애청자 여러분이 저희들에게 주신 격려와 성원 그리고 질책까지도 귀중한 보람으로 마음속 깊이 간직하려 합니다. DBS 동아방송 18년 역사의 종지부를 찍으면서 저희 동아방송 기자들은 청취자 여러분께 고별의 인사를 드립니다. 애청자 여러분의 가정에 행운과 건강이 항상하시기를 기원합니다. 1980년 11월 30일 오전 8시 55분 58초 여러분이 그토록 아껴주신 동아방송의 『DBS 뉴스쇼』의 대단원의 막을 내립니다. 여러분 안녕히 계십시오."

모두 출근하여 보도국에서 고별 『DBS 뉴스쇼』를 지켜보던 동아방송 기자들은 뉴스쇼가 끝나자 눈들이 눈물로 붉게 충혈된 채 한일관으로 몰려가 아침부터 소주를 마시는 걸로 분을 풀었다.

신군부의 엄격한 지침에도 불구하고 TBC-TV의 고별 프로그램에선 가수 이은하가 〈아직도 그대는 내 사랑〉을 부르다가 울어버린 또 하나의 '사건'이 발생했다. 이은하는 그후 3개월간 방송출연을 정지당했다.[383]

이때에 KBS가 신군부에게 아첨하기 위해 작성한 '의견서'의 내용은 기가 막히다. 다음과 같다.

---

383) 김기철, 『합수부사람들과 오리발 각서: 80년 신군부의 언론사통폐합 진상』(중앙일보사, 1993), 227~228쪽.

"평소 소속감이 전혀 없는 가수들로 하여금 울면서 노래하도록 연출상의 유도를 함으로써 장내를 숙연 내지는 애상에 쌓이게 했을 뿐더러 시청자들에게까지 최루작용을 함으로써 일부 국민감정에 악영향을 끼칠 우려가 있었음 …… 정책을 오도하고, 저속했던 상업방송을 애써 미화하려고 애쓴 이들 프로그램의 연출자, 구성자, 일부 연기인에게는 새로운 방송풍토에서 작업을 할 수 없도록 단호한 조치가 필요한 것으로 사료됨."384)

실제로 KBS는 '일부 연기인'에 대한 '단호한 조치'를 잊지 않고 이후 실천에 옮겼다. 『TBC 생방송 고별 쇼』에서 엉엉 울어버린 탤런트 강부자의 KBS 출연을 금지시키라는 외압이 담당 PD에게 떨어진 것이었다. "당분간 출연을 금지시켜!"라는 고위층의 한마디로 인해 강부자는 한동안 TV에 출연할 수 없었다.385)

TBC 사원들의 반응은 어땠을까?

"이 기간 중 회사 분위기가 매우 격앙돼 있었기 때문에 보안사 요원도 마음대로 출입하기 어려웠다. 종방하는 날은 통분으로 사옥 전체가 난리였다. 당시 무교동이나 서소문에 나가면 술집마다 온통 아는 사람들이었다. 기자들은 일단 모두 KBS로 가도록 되어 있었고 관리직도 상당수가 삼성계열 기업으로 자리를 옮겼기 때문에 서로 석별의 정을 나누느라 술을 더 마셨다. 술값도 1인당 100만~200만 원 정도가 들 정도였다."386)

언론통폐합이 한국언론에 끼친 영향

언론통폐합 발상을 낸 장본인인 허문도는 언론통폐합에 대해 "당시는

384) 김기철, 『합수부사람들과 오리발 각서: 80년 신군부의 언론사 통폐합 진상』(중앙일보사, 1993), 232쪽.
385) 김연진, 『내 연출 내 젊음 35년: 김연진의 TV 비망록』(다인미디어, 2000), 185~186쪽.
386) 한국일보 정치부, 『빼앗긴 서울의 봄: 청와대 실록』(한국문원, 1994), 261쪽.

정권이 강제력에 의해 질서를 세우는 단계, 즉 질서의 창세기였다"고 말했다.[387] 도대체 무슨 질서를 세우고자 했던 걸까? 언론통폐합은 한국언론에 어떤 영향을 미쳤을까? 이를 두고 조상호는 다음과 같이 주장한다.

"언론통폐합은 언론매체시장의 독과점을 제도화시킴으로써 박정희정권 시기부터 이미 진행되어온 언론의 거대기업화를 심화시켰다. 이로 인해 막대한 이득을 얻은 언론사들은 권위주의 통치에 순응하였고, 1980년대에 들어와 국내 최고 수준으로 뛰어오른 언론사 급료체계는 언론의 비판적 기능저하를 부추기는 요인의 하나가 되었다."[388]

위와 같은 견해를 포함하여 언론통폐합이 한국언론에 미친 영향은 대략 다음과 같은 7가지로 요약할 수 있을 것이다.

첫째, 언론통폐합은 언론사들의 충성대상을 박정희로부터 전두환으로 돌리게 만들었다. 언론사의 생사여탈권을 마음대로 휘두른 신군부의 횡포와 만행은 전두환에 대한 충성경쟁만이 유일한 생존책이라는 걸 언론사들에게 확실하게 각인시키는 효과를 거두었던 것이다.

둘째, 언론통폐합은 전두환에 대한 충성심이 가장 강한 『조선일보』의 고속성장을 가능케 하는 결과를 낳았다. 당시 『조선일보』의 경쟁지들은 모두 언론통폐합으로 엄청난 재산을 빼앗긴 반면 『조선일보』는 아무런 피해도 입지 않았을 뿐만 아니라 5공정권에 깊이 참여하는 등 5공과 종속적 동반자 관계를 형성함으로써 압도적으로 유리한 고지를 점령하게 되었던 것이다.

셋째, 언론통폐합은 언론매체시장의 독과점을 제도화시키고 언론의 거대기업화를 심화시킴으로써 언론의 순응정서를 배양함은 물론 공산품 제조업체와 다를 바 없는 수준의 '이윤의 절대적 우선주의'를 언론사 경

---

387) 백성호, 〈MBC '이제는 말할 수 있다' : '언론통폐합'을 밝힌다〉, 『중앙일보』, 1999년 12월 11일, 19면.
388) 조상호, 『한국언론과 출판저널리즘』(나남, 1999), 394쪽.

제1장 왜 광주는 피를 흘려야 했나? · 1980년 __267

영자들의 언론철학으로 고착되게끔 하는 결과를 낳았다.

넷째, 언론통폐합은 언론인 대량해직이라고 하는 무력시위로 언론인을 굴종케 한 후에 통폐합과 연관된 후속 조치들로 순응하는 언론인들에게 다양한 방식의 특혜를 제공함으로써 '기자문화' 자체를 타락케 하는 결정적인 계기가 되었다.

다섯째, 언론통폐합은 언론기업과 언론인들을 정권안보를 위한 이용의 대상으로 삼는 반면 시민사회 영역에 대해선 그들이 각종 특권을 행사할 수 있는 환경을 조성해주고 보장해줌으로써 '언론의 특권계급화'라는 습속을 형성케 하였다.

여섯째, 언론통폐합은 최소한의 형식적인 명분을 얻기 위해 방송공영화라는 방패를 앞세우면서 언론통폐합을 단행하였던 바, 이는 '공영화'라는 개념 자체를 타락케 만드는 결과를 초래해 이후 공영화에 대해 강한 심리적 반발을 낳게 만드는 원인이 되었다.

일곱째, 언론통폐합은 물리적인 강압이라는 수단을 동원해 이루어졌기 때문에 이후 '통폐합'이라는 개념 자체에 대해 몸서리치게 만드는 효과를 낳았고, 그 결과 민주적이고 자율적인 방식의 통폐합이 바람직한 경우에도 통폐합에 대한 논의 자체를 기피하게 만드는 매우 부정적인 결과를 초래하였다.

'윤 · 천 · 지 · 강' 사건

1980년 상황에선 어용지식인들도 많았지만 신변의 안전을 무릅쓰고 분연히 떨쳐 일어나 신군부의 정권장악 음모에 대항한 지식인들도 있었다. 그런가 하면 이들의 중간에 있는 선의의 '중간파' 지식인들도 있었는데, 그 가운데 대표적인 인물이 목사 강원용이었다.

강원용은 1979년 크리스천아카데미사건으로 중앙정보부에 불려가 심문을 받는 고초를 겪으면서 민주화를 위해 애쓴 지식인이었지만, 그런 점이 바로 그를 신군부의 주요 포섭대상이 되게 만들었다.

강원용은 1980년 1월 1일 집에서 무작정 쳐들어온 전두환의 세배를 받았고, 1980년 11월 25일 국정자문위원에 위촉되었다. 그가 국정자문위원직을 마지못해 수락한 건 크게는 죽을지도 모르는 김대중의 구명(救命)을 위한 것이었고 작게는 보도가 금지되고 광고도 못하게 돼 타격을 받은 기독교방송 문제해결을 위해서였다고 하는데, 그는 후자(後者)는 성공하지 못했지만 전자(前者)는 성공했다고 밝히고 있다. 이에 대해 강원용은 다음과 같이 말한다.

"국정자문위원장직을 수락하면서 나는 전대통령을 만나 하고 싶은 말을 하고 나름대로 의미도 느낄 수 있었지만, 그로 인한 내 이미지 실추는 엄청난 것이었다. 그런데 내 이미지 실추는 정부측의 고의에 의해 더욱 심화되었다. 신문에 보도하지 않겠다는 약속과 달리 그들은 내가 청와대에서 국정자문위원 위촉장을 받던 날, 석간신문의 1면에 사진과 함께 그 사실을 보란 듯이 공개해버리고 말았다. 그 사진에는 내가 전대통령에게 머리를 숙이고 위촉장을 받는 모습이 담겨 있었다. …… 나는 국정자문위원이 됨으로써 '강목사가 광주학살을 자행한 군사독재자의 자문위원이 되었다니 그럴 수 있느냐 는 비난여론을 국제적으로도 받아야 했다. WCC뿐만이 아니라 독일, 미국, 캐나다 등지에서도 나를 비난하는 소리가 끊이지 않았다. 그 때문에 나는 각종 국제활동에서 많은 제약을 받아야 했으며, 아카데미 등 내가 관련된 활동에서 외국의 원조를 받는 데도 압력을 받아야 했다. 국내에서의 나에 대한 비난은 더욱 거셌다. 한마디로 어떻게 그럴 수 있느냐는 것이었다. 내가 국정자문위원으로 있는 동안 한때 세간에는 '이 시대의 변절자, 윤·천·지·강'이라는 말이 돌았는데, '윤·천·지·강'이란 윤보선, 천관우, 지학순, 강원용을 지칭하는 것이었다. 그런 대내외적인 반응들을 보면서 나는 진짜 말로 제대로 표현할 수 없을 만큼 고통스럽고 괴로웠다. 그러면서 내 결정에 대한 회의도 피할 수 없었으나 이미 나는 돌아올 수 없는 다리를 건넌 셈이었다. 나는 온갖 수모와 비난을 체념 속에서 받아들이면서 내 명예를 진흙탕 속에 던지면서까지 뜻했던 바, 즉 대통령에게 영향력을 행사할 수 있는 자리에 있으면서 남이야 어떻게 생각하든 사람들의 생명을 구하고 나라가 최악의 길을 걷지 않도록 하는 데 미력이나마 힘을 쏟기로 했다. 그때 내가 가장 자주 부딪혔던 자문은 '과연 내가 하나님 앞에 떳떳한가' 하는 것이었다."[a]

　강원용은 그런 회의 속에서도 자신의 행동에 대한 나름대로의 이론적 근거는 갖고 있었는데, 그것은 바로 '화해신학'이었다. 이는 1986년에 가진 신학자 유동식과의 '대화'에서 알 수 있다.

　"79년 10월 26일부터 80년 5월 17일 사이에 우리나라의 상황이 많은 선택의 길이 있었던 것은 아닙니다. 최우선적인 선택은 생존(survive)의

---

a) 강원용, 『빈들에서: 나의 삶, 한국 현대사의 소용돌이 3-호랑이와 뱀 사이』(열린문화, 1993), 159~161쪽.

문제였지요. 그러한 상황에서 더 많은 피를 흘리는 투쟁으로 나아가는 것은 막아야 한다고 생각했습니다. 보다 근본적인 이유는 한쪽을 선택해서 나는 옳고 너는 틀렸다, 그러니 싸우자 하는 식으로 문제해결의 실마리는 찾아질 수 없는 상황이었다는 것이에요. 그동안 아카데미에서 중간 집단운동을 해온 것도 바로 '화해'라는 것을 지향했기 때문입니다. 나는 이것을 '화해신학'이라고 자주 이야기해요."[b]

강원용 이외에도 많은 사람들이 '이미 엎질러진 물'이라고 판단해 자기 나름대론 나라를 생각하는 마음에서 전두환정권에 참여하거나 화해적인 자세를 보였겠지만, 결과적으로는 그런 '선의'들이 모여 전두환의 집권기반이 탄탄해지고 광주의 한(恨)이 깊어지게 된 건 분명한 사실이었다.

---

b) 유동식, 〈한국기독교신학〉, 『강원용과의 대화』(평민사, 1987), 220쪽.

컬러TV 방송 실시

'유해색소'(有害色素)까지 첨가된 TV?

1980년 11월 10일 문공부장관 이광표는 12월 1일부터 컬러TV 시험방송을 실시한다고 발표했다. 12월 1일 이광표가 KBS청사에서 컬러TV 방송 스위치를 누름으로써 한국에서의 컬러TV 방송시대가 개막되었다.

KBS의 첫 컬러방송은 1980년 12월 1일 아침에 있었던 '수출의 날' 기념식 중계방송이었다. 정부의 가장 큰 관심사는 이 행사에 참여할 대통령 전두환이었다. 컬러방영에 적합한 색상의 전두환 복장이 고민거리로 등장한 것이다. 업계의 전문가들과 비서진들이 협의한 결과 회색바탕에 가는 청색 줄무늬의 옷이 적합하다는 결론이 내려졌다. 행사 당일 컬러방영 색상에 대한 반응조사를 위해 상공부 직원들은 가전3사 대리점에 파견되었다.[389]

---

389) 이동훈, 〈KBS 컬러TV 방송 개시: 한국 전자산업 발전의 전기 마련〉, 월간조선 엮음, 『한국현대사 119대 사건: 체험기와 특종사진』(조선일보사, 1993), 279쪽.

하루 세 시간씩의 시험방송을 거쳐 KBS 1·2TV와 MBC까지 모두 컬러방송을 개시한 건 같은 해 12월 22일이었다. 컬러방송에서 가장 먼저 문제로 대두된 건 수상기였다. 당시 전국에 깔려 있던 흑백수상기는 700만 대나 되었기 때문에 컬러방송을 한다 해서 하루아침에 수상기 전체를 바꿀 수는 없는 일이었다. 그래서 흑백과 컬러 모두를 시청할 수 있는 시스템이 요구되었다. 또한 조명료만 해도 흑백의 4배나 될 정도로 컬러방송에는 돈이 많이 들어갔기 때문에 자연광선을 많이 쓰는 프로그램부터 컬러로 방영하는 방안이 채택되었다. 그 결과 뉴스와 스포츠의 컬러방송이 가장 먼저 활성화되었다.[390]

컬러수상기의 급속한 보급과 함께 방송의 영향력이 더욱 증대된 만큼 전두환정권은 TV를 박정권보다 훨씬 더 적극적으로 정권홍보에 이용하였으며, 그 결과 '뚜뚜전 뉴스' 또는 '땡전 뉴스'라는 말이 인구에 회자될 정도였다. 상식을 초월하는 TV의 전두환 찬양과 정권홍보는 많은 사람들을 분노케 했으며 이는 나중에 TV시청료 거부운동으로 나타났다. TV의 컬러화 실시로 기왕의 '바보상자' '판도라의 상자' 이외에 '유해색소'(有害色素)까지 첨가된 격이었다는 말까지 나왔다.[391]

한국 전자업체들을 위하여

다른 나라에 견주었을 때 한국의 컬러방송은 대단히 늦은 것이었다.

---

390) 김재길, 『"KBS야, 너 참 많이 컸구나!"』(세상의창, 2000), 281쪽; 최창봉·강현두, 〈컬러 방송시대의 개막〉, 『우리방송 100년』(현암사, 2001), 272~276쪽. 나중엔 모든 프로그램 제작진들이 바빠졌다. 특히 역사극에 사용했던 의상과 장신구 등은 컬러방송의 도입으로 다시 고증을 거쳐야 했다. 드라마나 쇼 등의 오락프로그램도 대형화되었고, 이들 프로그램에 출연하는 출연자들의 의상은 물론이고 스튜디오의 장식이나 조명 등도 화려해지기 시작했다. 시청자들의 요구도 줄을 이었다. 원색이 많으면 눈이 피로하다는 시청자들의 요구에 KBS는 시청자들이 선호하는 색깔을 조사해, '녹청색'을 기본색상으로 정하고 대부분의 프로그램에 적용했다. 백성호, 〈한국 컬러TV시대 개막〉, 『중앙일보』, 1999년 10월 8일, 21면.
391) 윤재걸, 『비디오공화국』(연려실, 1985), 50쪽.

51년 미국에서 컬러방송이 처음으로 시작된 이래, 영국과 홍콩은 67년, 대만은 69년, 그리고 북한도 이미 74년 4월부터 컬러방송을 시작한 상태였다. 당시 아시아에서 컬러방송을 하지 않고 있던 나라는 한국, 네팔, 라오스뿐이었다.[392]

컬러TV 방송은 70년대 중반부터 거론되기 시작했던 것인데 박정희와 신문들의 반대로 실현되지 못했다. 신문들은 겉으로 내세운 명분이야 어찌됐건 광고시장을 빼앗기는 것이 두려워 반대를 했고, 박정희는 컬러방송이 국민들에게 위화감을 준다는 이유로 반대했다. 박정희는 1975년 10월 8일 한국전자 박람회 개막식에서 전자회사 사장들 앞에서 "컬러텔레비전은 아직은 시기가 이르다"고 못을 박아 컬러TV 방송에 대한 논란은 활성화되진 못했다.[393]

박정희는 수출과 관련한 업체의 의견은 거의 모두 들어주었으면서도 컬러TV 방송만큼은 극구반대했는데, 흑백TV도 아직 보지 못하고 있는 사람들이 많기 때문에 컬러TV 방송이 계층간 위화감을 불러온다는 것이 주요한 이유였다.[394] 박정희는 이란의 호메이니 혁명으로 제2차 오일쇼크가 발생했을 때도 "컬러TV 방송은 과소비를 조장하고 국민 계층간의 위화감을 불러일으킨다"며 방영시기를 계속 지연시켰다.[395]

그러나 방송사들은 이미 70년대 중반부터 컬러방송을 할 수 있는 능력을 갖추고 있었으며 컬러방송 제작은 이미 컬러방송을 하고 있는 외국에도 중계되는 국제적인 이벤트의 경우에 이뤄졌다. 예컨대, 1974년 당시 국내에 있던 1천여 대의 TV를 통해 미국 대통령 제럴드 포드의 김포공항 도착 광경과 한국을 떠나는 광경이 컬러로 방영된 적이 있다.[396] 또

392) 강상현, 〈신군부 '국민 탈정치' 위해 컬러방송 허용〉, 『한국일보』, 1999년 10월 19일, 17면.
393) 정순일, 『한국방송의 어제와 오늘: 체험적 방송 현대사』(나남, 1991), 245쪽.
394) 서현진, 『끝없는 혁명: 한국 전자산업 40년의 발자취』(이비컴, 2001), 261쪽.
395) 서현진, 위의 책, 293~294쪽에서 재인용.
396) 『시사토픽』, 1990년 12월 6일.

1975년 9월 8일 동대문축구장에서 벌어진 한일축구 정기전의 경우 KBS는 일본 NHK의 요청을 받아 그 경기를 컬러로 중계했는데 국내에 있는 컬러TV 수상기에도 컬러로 방영된 적이 있다.[397]

컬러TV 방송을 먼저 실시한 건 AFKN-TV였다. AFKN-TV는 76년 봄부터 컬러방송을 시작했는데, 그 이유가 재미있었다. 미국에서 한국으로 배치되어오는 미군들이 "텔레비전이 흑백으로 보이는 후진국에 왔다!"고 문화적 충격을 받는다는 이유 때문이었다는 것이다. 1978년 2월 정부는 AFKN에 대해 컬러방영 비율을 30% 선으로 줄여달라는 좀 엉뚱한 요청을 했는데, 그 이유인즉슨 AFKN의 컬러방영 비율이 50%를 넘고 있어 일부 한국인의 AFKN 시청률이 높아지고 있기 때문이라는 것이었다.[398]

그런데 1978년 3월 하순에 또 하나 좀 엉뚱한 일이 일어났다. 미국 백악관 특별통상대표부가 우리 정부에게 국내에서 팔지 않는 칼라TV 수상기를 남의 나라로 수출하는 것은 국제 상도의에 어긋난다는 시비를 걸어왔다. 칼라TV 수상기는 77년에 12만 대를 수출했고 78년의 목표는 50만 대였는데, 이는 대부분 미국시장으로 수출되고 있었다.[399]

미국의 시비는 79년에 이르러 노골화되었다. 당시 우리나라의 컬러TV 수상기 생산능력은 110만 대였고 이 가운데 90% 가량이 미국으로 수출되고 있었는데 미국은 한국 수상기의 수입물량을 연 30만 대로 규제해버린 것이다.[400] 그러니 당시 우리경제에서 큰 몫을 차지하던 전자업체들을 살리기 위해서라도 남아도는 생산물량을 내수시장으로 돌려야 했고, 이런 필요성이 1980년에 컬러방송을 실시하게 된 한 가지 중요한 배경이었을 것이다.

---

397) 정순일, 『한국방송의 어제와 오늘: 체험적 방송 현대사』(나남, 1991), 247쪽.
398) 정순일, 위의 책, 243~244쪽.
399) 정순일, 위의 책, 244쪽.
400) 문창극, 『한미 갈등의 해부』(나남, 1994), 189~190쪽.

81~82년 사이에 2백만대 돌파

컬러TV를 생산하고 있던 삼성전자와 금성사의 의견을 일부 수용하여 80년 8월 1일부터 컬러TV의 국내 시판이 허용되기 시작했다. 그러나, 여전히 컬러TV의 방송에 대한 여론은 좋지 않았기 때문에 국내의 컬러TV 방송을 전제로 한 것은 아니었다. 이 무렵 컬러TV를 생산하고 있던 업계의 상황은 말이 아니었다. 주요 수출국이던 미국은 물론 유럽까지 수입규제 조치를 취해 수출시장이 막히기 시작했고, 국내 흑백TV의 보급률은 90%대를 웃돌고 있던 상황이었다. 컬러TV 수상기의 국내 시판은 이런 상황에서 가전업계의 숨통을 트여주고자 한 정부의 의도에서 시작된 것이었다.[401]

경제부총리 이한빈은 80년 4월초 수원의 삼성전자 공장을 시찰하던 중 수출용 컬러TV 세트가 산더미처럼 쌓여 있는 걸 보고 화가 치밀었다. 그는 그후 대만방문 때 삼보전자를 찾았고, 그날 저녁 수행기자들과 회견하며 "이번에 귀국하면 곧 컬러TV 방영을 허락하는 방향으로 정책전환을 시도하겠다"고 공개선언을 해버렸다. 이 발언은 4월 16일자 국내신문에 대서특필되었지만, 이한빈은 '컬러TV 절대불가'라는 박정희의 뜻을 이어받은 최규하의 고집에 부딪혀 뜻을 이루지 못했다. 결국 컬러방송은 나중에 국보위에서 결정을 내려 부총리에게 사후 통보되었다.[402]

삼성전자 회장 강진구는 당시 국보위 상공분과위원장 금진호로부터 국보위 의장 전두환에게 컬러방송을 건의해보겠다는 언질을 받아내면서 "그래, 꼭 되게 해주소. 지금 전자산업은 앞이 꽉 막혀 있소. 수출도 한계에 이르렀는데, 국내시장이 막혀 있으니 큰 야단났소. 국민여론을 조사

---

401) 서현진, 『끝없는 혁명: 한국 전자산업 40년의 발자취』(이비컴, 2001), 294쪽.
402) 주태산, 『경제 못살리면 감방간대이: 한국의 경제부총리, 그 인물과 정책』(중앙 M&B, 1998), 173~174쪽.

80년 12월 1일 시작된 컬러TV 방송은 전자업계를 살렸고, '색의 혁명'을 일으키면서 영화·신문 및 방송의 광고시장·화장품업계 등에 큰 영향을 미쳤다. 이는 한국사회가 소비자본주의 체제로 급속하게 편입되리란 걸 뜻하는 것이었다.

해보면 찬성하는 사람이 더 많을 거요!"라고 하소연했다고 밝히고 있다.

강진구는 컬러방송이 허용된 다음의 호황에 대해 다음과 같이 말한다.

"우리 제품은 날개 돋친 듯 팔렸다. 출하하는 족족 매진되는 호황을 누렸다. 마치 갇혀 있던 봇물이 터지듯, 국민의 컬러TV에 대한 욕구가 한꺼번에 터져나왔던 것이다. 80년에는 단숨에 8만9천 대가 판매되었고, 81년에는 전년대비 5배에 가까운 41만여 대가 팔렸다. 그 이후 매년 50만 대 이상 판매되어 수출물량까지 합치면 100만 대를 넘어서게 되었다. 매출액이 급신장했음은 말할 것도 없다."[403]

그랬다. 모든 여건이 갖춰진 상황에서 실시된 컬러방송인지라 컬러 TV 수상기 증가추세는 초고속이었다. 정부가 컬러TV에 대한 특별소비세율 인하조치까지 단행했으니 그야말로 순풍에 돛단격이었다.[404] 컬러 방송을 시작하기도 전인 80년 8월부터 수상기의 국내 시판이 허용된 가운데 컬러 수상기는 1981년과 1982년 사이에 이미 2백만 대를 돌파해버렸고 82~83년에 3백만 대, 83~84년에 4백만 대, 85~86년에 5백만 대를 돌파했다. 5백만 대면 전 가구의 51.4%였는데, 전자업계에서는 시청료 때문에 등록을 하지 않은 수상기를 감안하면 보급률이 80%에 이를 것으로 추정했다.

컬러TV 방송은 전자업계를 살렸다. 수출길이 막혀 고전하고 있던 전자업계가 눈부신 성장을 이룩하기 시작했는데, 81년 전자산업 총생산 규모는 37억 9천1백만달러로 이는 80년에 비해 33%나 성장한 것이었다.[405]

영화가 받은 타격

컬러방송 시작으로 "컬러TV를 구입했느냐"가 안부인사를 대신하기 시작했고, "이젠 집에서 컬러영화를 볼 수 있으니 극장이 망할 것"이라는 추측이 나오기도 했다.[406] 극장이 망하진 않았지만, 영화가 큰 타격을 입은 건 분명했다. 이미 그렇잖아도 힘겨워하고 있던 영화계에 엎친 데

403) 강진구, 『삼성전자 신화와 그 비결』(고려원, 1996), 113쪽.
404) 강상현, 〈신군부 '국민 탈정치' 위해 컬러방송 허용〉, 『한국일보』, 1999년 10월 19일, 17면.
405) 서현진, 『끝없는 혁명: 한국 전자산업 40년의 발자취』(이비컴, 2001), 295쪽.
406) 백성호, 〈한국 컬러 TV 시대 개막〉, 『중앙일보』, 1999년 10월 8일, 21면.

덮친 격이었다. 이정하는 80년대 초 영화계의 우울한 풍경을 다음과 같이 묘사하고 있다.

"1970년대의 막바지, 하길종은 '한국영화는 세계 속의 어디쯤 있는가? 아무 곳에도 없다. 싹도 없고 잔해도 없다. 설익은 모방과 지저분한 상흔만이 있다'고 절규하며 울분에 찬 술잔을 달랑 들고 저 세상으로 갔다. 그리고 해가 바뀌어 1980년은 봄과 함께 찾아왔다. 어느해인들 봄이 먼저 오지 않는 것은 아니련만, 이 해의 봄은 그 의미가 달랐다. 그러나 한국영화계는 여전히 70년대의 찬바람 부는 겨울에서 헤어나지 못한 것처럼 보였다. 남은 것이라고는 외화수입을 본업으로 하는 스무 개 정도의 독과점 영화사들과, 시나리오 단계에서부터 자행되는 이중 삼중의 검열의 벽, 영화인은 굶고 있는데 곳간만 늘어가는 영화진흥공사, 그리고 창작의 자유를 박탈당하고 굴종의 뒷골목을 헤매는 영화인들이 전부였다. 이 빈약한 재산의 한국영화는 더욱이 컬러텔레비전과 영화시장 개방과 그 자신의 구조적 모순이라는 삼면의 벽 앞에 서 있었다."[407]

81년 들어 영화관의 연인원 관람객 수는 전년도의 5천3백만 명에서 4천4백만 명으로 줄었고, 전국영화관 수는 전년도의 447개에서 423개로 줄었으며, 영화제작 편수도 87편으로 매우 저조했다.[408]

영화계는 컬러TV에 대항하기 위해 영화의 대형화라는 대안을 모색했다. 평균제작비가 1억 원 내외이던 통례를 깨고 평균 3~4억 원에서 최고 10억 원까지의 제작비를 투입한 작품들이 만들어졌으며, 연기자들도 컬러TV와 동시녹음 시대에 대비하여 연기훈련을 계획했고, 영화진흥공사에서는 조감독 20명을 선발하여 영화기법과 이론을 교육시켰다.[409]

---

407) 이정하, 〈80년대와 90년대〉, 이효인 · 이정하 엮음, 『한국 영화 씻김』(열린책들, 1995), 189쪽.
408) 최진용 외, 『한국영화정책의 흐름과 새로운 전망』(집문당, 1994), 325, 327, 330쪽.
409) 정중헌, 『우리영화 살리기』(늘봄, 1999), 223~224쪽.

소비자본주의 체제로의 진격

신문들은 광고시장을 빼앗길까봐 두려워 컬러TV를 반대해왔지만 다른 방법으로 충분한 보상을 받았다. 컬러TV 수신기 생산의 양대 산맥이었던 삼성전자와 금성사는 기술개발 못지않게 제품광고에서도 한판 전쟁을 벌였기 때문이다. 이에 대해 당시 한국전자공업진흥회장이었던 김완희는 "두 회사의 광고전쟁으로 어부지리를 얻은 것은 광고비 수입이 늘어난 언론사였다"고 말했다.[410]

'색의 혁명'이라 할 컬러TV 방송을 크게 반긴 곳은 화장품업계였다. 이후 텔레비전은 화장품 광고의 주매체로 자리잡았다. 어찌 화장품뿐이었으랴. 컬러TV 방송은 광고업계에 큰 변화를 몰고 왔다. 이 무렵 컬러TV 광고제작이 얼마나 힘들었는지 당시 광고감독 강한영은 『광고정보』81년 12월호에서 이렇게 말했다.

"1980년 12월 첫 컬러방송이 시작되면서 방송계, 광고계, 특히 필름제작팀들은 초비상 상태에 돌입했다. 별다른 준비도 없이 갑자기 시행된 컬러방송에 대해 기대보다는 불안감이 앞섰다. 대부분의 제작팀들은 거의 몇몇 극장용 35밀리 광고필름을 제작한 경험밖에 없었으므로 그것은 당연한 것이었다. 컬러방송에 대한 우리들의 짧은 경험도 문제이지만, 극장용을 제작하면서 한국의 컬러작업 시설이 원시단계를 벗어나지 못한 한심한 수준임을 뼈아프게 경험했기 때문이었다. 그 당시 한국영화관을 가본 외국인이, 한국영화의 수준을 '내용을 얘기하기 이전에 스크린에 비춰진 화질, 색상이 도저히 10분 이상 볼 수가 없다'고 할 정도로 우리나라 컬러의 기술수준은 미약했던 것이다. …… 수십배 까다로워진 컬러 프로세스를 문의하는 등 전쟁터의 피난민처럼 바빠지기 시작했다.

---

410) 서현진, 『끝없는 혁명: 한국 전자산업 40년의 발자취』(이비컴, 2001), 260쪽에서 재인용.

…… 뭔가 채 정리되지 못하고 준비되지 못한 상태에서 뚜껑은 열렸다. 첫 컬러 광고방송이 나가는 날, 우리 모든 제작팀들은 채 흥분이 가시지 않은 채 TV 앞에 모여들었다. 그후 우리들은 많은 문제점과 과제를 안고, 때로는 안도의 숨을 내쉬며, 몇개월을 보냈다. 컬러방송은 우리 제작팀에게 참으로 많은 변화를 요구하였다. 그러나 그것은 피할 수 없는 숙제였다. 물론 이 어려움은 거뜬히 극복했다. '한강의 기적'을 이룬 나라다웠다고나 할까."[411]

전두환의 복장에서부터 화장품 광고에 이르기까지 컬러TV는 한국 사회에 새로운 '색의 혁명'을 일으키면서 본격적인 소비자본주의체제로의 편입을 가속화시키게 되었다. 컬러TV가 선도한 "컬러화 선풍은 모든 분야에서 소비패턴의 고급화와 다양화로 이어졌다."[412] 그러나, 소비문화는 화려하게 변화되어갔지만 정치적 자유와 표현의 자유는 점점 더 질식사의 길로 치닫고 있었다.

---

411) 신인섭, 『광고로 보는 한국화장의 문화사』(김영사, 2002), 121쪽에서 재인용.
412) 서현진, 『끝없는 혁명: 한국 전자산업 40년의 발자취』(이비컴, 2001), 295~296쪽.

언론기본법 제정

'언론 악법'(惡法)의 탄생

전두환정권은 1980년 12월 26일, 이전까지 시행되던 '신문, 통신 등의 등록에 관한 법률'(1963. 12. 12), '방송법'(1963. 12. 26), '언론윤리위원회법'(1964. 8. 5) 등을 통합해 언론기본법을 제정했다. 후일 '언론악법'(惡法)으로 비판받은 이 법은 청와대 공보비서실비서관 허문도·이수정과 문공부 관계자 1명, 언론법을 전공한 서울민사지법 판사 박용상이 주축이 돼 만들어진 것으로 1980년 12월 26일 입법의회를 통과하여같은 해 12월 31일에 발효되었다.

이로써 전정권은 문공부장관에게 언론사의 정·폐간을 명령할 수 있는 권한을 부여하는 등 강압적인 언론통제책을 실시하는 한편 방송위원회, 한국방송광고공사, 한국언론연구원, 언론중재위원회, 방송심의위원회 등의 법정 언론유관기관을 설립하여 언론에 대한 각종 행정적 통제및 지원체제를 마련하였다.

언론기본법은 구체적으로 (1) 방송의 공영제 (2) 방송에 대한 운용·편성의 기본사항을 심의할 독립기관인 '방송위원회'의 설치 (3) 방송국 내에 '방송자문위원회' 설치·운영의 의무화 (4) 현행 '방송윤리위원회'를 대신하는 '방송심의위원회'의 설립을 규정했다.

새 법에 따라서 1981년 3월 7일 발족한 방송위원회의 역할을 보면 (1) 방송의 운용과 편성에 관한 기본사항을 심의하고 (2) 방송 종류에 따른 광고방송의 허용여부를 결정하며 (3) 방송광고 수익으로 수행할 공익사업의 기본방향에 관한 사항을 심의하고 (4) 각 방송국 및 방송종류 상호간의 관계, 공동사업 및 협조에 관한 사항을 결정하며 (5) 방송심의위원회의 운영에 관한 사항의 심의 등이었다. [413)]

프레스카드제와 공익자금 조성

문공부가 기자들에게 '보도증'을 발급하는 이른바 프레스카드제는 기자들에 대한 강력한 통제장치로 기능했다. 프레스카드는 1년에 한 번씩 갱신됐는데 문공부는 기자의 성향이 마음에 들지 않으면 발급을 하지 않았기 때문이다. 이에 대해 『한국일보』는 다음과 같이 말한다.

"기사내용이 정권에 우호적이지 않거나 과거 반정부적 활동의 전력이 있는 기자에게는 프레스카드가 나오지 않았다. 따라서 프레스카드를 발급받지 못한 기자는 취재기회를 박탈당하는 결정적인 불이익을 감수해야 했다. 프레스카드가 없으면 해외취재를 위한 여권조차 발급받지 못했다. 정부는 또 프레스카드제를 이용, 젊은 기자들에게 일종의 이념교육인 '언론인 연수'를 강요했다. 입사한 지 1년 내외의 기자들에게 집단연수를 받게 하고 이 교육을 마칠 경우에만 프레스카드를 발급했던 것이

---

413) 최창봉·강현두, 〈언론통폐합과 공영방송의 제도화〉, 『우리방송 100년』(현암사, 2001), 264~265쪽.

다. 연수의 내용이 정부정책을 홍보하는 쪽으로 치우쳤음은 물론이다."[414]

방송광고공사는 80년 12월 9일에 의결된 방송광고공사법에 따라 공영방송의 광고업무를 대행하면서 매년 수백억 원의 '공익자금'을 조성하였는데, 이 자금 가운데 상당부분은 언론인들에게 자녀 학자금 지원, 해외연수 및 해외여행 등과 같은 각종 경제적 혜택을 주는 포섭책으로 이용되었다.

81년의 공익자금 집행액을 살펴보면 무주택 언론인 주택자금 융자 등 복지향상 부문에 53억 원, 언론인 해외연수 등 자질향상 부문에 14억 원, 언론유관기간 및 단체지원에 20억 원, 프레스센터 건립사업에 15억 원 등 모두 102억 원이 넘었다.[415]

81년에서 88년까지의 통계를 살펴보자. 이 기간중 언론인 해외연수 인원은 장기 166명 단기 68명 등 총 252명이었으며, 그밖에 1340명의 언론인들이 평균 2주일간씩 '해외시찰' 명목으로 해외여행을 다녀왔다. 언론사에 근무하는 임직원들의 중·고등학교 취학 자녀들에게 지원된 학자금 총액은 1255억 원이었다.[416]

또한 신군부는 기자들에게 임금의 20%에 대한 소득세 감면, 언론인 금고의 저리대출, 기자아파트 특혜 등 각종 특혜를 주었다.

1981년 6월 12일에 설립된 한국언론연구원은 공익자금에 의해 운영되었는데, 이는 국가관 확립이라는 명분 아래 언론인들에 대해 강제교육을 실시했으며, 특히 견습기자에 대해서는 프레스카드제를 앞세워 4주 이상의 합숙교육을 시켰다. 언론연구원의 정관에 따르자면, 각 언론사는

414) 정광철, 〈실록 청와대 25: 홍보조정실과 언론사 '목죄기'〉, 「한국일보」, 1991년 9월 16일, 7면.
415) 한국방송광고공사, 「한국방송광고공사 20년사 1981~2001」(한국방송광고공사, 2001), 349쪽.
416) 한국방송광고공사, 위의 책, 350~351쪽. 공익자금의 상당부분은 그야말로 '이전투구식 나눠먹기'를 통한 정권 유지비용으로 전용되었다. 심지어는 '평화적 정권교체 연구보고서'라는 이름의 전두환 장기집권 시나리오로 부상된 정경연구소에 21억 7천여만 원의 공익자금이 지원된 적도 있다. 185억 원이나 들여 대형 골프장을 만든 것도 공익과는 전혀 거리가 먼 사업이었다.

연구원이 정하는 바에 따라 소속사 임직원으로 하여금 연수교육을 이수토록 해야 하고 피연수자의 성적 평점을 인사고과에 반영해야 하며 교육 불응자 및 성적 불량자에 대해서는 연구원의 통보에 따라 적절한 조치를 취해야 한다고 규정돼 있었다.[417]

신문의 산업적 호황

언론기본법체제하에서 언론자유는 질식 상황에 처해 있었지만, 신문은 산업적으론 번영을 누리게 되었다. 1980년까지 하루 8면으로 묶여 있던 면수를 81년 1월부터 12면으로 허용하는 조치도 취해진 것도 그런 변화와 맥을 같이 하는 것이었다. 이는 신문들의 광고 수입이 크게 늘어날 수 있다는 걸 의미하는 것이기도 했는데, 뒤이은 야간통행금지 해제(1982년 1월 5일)와 중·고생의 두발·교복 자율화(1983년 3월 2일)[418]는 광고물량의 확대를 가져와 신문들에게도 큰 기쁨이 되었다.[419]

각종 특혜도 주어졌다. 신문사들의 윤전기 도입에 필요한 관세 특혜를 주기 위한 이유만으로 관세법의 부칙을 개정해 82년 1년간 한하여 20%의 관세를 4%로 대폭 인하해주었다. 이 기간에 모두 30여 대의 윤전기를 도입한 전국 12개 신문사에 도합 수십억 원의 감세 혜택을 주었다. 1981년에서 1986년 사이의 윤전기 보유상황 변화를 보면, 조선일보가 14대에서 24대로, 동아일보와 중앙일보가 각기 15대에서 21대로, 한국일보가 12대에서 16대로, 서울신문이 6대에서 16대로, 경향신문이 7대

---

417) 김해식, 『한국언론의 사회학』(나남, 1994), 160쪽.
418) 중·고등학생의 두발자유화는 다음과 같은 이유 때문에 광고주들에겐 큰 축복이었다. "오랫동안 눌려왔던 탓인지 반작용도 강했다. 두발자유화가 시작된 지 석 달도 안돼 중·고등학생들 사이에 장발이 늘어났다. 남학생은 뒷머리만 길게 기른 '제비꼬리형 머리', 여학생은 '디스코 파마'가 유행했다. 망사 스타킹에 굽 높은 샌들, 무릎까지 올라오는 디스코 바지. 당시로서는 비싼 2~3만 원짜리 외제 운동화로 멋내기 경쟁이 벌어졌다." 이준호, 〈야간통금 해제〉, 『조선일보』, 1999년 9월 8일, 23면.
419) 신인섭·서범석 공저, 『한국광고사』(나남, 1986, 개정판 1998), 438쪽.

에서 13대로 늘어났다.[420]

또 일반잡지 발행이 극도로 억제됐던 상황에서도 일간지들에겐 잡지 발행을 16종이나 허가해주었다(조선 4종, 경향 3종, 동아 3종, 중앙 3종, 한국 2종, 서울 1종). 그밖에 중소기업의 고유업종인 상업인쇄, 각종 문화사업, 스포츠사업, 부동산 임대 등 다각경영을 허용했다.[421]

5공의 그런 적극적인 배려로 기자들의 임금수준도 크게 높아져 81년 주요 대기업의 임금수준과 비슷해졌고, 85년부터는 여타 직종을 훨씬 상회하여 국내 최고수준을 유지하게 되었다.[422] 또 전두환정권은 7년 동안 모두 30명의 언론인 출신을 국회에 진출시켜 그들로 하여금 언론을 포섭하고 통제토록 하는 박정희정권의 언론통제술을 계승, 강화시켰다.

420) 김민남 외, 『새로 쓰는 한국언론사』(아침, 1993), 377쪽.
421) 주동황 · 김해식 · 박용규, 『한국 언론사의 이해』(전국언론노동조합연맹, 1997), 211~212쪽.
422) 박용규, 〈한국기자들의 직업적 특성과 활동의 변화과정〉, 『한국사회와 언론』, 제6호(1995년 9월), 163쪽.

조선일보의 태평성대

조선일보의 욱일승천(旭日昇天)

"언론통폐합 소식이 알려진 이후부터 해당사 종사자들은 '삶의 의욕' 마저 잃었다. 모두가 입을 다물었고 침통했다. 일할 의욕도 잃었다. '부모가 죽은 것보다 더 침통했다'고 회고하는 기자도 있었다. 직업에 대한 애착이 남다른 기자가 평생을 바치려던 직장이 하루아침에 무너지는 데서 온 충격과 허탈감을 그같이 표현했다고 해서 큰 과장은 아닐 것이다. 이때부터 해당 언론사 주변에는 '통폐합주'라는 말이 생겼다. 퇴근 후 우루루 몰려가 막걸리에 소주를 타거나 맥주에 양주를 타서 마시는 술이 통폐합주였다. 감시가 심해 울분을 토로할 수도 없었다. 그저 통폐합주에 취해 이 골목 저 골목을 헤매며 자정까지 술만 마시다가 집으로 돌아갔다."[423]

---

423) 김동선, 〈언론통폐합의 내막〉, 『신동아』, 1987년 9월, 583~584쪽.

이는 언론통폐합조치 이후의 상황에 대한 김동선의 묘사다. 언론통폐합으로 인해 많은 기자들이 해직을 당하고 또 살아남은 기자들도 연일 분노의 술잔을 기울이는 그 순간에도 욱일승천(旭日昇天)하는 언론사가 하나 있었으니 그건 바로 『조선일보』였다.

앞서 지적한 바와 같이, 신군부는 80년 10월 27일부터 발효된 제8차 개정헌법에 따라 국회를 해산하고 국가보위입법회의로 그 기능을 대신하도록 했다. 국가보위입법회의 의원 81명은 모두 전두환이 임명해 신군부의 꼭두각시 노릇을 하도록 했다. 그런데 바로 이 입법회의 의원으로 조선일보 사주(방우영)와 간부들(송지영, 김윤환, 남재희)이 참여했으니, 이는 과연 무얼 말하는 것일까?

국보위가 작성한 〈언론저항의 현황과 대책〉이라는 문건에 나타난 다음과 같은 내용은 『조선일보』가 애초부터 신군부의 지지자였다는 걸 시사해준다.

"방일영 · 방우영 등 경영주는 기자들의 저항운동에 대하여 강경한 태도를 견지하고 있음 …… 부국장 최병렬, 정치부장 안병훈은 대국적 견지에서 체제에 대한 깊은 이해와 지원 태도를 견지하고 있음. 『조선일보』는 전반적으로 심각한 문제는 없음."[424]

방우영과 전두환의 관계

『조선일보』 사주 방우영과 전두환의 관계도 영 심상치 않았다. 방우영은 그의 자서전에서 부마항쟁 때 중앙대 총장 임철순의 소개로 전두환을 처음 만났다고 말한다. 그후 어떤 접촉이 있었을까? 방우영의 말이다.

"12 · 12 사건이 일어나고 얼마 되지 않아 전두환 보안사령관의 요청

---

424) 채의석, 『99일간의 진실: 어느 해직기자의 뒤늦은 고백』(개마고원, 2000), 170~171쪽에서 재인용.

으로 그를 만났다. 이미 수인사를 거친 사이라 서먹하지는 않았다. 추어
탕을 먹으면서 12·12사건의 경위를 장황하게 해명한 다음 정색을 하고
'국방(國防) 헌금'을 해달라고 요구했다. 언뜻 무슨 뜻인지 몰라 긴장했
다. 그러나 그 내용은 지금의 정동별관과 한양빌딩 사이에 있는 보안사
안가(安家)를 딴 곳으로 옮기려 하니 '국방 헌금' 내는 셈 잡고 신문사가
인수해달라는 것이었다. 그러면서 가격까지 제시했다. 생각해보자고 답
변하고 사에 돌아와 챙겨보니 박대통령을 시해한 김재규가 끌려와 조사
를 받은 장소였다. 수차례의 교섭 끝에 시가보다 비싼 가격으로 인수했
는데, 결국 그 집을 매수함으로써 오늘의 정동별관을 짓는 계기가 됐으
니 새옹득실(塞翁得失)이라 할 수 있다."[425]

그게 방우영의 주장대로 '새옹득실'이었다 한들, 이건 결코 가볍게
보아 넘길 문제는 아니다. 전두환은 방우영에게 큰 신세를 졌다는 의미
가 아닌가. 반대로 방우영이 처음부터 특혜 비슷한 걸 받았다면, 그건 그
것대로 문제일 터이다. 그 어느쪽이건 이는 불건전한 관계임에 틀림없는
것이었다.

조선일보에 대한 여러 의혹

1988년 10월 『기자협회보』는 국보위 문공분과위원으로 전두환에게
언론통폐합 구상을 네 차례나 건의한 허문도가 기자로 재직했던 『조선일
보』의 사주와 허문도 인맥이 빈번하게 접촉했음을 지적하면서 언론학살
과정에서 『조선일보』 사주의 역할이 무엇이었는지 밝힐 걸 촉구했다.[426]

또 88년 11~12월 중에 개최된 언론청문회에서 전 『신아일보』 사장 장

---

425) 방우영, 『조선일보와 45년: 권력과 언론 사이에서』(조선일보사, 1998), 197~198쪽.
426) 채의석, 『99일간의 진실: 어느 해직기자의 뒤늦은 고백』(개마고원, 2000), 170쪽.

기봉은 "1980년 10월 신라호텔에서 조찬 모임이 있었으며, 신군부 핵심이었던 유학성 정보부장에게 한 조간신문의 사장이 신문사 정비를 진언했다"고 증언했다. 당시 조간신문은 『조선일보』와 『한국일보』 두 신문뿐이었는데 『한국일보』는 신문사 정비로 큰 타격을 입었다는 걸 감안한다면, 이 발언은 사실상 『조선일보』 사장 방우영을 지적하는 것으로 간주되었다.[427]

단지 실증(實證)이 없다는 이유만으로 이같은 의혹들은 무시되어도 괜찮은 걸까? 의문은 꼬리에 꼬리를 물고 이어진다. 당시 KBS 기자였던 전여옥의 다음과 같은 주장은 무얼 의미하는 걸까?

"미디어로서 조선일보의 힘은 참으로 대단했다. 80년대 초반, 취재를 나가도 조선일보 기자에게 먼저 앉으라고 했다. 기자회견을 한다고 장안(?)의 기자들을 다 불러놓고서도 막상 조선일보 기자가 나타나지 않으면 영 시작할 생각을 안했다."[428]

'조선일보는 격동기에 성장한다'?

다른 신문사들이 언론통폐합의 폭격 또는 파편을 맞아 경제적으로 신음하고 있는 중에도 이 신문만은 태평성대를 구가했다고 해도 과언이 아닐 정도로 잘 나갔으니 그게 과연 천재적인 경영술 때문이었을까? 조선일보사가 발행한 『조선일보 칠십년사』에 기록돼 있는 몇가지 사실만 소개하겠다.

80년 4월 10일 사장 방우영은 "4월부터 모든 사원의 봉급을 평균 33% 인상하고, 보너스는 연 800%(본봉기준) 이상이 되도록 하겠"다고

427) 채의석, 『99일간의 진실: 어느 해직기자의 뒤늦은 고백』(개마고원, 2000), 171쪽.
428) 전여옥, 〈나를 아찔하게 했던 그 기자〉, 조선일보 사외보 편집팀 엮음, 『사실 난 조선일보 맘에 안 들어』 (조선일보사, 2002), 234쪽.

밝혔다.[429]

"조선일보는 격동기(激動期)에 성장한다. 발행부수 신장률이 높은 기간은 언제나 격동기이다. 6월 21일에 나온 사보 제437호는 1980년 5월 18일자로 조선일보 발행부수가 120만부를 돌파했다고 밝힌다."[430]

80년 12월 20일에 연말 보너스가 지급되어 1980년도엔 모두 900%(본봉기준)가 되었다.[431] 81년 3월 5일 코리아나호텔 22층에서 가진 창립 61주년 기념식에서 방우영은 기념사를 통해 "보너스를 통산 1000% 지급하겠다"고 선언했다.[432] 81년 연말 보너스가 12월 21일에 500% 지급되어, 연중 1000% 지급의 약속이 실천되었다.[433]

"조선일보는 격동기(激動期)에 성장한다"는 건 무슨 말일까? 언론통폐합과 언론기본법으로 대변되는 격변기는 한국현대사에서 그 유례를 찾아보기 어려울 정도로 언론기능이 완전히 죽어버린 시절이 아니었던가? 그 와중에 조선일보가 성장, 그것도 급성장했다는 건 과연 무얼 의미하는 걸까?

그런데 과연 이런 질문들을 던질 필요가 있는 걸까? 앞서 소개했던 『조선일보』의 전두환에 대한 낯뜨거운 '용비어천가'로 의문은 어느 정도 풀리는 게 아닐까?

'부드러운 파시즘'과 언론권력[434]

언론의 기능과 역할을 제대로 파악하지 않고선 1980년대를 온전히 이

---

429) 조선일보사, 『조선일보 칠십년사 제2권』(조선일보사, 1990), 1423쪽.
430) 조선일보사, 위의 책, 1437쪽.
431) 조선일보사, 위의 책, 1454쪽.
432) 조선일보사, 위의 책, 1471쪽.
433) 조선일보사, 위의 책, 1499쪽.
434) '부드러운 파시즘'에 관한 글은 상당 부분 강준만, 〈머리말: 부드러운 파시즘〉, 강준만 외, 『부드러운 파시즘: 시사인물사전 ⑪』(인물과사상사, 2000), 5~34쪽을 활용한 것이다. '파시즘'에 대해선 이 책을 참

해하기는 매우 어려운 일이다. 1980년 신군부가 일련의 가혹한 조치들을 통해 언론을 완전히 장악한 정도를 넘어서 수족처럼 마음대로 부릴 수 있게 된 건, 5공의 '파시즘 체제'에 부드러운 가면을 씌어준 효과를 내게 되었다는 걸 반드시 이해하고 넘어가야 할 것이다.

70년대를 겪은 한국인들의 뇌리에는 '탄압하는 권력, 탄압받는 언론'이라는 고정관념이 자리잡고 있었다. 80년 들어 신군부가 언론장악을 위해 저지른 일련의 조치들도 국민의 눈에는 '탄압받는 언론'으로만 보였을 것이다. 물론 국민들은 언론이 신군부의 강압으로 보도를 자유롭게 할 수 없었다는 건 알고 있었겠지만, 그렇다고 해서 그런 인식이 곧 신군부와 언론의 유착관계에 대한 인식의 수준으로까지 나아간 건 아니었다. 설령 그것까지 알았다 해도 일상적 삶에서 매일 대하는 언론매체를 통해 알게 모르게 누적된 메시지가 미칠 영향에 대해서까지 늘 경계할 수 있다는 걸 의미하는 건 아니었다.

미국의 정치학자 버트램 그로스는 1982년에 낸 책에서, 고전적 파시즘 체제가 보여주던 외양은 사라졌지만 날이 갈수록 심화되는 대기업의 지배와 정경유착 구조에 의해 개인의 자유와 민주적 권리가 억압받는 상태를 묘사하기 위해, '친근한 파시즘(friendly fascism)'이라는 말을 썼다.[435]

80년대의 한국에는 '부드러운 파시즘'이란 말이 더 어울릴 것이다. 언론이 사실상 5공 파시즘 체제의 일원으로 편입되어 여론조작을 왕성하게 전개하면서 최소한 국민의 '수동적 동의'를 얻어내기 위해 애를 썼기 때문에 5공 파시즘의 작동 방식이 비교적 부드러울 수 있었다는 것이

고해주기 바란다. 나는 원래 '부드러운 파시즘' 개념을 2000년의 한국 사회를 염두에 두고 사용하였지만, 정도의 차이는 클 것이나 80년대에도 언론의 역할과 관련해서 그렇게 볼 수 있는 면이 있다고 생각돼 적용키로 한 것임을 밝혀 둔다.

435) Bertram Gross, 『Friendly Fascism: The New Face of Power in America』(Boston, Mass.: South End Press, 1982).

다.

히틀러 치하의 독일이나 무솔리니 치하의 이탈리아에서도 그런 여론 조작은 일어나지 않았느냐는 반론이 제기될 수 있겠지만, 이런 반론에 대해선 그 나라들에서 인종이 다르지 않은 자국민에 대해 '광주학살'이나 '삼청교육대' 같은 잔인한 짓을 저질렀는가 하는 반문으로 답할 수 있을 것이다. 이와 관련, 홍윤기의 다음과 같은 발언을 음미할 필요가 있겠다.

"독일 민중들은 진정 히틀러를 지지했다고 봐야 합니다. 절 가르쳤던 독일어 선생이 굉장히 부끄러워하면서 그러더군요. '솔직히 우리는 나치가 무슨 짓을 하는지 다 알고 있었다. 그러나 방관하고 용인했다.' 한국 사람들은 박정희가 무서워서 복종했어요. 자발적 순응이 아니었다는 이야깁니다. 그게 다른 점이지요. 히틀러는 퇴행적 의식이지만 독일 민중 정신의 대변자였어요. 그런데 어떻게 박정희에게 파시스트라는 '영광스런' 명칭을 헌납합니까? 박 정권은 사회과학적 의미의 파시스트라고 하기엔 너무나 대외의존적이고 반민중적이었어요."[436]

반면에 한국인들은 신군부와 그들이 세운 5공이 무슨 짓을 하는지 다 알았던 건 아니었다. '광주학살'이나 '삼청교육대' 마저도 언론에 의해선 신군부를 찬양해야 할 이유가 되고 말았다는 건 앞서 살펴본 바와 같다.

미사일 단추 신드롬

'정치권력'의 권력행사 방식과 '언론권력'의 권력행사 방식은 다르다. '언론권력'은 기본적으로 '시장(市場)권력'이기 때문에 권력행사 방

---

[436] 이종태, 〈'원고 망명객' 홍윤기 교수와의 철학적 대화: "『당대비평』의 '일상적 파시즘론'은 민중을 적으로 간주하는 논리"〉, 『말』, 2000년 11월, 50~51쪽.

식이 부드럽다. 또 우리 인간은 아무리 억압적인 체제하에서 살더라도 자신의 주체성을 믿고 싶어하는 강렬한 열망을 갖고 있는 동물이다. 그렇게 하지 않고선 평화로운 심리 상태를 유지하기 힘들기 때문이다. 이는 달리 말해, 여론조작이 광범위하게 심층적으로 이루어지고 있는 사회일지라도 그 사회의 구성원들은 자신이 여론조작의 대상으로서 자신의 머릿속에 조작된 사실이 주입되었다는 걸 믿고 싶어하지 않는다는 것이다. 아니 오히려 강렬하게 반발할 가능성이 더 높다고 봐야 할 것이다.

바로 그런 이유 때문에, 거대한 언론매체가 선별적으로 그것도 왜곡과 과장을 저질러가며 던져주는 정보 부스러기에 접하면서, 자신이 세상 돌아가는 걸 제대로 깨닫고 있다고 믿는 사람들의 착각을 깨우쳐 줄 수 있는 방법은 거의 없다. 깨우쳐 주겠다고 나서려는 순간 '오만한 엘리트주의'라는 화살이 날아오거니와 80년대에는 그런 '엘리트주의'를 발휘할 자유마저 없었던 것이다.

이는 달리 말하면, 80년대의 한국인들은 점점 더 모든 게 물적 조건과 소비적 가치에 의해 결정되어 버리는 세상으로 끌려 들어가고 있었다는 걸 의미하는 것이기도 하다. 80년대에 가장 인기가 높았다는 『조선일보』는 물적 조건과 소비주의 노하우의 우위에 힘입어 얼마든지 '부드러운' 얼굴을 가장할 수 있었으며, 이런 일에는 수많은 '어용 지식인'들과 개인적인 '인정욕구'가 강한 지식인들이 가세하였던 것이다.

그런 현실에 대해 이의를 제기하는 사람들이 없었던 건 아니다. 그러나 '부드러운 파시즘' 체제에 도전하는 사람들은 '어리석은 사람들이여, 깨어나라!'를 외칠 수밖에 없었으니, 환영을 받을 리 만무했다. 그것도 그럴 듯한 물적 조건과 소비주의적 매너를 갖추고서 하는 것도 아니었으니 호응이 있을 리 없었다. 어디 그뿐인가. 그들은 개인적인 신변의 안전을 무릅쓰고 그런 저항을 해야만 했으니 저항의 메시지마저 널리 퍼뜨리기도 어려웠던 것이다. 물론 처음에는 보통사람들은 두려움 때문에 몸을 움츠렸겠지만, 시간이 흐르면서 그들의 세상 인식에는 이른바 '미사일 단추 신드롬'이 발생하기 시작했다.

매우 쾌적하고 제법 화려하게 꾸며진 미사일 발사실에서 단추를 누르는 임무를 맡은 군인에게는 사람을 죽인다는 의식이 전혀 없다. 그 미사일로 엄청나게 많은 사람이 죽고 다쳐도 그 군인은 자기는 단추만 눌렀을 뿐이라고 생각한다. 달리 말하자면, 이런 이야기다.

80년대에는 정말 엉터리 판사들이 많았다. 그들은 시국사건에 대해 짜여진 각본에 따라 판결을 내리면서도 매우 위엄 있고 정중한 자세는 잃지 않았을 것이다. 밖에서 절규하는 피고의 가족들이야 어디 그런가. 악을 써댈 것이고 가로막는 전경의 방패를 걷어차기도 하고 그랬을 것이다. 박정희나 전두환은 수많은 사람을 죽여도 "혼 좀 내줘"라고 우아하게 말했을 것이다. 그러나 광주시민들은 "전두환을 찢어 죽이자"고 절규했지만, 전두환의 털끝 하나 건드리지 못했다.

그런데 점점 경제적 풍요를 누리게 된 사람들은 무엇이 옳고 그른가 하는 걸 따지지 않은 채, 악을 써대고 절규하는 것에 대해 불편하게 생각하는 심정을 갖게 되었으며, 특히 언론이 그렇게 생각하게끔 앞장섰다. 이제 우리는 1981년부터 언론이 저지른 그런 여론조작의 수많은 증거들을 목격하게 될 것이다.